_____ 님의 소중한 미래를 위해
이 책을 드립니다.

트럼프 2.0 시대,
글로벌
패권전쟁의
미래

트럼프 2기 시대의 세계경제 질서

트럼프 2.0 시대, 글로벌 패권전쟁의 미래

이철환 지음

메이트북스

메이트북스 우리는 책이 독자를 위한 것임을 잊지 않는다.
우리는 독자의 꿈을 사랑하고,
그 꿈이 실현될 수 있는 도구를 세상에 내놓는다.

트럼프 2.0시대, 글로벌 패권전쟁의 미래

초판 1쇄 발행 2024년 12월 10일 | **지은이** 이철환
펴낸곳 (주)원앤원콘텐츠그룹 | **펴낸이** 강현규·정영훈
등록번호 제301-2006-001호 | **등록일자** 2013년 5월 24일
주소 04607 서울시 중구 다산로 139 랜더스빌딩 5층 | **전화** (02)2234-7117
팩스 (02)2234-1086 | **홈페이지** matebooks.co.kr | **이메일** khg0109@hanmail.net
값 19,800원 | **ISBN** 979-11-6002-916-1 03320

때로 전투에서 패하면 전쟁에서 승리할 수 있는
새로운 방법을 찾을 수 있다.

· 도널드 트럼프 ·

지금은 경제력이 세계사를
좌지우지하는 시대!

인간의 역사는 갈등과 전쟁의 역사라 해도 지나친 말이 아니다. 힘이 강한 민족이 약한 민족을 정복해 지배하거나 심할 경우 그 민족을 아예 말살해버리기도 했다. 또 주변에 새로운 강국이 나타날 우려가 있으면 아예 싹을 잘라버림으로써 후환을 없앴다. 패권을 지키는 데 목적이 있는 이런 현상은 밖으로 나타나는 형태는 다소 달라졌을지 모르지만, 본질적 속성은 지금도 그대로 이어지고 있다.

요즈음 세계는 총성 없는 전쟁, 즉 경제전쟁의 소용돌이에 휘말려 있다. 물론 지금도 지구상에는 무력에 따른 전쟁이 끊임없이 일어나고 있지만, 경제전쟁이 그 빈도 면에서 훨씬 더 자주 발생하고 있으며 규모 면에서도 대형화하고 있다. 더욱이 이제 국제사회에서는 보복이 필요하면 그 수단으로 무력을 이용하기보다 주로 경제적 제재를 행사하고 있다. 그리고 국가 간의 첩보활동도 냉전이 끝난 뒤에는 안보 중심에서 경제 중심으로 옮아가고 있다. 이는 무력으로 하는 전쟁도 결국 경제력이 뒷받침되지 않으면 최종 승리자가 될 수 없음을 뜻한다. 이런 경향은 앞으로 한층 더 심화할 것으로 보인다.

'투키디데스 함정(Tuchididdes trap)'이라는 용어가 있다. 이는 새로운 강국이 부상하면 기존의 패권국가가 두려움을 느끼고 무력으로 두려움을 해소하려 하면서 전쟁이 일어난다는 것이다. 고대 아테네의 장군 투키디데스는 『펠로폰네소스 전쟁사』에서 신흥 강국으로 떠오른 아테네가 기존 강국 스파르타에 불러일으킨 두려움이 펠로폰네소스 전쟁의 원인이라고 지목했다.

펠로폰네소스 전쟁은 고대 그리스의 아테네와 스파르타가 패권을 놓고 벌인 전쟁이다. 과거 아테네는 페르시아 전쟁에서 페르시아를 물리친 뒤 지중해 곳곳의 도시국가들을 자기 세력으로 삼고 세력을 넓혔다. 이에 위협을 느낀 당시 패권국 스파르타와 펠로폰네소스반도의 국가들이 펠로폰네소스 동맹을 결성해 아테네에 맞서면서 펠로폰네소스 전쟁이 발발하게 되었다. 전쟁은 스파르타의 승리로 끝났으나 그 과정에서 발생한 피해로 고대 그리스가 몰락하게 되었다.

그런데 이 용어의 함의는 오늘날에도 그대로 적용되고 있다. 미국의 정치학자 그레이엄 앨리슨은 저서 『예정된 전쟁(Destined For War)』에서 미국과 중국의 패권전쟁을 피할 수 없는 싸움으로 규정했다. 그의 주장에 따르면 지난 500년간 투키디데스 함정은 16번 발생했는데, 그중 12번이 전쟁으로 귀결되었으며, 지금은 17번째 사례가 진행중이라는 것이다.

제2차 세계대전이 끝나자 세계질서 체제는 양분되었다. 하나는 미국이 주도하는 자본주의 체제였고 다른 하나는 소련이 주도하는 공산주의 체제였다. 당시 지구촌의 상황은 총성은 나지 않았지만, 정치와 경제, 핵보유와 군사력, 우주개발과 과학기술 등 모든 면에서 치열한 상호 각축전이 발생하는 냉전의 시대였다.

그러나 1990년대 초반 소련과 공산주의가 붕괴하면서 냉전이 끝나고 세계는 미국 일인 천하가 되었다. 세계는 미국의 리더십 아래 평화를 유지하는 '팍스 아메리카나(Pax Americana)' 체제로 접어들었다. 이를 미국의 정치경제학자 프랜시스 후쿠야마(Francis Fukuyama)는 『역사의 종말(The End of History)』이라는 글에서 자유주의와 공산주의로 대변되는 이데올로기 대결에서 자유주의가 승리했다고 평가했다. 그는 또 역사는 이제 더는 이데올로기 대결에 머물러 있을 수 없는 최후 단계에 이르렀다고 주장했다.

그러나 중국의 부상은 이런 생각을 완전히 바꾸어놓았다. 중국은 2001년 세계무역기구(WTO) 가입 이후 경제력이 일취월장했다. 마침내 중국은 일본을 제치고 세계 2위의 경제대국으로 우뚝 섰고, 조만간 제1위의 자리도 넘볼 수 있는 위치로까지 승승장구했다. 특히 2012년 시진핑 집권 이후 중국은 종합국력에서 미국을 추월하겠다는 21세기 사회주의 초강대국 실현의 꿈을 좇고 있다. 이에 중국이

8

장차 경제력을 바탕으로 군사대국이 되어 미국 주도 국제사회 질서에 변화를 부르거나 해를 끼칠 수 있는 패권국가로 부상할 것이라는 이른바 '중국 위협론'마저 나오게 되었다.

이러한 중국의 거침없는 행보에 위기를 느낀 미국이 대대적 반격에 나서면서 본격적인 패권 다툼이 벌어지고 있다. 그 포문은 2018년 미국의 트럼프 대통령이 관세 폭탄 조치를 통한 무역분쟁으로 열었다. 미국은 먼저 중국 상품 500억 달러에 25% 관세부과를 시작으로 점차 수위를 높여나갔다. 2019년에는 중국으로부터 수입하는 상품의 절반에 해당하는 약 2,500억 달러가 25% 관세부과의 대상이 되었다.

바이든 행정부도 2024년 5월, 전기차와 배터리, 반도체 등 주요 전략산업 제품에 대한 관세를 기존보다 2~4배 인상하는 계획을 발표했다. 이에 질세라 중국도 미국산 제품에 보복관세를 부과하는 등 대응조치를 취했다. 연이어 미국 국채매각과 주요 원자재인 희토류 수출규제 카드도 꺼내 들었다. 무역전쟁으로 촉발된 양국의 갈등은 점차 외교·안보·군사 분야 등 전방위로 확산되었다.

또 다른 국제사회의 흐름은 자국 이기주의 현상의 심화다. 도널드 트럼프(Donald Trump) 대통령은 그동안 미국이 다른 국가들에 일방적으로 수혜를 공여해온 결과 경제력이 많이 쇠퇴했다고 판단했다. 그래서 집권하자마자 '미국을 다시 위대하게(Make America Great Again)'라는 슬로건을 내걸고 미국 우선주의를 펼쳐나갔다. 이후 그동안 미국과 함께 국제질서를 유지하는 데 중요한 역할을 해오던 유럽도 점차 자국 우선주의를 강화하고 있다. 더욱이 트럼프가 재집권함에 따라 앞으로 미국 우선주의는 지속될 것이다. 오히려 그 강도는 지난 1기 때보다 한층 더 거세질 것으로 보인다. 이는 동맹과 비동맹을 가리지 않고 대미 무역흑자국에는 관세 폭탄을 투하하겠다는 그의 선거 공약에서도 여실히 드러나고 있다.

강대국들의 이런 모습에 다른 나라들은 위기를 느낄 수밖에 없었다. 그러다 보니 국제사회에서는 이제 더는 관용과 협조의 정신과 자세를 찾아보기 어렵게 되었다. 그보다는 자국의 경제적 실익이 우선되고 있다.

그래서 경제적 타산만 맞으면 어제의 우방이 오늘은 적이 되기도 한다. 또는 그 반대의 경우가 되기도 한다. 이로써 아직 여유가 없는 개발도상국은 더욱 어려운 상황을 맞이하게 되었다. 한마디로 세상은 각자도생(各自圖生) 그리고 약육강식과 힘의 논리가 지배하는 원초적 동물사회로 회귀하는 모습을 나타내고 있다. 이는 곧 세계사의 종말을 의미한다.

이 책에서는 현재 국제사회가 처한 상황을 정확히 이해하는 데 도움을 주려고 했다. 특히 세계 주요 강대국들, 그중에서도 1~2위 경제대국인 미국과 중국이 경제패권을 장악하기 위해 취하고 있는 전략들을 소개하는 데 집중했다. 서두에서도 언급했지만, 지금은 경제력이 세계사를 좌지우지하는 시대이기 때문이다. 그런데 경제패권전쟁의 범주는 실물경제를 넘어 금융경제, 기술력, 우주산업으로 확장되고 있다.

경제발전으로 자본이 축적되면 금융 부문이 커지고 마침내는 실물경제를 압도하게 된다. 이는 두 차례 글로벌 금융위기에서 경험했다. 금융위기로 대량 실업이 발생하고 경기가 급속히 냉각해 실물경제도 위기를 맞이하게 되었다. 이처럼 금융 부문에서 시작된 총체적 경제위기를 극복하고자 무제한의 금전살포 행위인 양적완화를 단행했고, 이후 실물경제는 안정을 되찾았다. 나아가 미국은 아예 무역수지 적자를 자본수지 흑자로 메꾸는 전략도 구사하고 있다. 이 과정에서 통화전쟁이 격화하고 있다.

과거 그러했던 바와 같이 미래의 세계 패권을 가늠하는 가장 중요한 '게임 체인저(Game changer)' 역시 기술혁신에서 나올 가능성이 크다. 기술은 '승자독식' 성향이 매우 강하기 때문이다. 선두는 스스로에게 유리한 표준과 규범을 만들기 마련이어서 후발주자들은 이를 역전하기가 더더욱 어려워지게 된다. 이에 지금 세계 각국은 4차 산업혁명 시대의 리더가 되려고 전쟁을 방불케 할 정도로 치열한 기술패권 경쟁을 벌이고 있다. 그 주요 분야는 인공지능(AI)과 반도체, 6G 통신기술, 우주기술, 양자 컴퓨팅(quantum computing), 바이오(bio)와 생명공학 기술들이다.

지금은 우주 패권의 시대이다. 그동안 지구상에서 선두다툼을 벌이던 나라들이 이제는 지구 밖 우주공간에서도 패권을 장악하려고 자신에게 유리한 새로운 질서와 표준을 형성해나가고 있다. 특히 민간 주도의 '뉴 스페이스(New Space) 시대'가 열리면서 우주개발의 초점이 과거 군사적 목적에서 점차 경제적 관점으로 흘러가고 있다. 투자전문가들은 이제 인류의 마지막 투자처는 우주가 될 것으로 내다보고 있다.

  과도한 경쟁은 긴장과 갈등으로 가득 찬 사회를 만들게 된다. 국제사회에서는 경쟁과 갈등이 커지면 분쟁과 전쟁으로 비화하게 된다. 따라서 국제사회의 평화와 번영을 위해서는 국제협력 관계를 긴밀하게 유지해나가는 것이 매우 중요하다. 이제 우리는 서로 협력하고 존중하는 가운데 경쟁함으로써 따뜻하게 포용하고 나누는 행복한 지구촌을 만드는 데 힘을 모아야 한다. 아울러 모든 면에서 어려움을 겪고 있는 우리 대한민국은 이런 세계사의 소용돌이 속에서 꿋꿋하게 살아남고, 나아가 세계 일류국가로 부상하는 전략을 세워야만 한다.
  끝으로 이 책이 독자들이 세계경제의 흐름을 이해하는 데 조금이라도 도움이 되기를 기대한다.

용인 수지에서

트럼프 2기의 경제정책 방향과
이것이 세계경제에 미칠 파장

■ **트럼프 2기가 몰고 올 글로벌 대혼란**

2024년 11월 5일에 치러진 제47대 미국 대통령선거에서 공화당
의 도널드 트럼프(Donald Trump) 전 대통령이 민주당의 카멀라 해리
스(Kamala Harris) 부통령을 큰 격차로 누르고 승리했다. 이로써 트럼
프 2기 시대가 펼쳐지면서 트럼프는 또다시 향후 4년 동안 미국과
세계 경제사회에 커다란 영향력을 행사할 것으로 예정되어 있다.

이른바 '트럼프 2.0 시대'를 맞아 세계경제는 어떻게 전개될까? 그
리고 글로벌 패권전쟁의 미래는 어떤 모습으로 펼쳐질까?

주지하는 바와 같이 트럼프 정책의 특징은 한마디로 '미국을 다시
위대하게(MAGA, Make America Great Again)'라는 슬로건 아래 추진되

는 미국 이익 우선주의로 압축된다. 트럼프는 미국에 유리한 일이라면 기존의 보편타당한 국제질서와 관행은 아랑곳하지 않는다.

이러한 트럼프의 미국 이익 우선주의는 중국 등 적성국과의 관계에서뿐 아니라 동맹국도 마찬가지다. 미국의 이익에 부합하지 않는다고 판단되면 국제기구 탈퇴와 동맹관계의 폐기도 과감히 감행했다. 트럼프 집권 1기에 일어난 환태평양경제동반자협정(TPP) 탈퇴, 반이민 행정명령 서명, 멕시코 국경장벽 설치, 이란 핵협상 파기, 파리 기후변화협정 탈퇴, 유네스코(UNESCO) 탈퇴 등은 대표적인 사례다.

그런데 이후 조 바이든(Joe Biden)이 대통령이 되면서 전임자인 트럼프의 대외정책 기조를 완전히 뒤집어놓았다. 그는 취임과 동시에 '미국이 돌아왔다(America is back)'고 선언했다. 국제사회에서 관용과 협조의 정신을 되찾고 세계의 리더로서 복귀하겠다는 뜻을 다른 나라에 분명히 알린 것이다. 미국이 잃은 신뢰와 도덕적 권위를 회복시키겠다고도 했다.

바이든 대통령은 직면한 여러 문제를 열거하면서 "우리 혼자서 해결할 수 없다. 동맹은 미국 최고의 자산이다. 동맹을 복구하겠다"라고 외쳤다. 아울러 트럼프가 탈퇴했던 각종 국제협정과 기구에도 재가입했다. 물론 트럼프가 추진했던 중국 견제와 미국 우선주의를 완전히 포기하지는 않았고, 좀더 우회적이거나 교묘해졌다. 그래도 동맹국에 대한 정책보조금 지원 등 당근책이 부분적으로나마 시행되었다.

그러나 이제는 트럼프가 다시 돌아왔다(Trump is back). 이에 또다시 세계경제사회는 미국 우선주의를 내걸고 좌충우돌하는 트럼프로 불확실성이 커지게 된 것이다. 실제로도 트럼프가 승리하는 당일 세계경제는 출렁거렸다.

트럼프의 이러한 성향은 선거 과정에서도 여실히 나타났다. 오히려 1기 집권 당시보다 한층 더 강해졌다. 그는 선거 공약으로 미국의 다양한 산업과 기업의 경쟁력 제고와 보호 시책을 내놓았다. 그중에서도 대표적인 것은 법인세 감면과 보호무역 강화다. 그리고 자동차와 반도체 등 고용흡수력이 크거나 기술집약적인 미래 첨단산업에 대한 지원시책은 자국 기업 위주로 강화할 것을 약속했다.

그는 또 대선 승리 연설에서도 "미국의 진정한 황금시대를 열겠다. 이는 미국을 우선시하는 데서 시작하겠다"라고 말했다. '아메리카 퍼스트(America First)' 노선을 분명히 밝힌 것이다. 더욱이 의회도 이번 선거에서 트럼프가 속해 있는 공화당이 상·하원 모두 다수당이 되었다. 이에 트럼프 2기의 시대는 1기에 비해 훨씬 강력한 '미국 우선주의' 시행을 예고하고 있다.

특히 트럼프는 중국에 대한 견제 수위를 한층 더 강화할 뜻도 밝혔다. 이는 그의 선거 공약에서 중국을 전략적 경쟁자를 넘어선 경제적 적국으로 규정하고, 트럼프 1기의 평균 관세율 20%를 크게 웃도는 최대 60%의 관세 폭탄 조치를 내건 사실에서 여실히 나타나고 있다. 나아가 중국 수출품 우회국에도 동일 수준의 관세를 부과할 예정이다. 아울러 중국 기업의 미국 내 투자 제한, 기술 수출통제, 증시 상장 제한도 추진할 계획을 세우고 있다.

이에 앞으로 중국은 물론이고 전 세계가 경제적 어려움을 겪게 될 것이 분명하다. 〈파이낸셜타임스(FT)〉는 트럼프 2기가 몰고 올 혼란을 '글로벌 거시충격(Macro Shock)'이라고 표현하기도 했다.

■ 향후 트럼프 2기에서 추진될 경제정책의 방향

트럼프의 미국 우선주의 원칙을 담보하는 주요 정책은 관세를 중심으로 하는 강경한 보호무역주의, 동맹과도 비용 분담을 우선시하는 거래주의, 미국 제조업 경쟁력 강화와 부흥 등으로 특징지을 수 있다. 향후 트럼프 2기에서 추진될 경제정책의 방향을 좀더 구체적으로 알아보면 다음과 같이 요약된다.

첫째, 무엇보다 세계경제에 강력한 영향을 미칠 시책은 보호무역의 강화다. 트럼프 당선자가 '관세는 가장 아름다운 단어(Tariffs is the most beautiful word)'라고 표현했듯이 미국 이익을 최우선으로 하는 보호무역주의를 강화할 것이다. 1기에는 특정 물품과 국가에 적용했다면, 2기에는 모든 물품과 국가를 대상으로 한다. 트럼프는 관세를 부과해 무역적자를 1년 만에 250억 달러가량 줄인 경험이 있다. 그래서 이처럼 강력한 보호무역주의를 추구하는 것이다.

트럼프 2기 통상전략의 핵심은 '보편적 관세'와 '상호무역법'이다. 트럼프는 미국의 무역수지 적자를 줄이려고 모든 수입품에

10~20% 관세를 부과하는 '보편적 관세'와 상대국과 동일한 수입 관세율을 부과하는 '상호무역법'을 도입할 예정이다. 이에 동맹, 비동맹의 구분 없이 대미 무역흑자국에 대한 압박과 무역장벽은 한층 더 강화될 것으로 전망된다.

특히 중국에는 더 가혹한 잣대를 들이댔다. 트럼프는 중국의 최혜국 무역 지위를 박탈하고 중국산 수입품에 60% 관세를 매기겠다는 공약을 내놓았다. 나아가 중국산 자동차에는 100~200%의 고관세 핵폭탄을 예고했다. 이와 같은 일련의 시책으로 그간 해외에 빼앗긴 일자리와 무역 수익을 돌려받겠다는 게 그의 계산이다.

이러한 고율 관세부과는 추후 한국을 비롯해 대미 무역흑자를 내는 국가들로 대상이 확대될 수 있다. 이 경우 수출의존도, 특히 미국과 중국 의존도가 높은 우리로서는 치명적인 부담을 안게 될 공산이 크다.

둘째, 산업정책 면에서 미국의 산업과 기업을 지원·육성하는 시책을 강화할 것이다. 우선 트럼프는 바이든 행정부가 추진해온 자동차 연비 규제와 전기차 확대 정책을 폐지하겠다고 했다. 즉 그는 '인플레이션감축법(IRA)'을 신종 녹색사기로 규정해 즉각 폐기하고 화석연료 중심의 에너지 정책으로 회귀하겠다고 공언했다.

다만 IRA 폐지 등 급진적 정책변경으로 이어지기는 어려울 것으로 보인다. 이는 공화당 내에서도 적지 않은 수의 의원이 지역구 사정상 IRA 법안을 지지하고 있기 때문이다. 그래서 전기차 보조금이나 세액공제 조건을 더 까다롭게 하는 타협안이 나올 것으로 전망된다.

트럼프 당선자는 바이든 행정부가 제정한, 미국에 투자하는 반도체 기업에 대한 지원을 골자로 하는 '반도체 칩과 과학법(CHIPS)'에 대해서도 "정말 나쁘다"라며 비난해왔다. 이에 반도체법을 폐기하는 대신 반도체에 높은 관세를 매기겠다는 계획을 밝힌 상태다. 해외 반도체 기업이 미국에 반도체 공장을 짓도록 유도하겠다는 것이다. 이 과정에서 투자에 대한 인센티브가 아닌 투자하지 않으면 페널티를 부과하는 정책 조합이 추진될 것으로 예견된다.

물론 트럼프 역시 현재 시행중인 중국에 대한 반도체 기술 견제 정책을 유지하거나 오히려 더 강화할 것은 틀림없다. 그러면서도 트럼프는 동맹국과의 협력체제 구축보다는 자국 기업의 반도체 제조와 기술력을 강화하는 전략에 역점을 둘 가능성이 크다. 이는 한마디로 미국 반도체 패권을 위해 동맹국 클러스터 중심에서 자국 중심으로 전환하겠다는 뜻이다.

이처럼 산업정책이 미국 기업에 대한 지원 강화로 전환됨에 따라 글로벌 공급망 전략도 자국 위주로 재편될 것으로 보인다. 우선 그동안 전략적으로 추진해온 우호국이나 동맹국들과 공급망을 공동으로 구축하는 프렌드쇼어링(friend-shoring)에서 벗어나 더 많은 국내 일자리를 창출하려고 본국으로 생산시설을 옮기는 온쇼어링(onshoring)에 역점을 둘 것으로 보인다. 아울러 중국 견제를 강화하려고 글로벌 공급망에서 중국을 완전히 배제하는 전략인 '디커플링(decoupling)'이 강화될 것이다.

셋째, 에너지 정책에서도 변화가 불가피하다. 트럼프 당선자는 우크라이나 전쟁과 급격한 신재생에너지 전환으로 급등한 에너지 가격을 낮추고자 미국인들에게 지구상에서 가장 저렴한 에너지와 전기를 제공하겠다고 약속했다.

이를 위해 트럼프는 석유와 천연가스 등 전통 에너지 산업을 우선하고 기후협약 재탈퇴와 재생에너지 보조금 철폐, 자원개발을 막는 환경규제 등 각종 장벽을 없애겠다고 강조했다. 또한 알래스카의 국립 야생동물 보호구역에서 석유 시추를 재승인하겠다고 약속했으며, 혁신적 소형 모듈형 원자로에 투자해 재임 중 사상 최고치의 원자력 에너지 생산을 지원하겠다고 밝혔다.

넷째, 금융시장도 불안정성이 더 커질 것으로 예견된다. 우선 환율 움직임의 변동성을 키우고 있다. 트럼프의 대선 승리 소식이 전해지자 곧바로 미국 달러화는 초강세를 보였다. 그 이유는 고율의 관세부과가 미·중 무역갈등을 고조하며, 이는 세계경제의 불확실성을 높여 안전자산인 달러에 대한 수요 증가와 가치 상승으로 이어지기 때문이다. 특히 원/달러 환율이 급등하면서 달러당 1,400원을 넘어섰다. 환율이 1,400원을 넘은 시기는 1997년 외환위기와 2008년 금융위기를 비롯해 미국이 긴축 기조를 강화했던 2022년, 총 세 차례에 불과하다.

그뿐 아니라 금리정책도 불투명해지게 되었다. 미국 연방준비은행인 연방준비제도(Fed)는 2024년 들어 물가가 어느 정도 안정을 찾자 9월부터 피봇(pivot), 즉 금리인하 기조로 돌아섰다. 또한 유럽연합(EU)과 중국 등 다른 나라들도 경기부양을 위해 금리를 인하하고 있다. 그러나 트럼프 2기의 대규모 감세정책과 고율의 관세부과는 물가를 끌어올리게 됨으로써 금리 변동성이 커질 수밖에 없다. 감세로 늘어난 재정적자를 메우는 데 일부는 늘어난 관세수입으로 충당할 수 있을 것이다. 그러나 여전히 대규모 국채발행이 불가피한데, 이에 따라 전반적인 금리가 오를 수밖에 없다. 이는 다시 말해 국제적으로 금리인하 추세가 자리 잡았는데, 이에 역행하는 상황이 올 수도 있다는 얘기다.

우리나라도 금리인하 여건이 더욱 어렵게 되었다. 이는 한국은행이 기준금리를 조절할 때 최우선으로 고려하는 요소가 다름 아닌 '미국의 금리 수준'이기 때문이다. 침체국면에 처한 경기를 부양하려면 과감한 금리인하 조치가 필요하나 한국은행은 신중한 태도를 견지하고 있다. 이는 미국의 금리가 우리보다 오히려 높은 금리역전 현상이 지속하는 상황에서 큰 폭의 금리인하로 자칫하면 급격한 자본 해외 유출과 환율 절하 등의 금융시장 불안 사태가 일어날 수 있기 때문이다.

트럼프 역시 미국의 기업경쟁력과 무역수지 개선에 도움이 되는 '약달러와 저금리'를 선호한다. 그러나 실상은 그렇지 않고 오히려 반대로 움직이고 있다. 이에 앞으로 그가 또 어떤 변칙적 조치와 정책 조합을 취해나갈지에 대한 의문도 금융시장의 불확실성을 더하고 있다.

다만 암호화폐 시장은 활성화할 것으로 전망된다. 트럼프는 줄곧 암호화폐에 우호적 태도를 견지해왔다. 그는 '비트코인 대통령'을 표방하며 비트코인(Bitcoin)을 전략 자산화하고, 미국을 세계의 암호화폐 수도로 만들겠다고 공언해왔다. 이에 트럼프의 2024 대선 승리 소식이 전해지자 암호화폐 가격이 전반적으로 폭등하면서 비트코인은 개당 9만 달러도 넘어서며 최고치를 계속 경신하고 있다.

다섯째, 이민정책도 강경해질 것이다. 불법 이민자 추방은 이번 대선에서 트럼프의 승리를 이끈 핵심 의제다. 그는 선거 과정에서 "임기 첫날, 미국 역사상 가장 큰 규모의 추방 작전을 펼치겠다"라고 공언했다. 또한 이민자에 대한 사상심사 제도 도입, 출생시민권 제도 폐지, 특정 무슬림 국가 출신 입국 금지나 제한도 예고했다. 일각에선 불법 이민자 추방에 협조하지 않는 주 정부에 연방 보조금 지급을 중단하는 정책도 거론되고 있다.

■ 대외 의존도가 높은 우리 경제에 큰 위협

이와 같은 세계경제 여건의 불확실성 증대로 대외 의존도가 높은 우리 경제는 더욱 어려운 상황에 놓이게 되었다. 트럼프 2.0 시대를 맞아 우리 경제는 앞으로 어떤 길을 걷게 될까?

우선 큰 규모의 대미무역 흑자를 나타내고 있는 중국과 우리나라에 대한 미국의 통상 압박이 커질 것으로 보인다. 이 경우 미국과 중국 시장이 우리나라 수출에서 차지하는 비중이 약 40%에 달하는 만큼 우리 수출에 주름이 갈 것이 분명하다. 특히 중국은 우리와 산업구조가 비슷해 수출시장에서 경쟁구조를 나타내고 있을 뿐 아니라, 대미 관계를 경제제재 조치의 지렛대로 활용하고 있어 한층 더 부담스럽다.

금융시장도 불안한 모습을 나타내고 있다. 트럼프의 승리가 확정되는 순간 달러 강세 현상이 나타나면서 원/달러 환율이 크게 뛰었다. 또한 경기를 살리기 위한 금리인하도 어려워지게 되었다. 방위비 부담도 한층 더 커질 것으로 보인다. 트럼프는 선거 기간에 "한국은 '머니 머신(money machine)'을 갖고 있다. 자신이 대통령이라면 한국에 연간 100억 달러(약 14조 원) 수준의 방위비를 부담시킬 것이다"라고 주장했다. 이는 한미 양국이 제12차 방위비 분담금 특별협정(SMA)으로 타결한 2026년 분담금 1조 5,192억 원의 9배에 달하는 액수다.

지금 우리나라는 온전한 선진국으로 도약하느냐 아니면 도로 중진국으로 뒷걸음치느냐의 중대한 갈림길에 놓여 있다. 차제에 우리는 한국 경제사회를 탄탄한 선진국의 반석에 올려놓아야 한다. 그러려면 우리 앞에 길게 드리워진 불확실한 대내외 여건과 난관을 슬기롭게 극복함으로써 위기를 기회로 승화해야만 한다. 그럼 이러한 험난한 파고를 헤쳐나가는 한편, 우리 경제를 한 단계 더 업그레이드하려면 어떤 전략이 필요할까?

기본적으로는 우리 경제의 기초 체력을 키워야 한다. 이를 위해 기술력을 강화하고 경제사회 시스템을 혁신해야 한다. 향후 세상을 바꿀 게임 체인저(game changer)인 기술력을 강화하려면 창의력과 역동성을 지닌 인재 육성이 뒷받침되어야 한다. 또 기술력과 아이디어를 지닌 스타트업(startup)을 육성해야 한다. 아울러 조직의 의사결정 구조와 거버넌스(governance)를 수직적·권위적 구조에서 수평적·협력적 구조로 바꿔나가야 한다.

　이와 함께 각 경제주체가 장기적 시야를 지니고 시대의 구조적 변화에 대비하고 능동적으로 대응해나가야 한다. 정부에는 더욱 세련되고 전략적인 사고에 입각한 외교 역량이 필요하다. 미국과의 우호적 관계를 한층 더 강화해야 한다. 또 중국과 아세안시장을 심층적으로 파고드는 전략의 수립과 함께 시장 다변화 차원에서 유럽, 중남미와 교역 규모도 늘려나가야 한다. 아울러 기업과 개인들도 적극적인 리스크 관리에 나서야만 할 것이다.

차 례

지은이의 말 지금은 경제력이 세계사를 좌지우지하는 시대!   6
프롤로그   트럼프 2기의 경제정책 방향과 이것이 세계경제에 미칠 파장   14

1장 세계경제 질서, 어떻게 변해가고 있나

◇ 세계경제의 현재, 한눈에 들여다보기

세계 국가별 경제력 규모와 순위   37
세계 교역량 규모와 외환보유고 순위   41
개도국 지원과 공적개발원조(ODA) 정책   43
커지는 '글로벌 사우스' 국가들의 영향력   45

◇ '팍스 아메리카나' 경제의 부침과 위기

기술혁신 속에서 이루어진 '팍스 아메리카나'   47
팍스 아메리카나 시대에도 찾아온 몇 차례 위기   50
'골디락스' 이후 스태그플레이션에 처하다   53

◇ '팍스 시니카' 시대는 과연 오는가

중국몽과 '팍스 시니카' 구상   57
'중국제조 2025'와 '일대일로'   58
'팍스 시니카'의 시대가 도래할 수 있을까   61
불투명한 중국경제의 미래   64

◈ G2인 미국과 중국 간의 신냉전 체제

거침없이 확장되는 중국의 패권 행보   67

'투키디데스 함정'과 미국의 대대적 반격   70

안보와 군사 등 전방위로 확산하는 양국의 갈등   73

◈ G7과 브릭스 간의 패권 경쟁

G7에서 G20으로 확대된 글로벌 경제 리더십   77

브릭스의 등장과 브릭스 플러스로 확대   80

브릭스의 공용 화폐 발행은 가능할까?   83

◈ 자국 이기주의 심화와 각자도생의 세계경제

국가 이기주의 성향의 강화와 사례   85

미국이 주도하는 글로벌 자국 우선주의   89

◈ 격랑의 파고를 헤쳐나갈 우리의 전략은?

한국경제에 위기이자 기회인 국제경제 질서   92

한국경제를 업그레이드하는 전략   96

시대의 구조적 변화에 대비하는 장기전략 필요   98

2장 무역 패권: 더욱 확산되고 심화되다

◇ GATT를 대신해 탄생한 WTO 체제도 와해중

GATT 체제의 구축과 우루과이라운드　　　　103
WTO의 탄생과 무력화　　　　106

◇ FTA 전쟁, CPTPP·IPEF와 RCEP의 대립

WTO 체제를 보완하는 FTA　　　　110
일본 주도의 FTA, CPTPP　　　　114
중국 견제 목적인 미국 주도의 FTA, IPEF　　　　116
중국 주도의 FTA, RCEP　　　　119

◇ 미국의 슈퍼 301조와 환율조작국 지정

슈퍼 301조란 무엇인가?　　　　120
환율전쟁과 환율조작국 지정　　　　123

◇ 더욱 격화되고 있는 미·중 무역분쟁

미·중 무역전쟁이 일어난 배경　　　　128
미·중 무역전쟁의 진행 과정　　　　130
제2차 미·중 무역전쟁　　　　133

◇ '차이나 쇼크'와 글로벌 무역전쟁의 확산

'차이나 쇼크'란 무엇인가?　　　　137
2차 차이나 쇼크와 미국·유럽의 대응 전략　　　　139
신흥국들의 차이나 쇼크 대응 전략　　　　141

◇ 에너지 패권전쟁과 자원 패권전쟁

석유수출국기구와 석유파동　　　　144
에너지에서 광물로 전환되는 자원전쟁 추세　　　　148
자원공급의 안전망 구축 노력 강화　　　　151

◇ **국가안보와도 연계된 글로벌 공급망 재편**

'오프쇼어링'에서 '온쇼어링'으로   153

'디커플링'에서 '디리스킹'으로   156

미국 주도 아래 공급망 재편 가속화   158

3장   통화 패권: 전쟁의 핵심 도구는 '통화'

◇ **실물패권에서 금융패권으로**

금융에 의한 세계경제 지배전략   165

금융자본주의의 부작용과 글로벌 금융위기   168

국제통화 질서와 체제 개편   170

◇ **기축통화로서 달러, 그 혜택과 어려움**

기축통화의 개념과 역할   172

기축통화국의 혜택과 감내 비용   176

◇ **'브레턴우즈 체제'의 탄생과 붕괴**

달러의 기축통화를 공식화한 브레턴우즈 체제   178

브레턴우즈 체제의 붕괴 과정   180

◇ **'페트로 달러' 체제의 구축과 위기**

'페트로 달러' 체제 구축과 달러 위상 강화   184

'페트로 달러' 체제의 균열   187

커지는 '페트로 위안'의 영향력   189

◇ **도전받고 있는 달러화의 위상 그러나…**

달러의 시대는 저무는가?   191

달러 인덱스로 본 '킹달러' 현상   193

고조되는 '탈(脫)달러' 현상   195
여전히 건재하는 기축통화로서 달러의 위상   198

◇ 위안화의 부상과 현실적인 한계

국제통화로 위상이 높아진 위안화   201
CIPS 발족과 위안화의 SDR 편입   203
위안화가 기축통화로 되기 어려운 이유   205

◇ 위상이 많이 위축된 유로화와 파운드

유로화와 유럽중앙은행(ECB)의 탄생   207
존재감 약한 2위 기축통화인 유로화   209
'브렉시트'와 파운드화 추락   212

◇ 모랜 바닥에서 벗어나는 엔화

엔고가 불러온 잃어버린 30년   215
'엔저'를 위한 '아베노믹스' 추진   217
'아베노믹스'의 명암   219

◇ 약진하고 있는 금과 암호화폐

금과 달러의 대체·보완관계   223
암호화폐의 기축통화 가능성과 미래   226
중앙은행 디지털 화폐의 기능과 역할   229

◇ 원화의 국제화를 위한 우리의 추진전략

경제의 펀더멘털 강화가 기본   231
금융 부문의 경쟁력 강화   232
금과 외환보유고 확충, 통화스와프 확대   234

4장 기술 패권: 세계 패권은 기술이 결정

◈ **기술이 게임 체인저이자 패권인 시대**

시대와 역사를 변화시키는 기술과 혁신능력   241
미래의 세계 패권을 담보할 첨단기술은?   244
중국의 '기술굴기'와 미국의 견제   247

◈ **점입가경으로 치닫는 인공지능 패권전쟁**

미래의 판도를 바꿀 핵심기술은 AI   250
아직은 전반적으로 기술 우위에 있는 미국   252
정부의 전폭 지원으로 발전중인 중국 AI 기술   255
기타 주요국들의 AI 육성 시책   258

◈ **갈수록 심화되고 있는 반도체 패권전쟁**

반도체 산업의 구조와 가치사슬 재편 과정   261
미국의 '반도체 산업 재육성' 배경   265
미국의 반도체 동맹 결성과 중국의 반격 전략   269

◈ **5~6G 주도권을 확보하려는 이동통신 패권전쟁**

미래산업의 핵심 인프라로서 이동통신   272
화웨이와 틱톡에 대한 제재   274
미국의 새로운 승부수는 오픈랜   277
6G 기술을 선점하려는 주요국의 경쟁 가속화   278

◈ **중국 독주를 막으려는 전기자동차·배터리 패권전쟁**

급속히 성장하는 중국 전기차 산업   282
중국 전기차와 배터리가 경쟁력을 갖춘 배경   284
인플레이션감축법(IRA)과 핵심원자재법(CRMA)   287

◈ 팬데믹 이후 본격화한 생명공학·바이오 패권전쟁

팬데믹 이후 심화한 바이오산업의 중요성   292
비약적으로 발전한 중국의 생명공학 기술   295
미국의 생물보안법 제정   297

5장   우주 패권: 인류의 마지막 투자처는 우주

◈ 지구 밖에서 벌이는 각축, 우주 대항해 시대

지구에서 우주로 확장된 패권전쟁 영역   303
전쟁터가 된 우주공간, 우주군의 창설   305
경제적 이득을 더 중시하는 미래 우주개발   307

◈ NASA를 통한 미국의 우주 패권 구축

소련과 경쟁해서 이기려고 만든 NASA   311
아폴로 계획 이후 주요 NASA 프로젝트   313
뉴 스페이스 시대의 NASA 우주개발 전략   317

◈ 기타 우주 강국들의 우주 패권 구축

원조 우주 패권국 러시아   319
우주개발 국제협력을 강화중인 유럽   321
최초로 우주 쓰레기 청소 위성을 발사한 일본   322
세계 4대 우주 강국으로 부상한 인도   323
중국의 '우주굴기' 전략   325

◇ 인류 상주가 목표인 달 탐사 경쟁

인류 최초로 달 착륙에 성공한 아폴로 11호	327
최초로 달 뒷면 착륙에 성공한 중국의 창어 4호	330
달에 정착 기지를 건설하려는 아르테미스 계획	331
달 탐사 경쟁에 뛰어든 여러 우주 강국	335

◇ 우주 강국들의 우주산업 패권 경쟁

다양한 NASA 스핀오프 기술	337
뉴 스페이스 시대의 유망 우주산업	340
우주는 인류의 마지막 투자처	345

◇ 우주 강국의 꿈! 한국의 미래 우주개발 방향

'누리호'와 '다누리호'의 발사 성공	346
우리나라 우주개발 능력의 현주소	347
우주개발 강국이 되고자 할 때 과제	349

AN ECONOMIC WAR

지금 세계는 경제전쟁의 소용돌이에 휘말려 있다. 보복이 필요한 경우 무력보다는 주로 경제적 제재를 행사하고 있다. 국가 간의 첩보활동도 안보 중심에서 경제 중심으로 옮아가고 있다. 이는 무력에 의한 전쟁도 결국 경제력이 뒷받침되지 않으면 최종 승리자가 될 수 없음을 뜻한다. 이런 경향은 앞으로 한층 더 심화할 것으로 보인다. 그런데 경제패권 전쟁의 범주는 점차 실물경제를 넘어 금융경제, 기술력, 우주산업으로 확장되고 있다.

1장

세계경제 질서,
어떻게 변해가고 있나

세계경제의 현재,
한눈에 들여다보기

81억 인구 지구촌의 총 GDP 규모는 109조 달러다. 이중 미국이 26%, 중국이 17%를 차지한다. 선진국과 개도국의 경제력 격차 확대는 세계질서에 새로운 위험요소가 되고 있다. 최근 개도국 연합체 '글로벌 사우스(Global South)' 국가들이 연대를 강화하면서 국제사회에서 영향력이 커지고 있다.

🏛 세계 국가별 경제력 규모와 순위 ◀

지구촌에는 200개가 넘는 국가가 있으며, 81억 명이 넘는 사람이 살고 있다. 인구가 많은 나라로는 인도가 약 14억 4천만 명으로 최대 인구 대국이고, 이어서 중국이 14억 2천만 명, 미국이 3억 4천만 명, 인도네시아가 2억 8천만 명, 파키스탄이 2억 5천만 명 순이다.

인구는 국력과 직결되는 주요한 변수다. 우선, 인구가 줄어들면 군대에 갈 인적자원이 부족해지면서 국방력이 쇠퇴하게 된다. 또 인구 감소는 노동력 부족 현상을 초래하면서 결국 경제성장도 위축될 수밖에 없다. 더욱이 인구가 계속 줄어들면 마침내 지구상에서 나라가 소멸할 우려도 없지 않다.

그러면 81억 명 이상이 살아가는 이 지구촌의 경제 규모는 어느 정도일까? 경제 규모를 측정하는 대표적 지표로는 국내총생산(GDP; Gross Domestic Product)이 있다. 이는 한 나라의 영역 내에서 가계, 기업, 정부 등 모든 경제주체가 일정한 기간에 생산한 재화와 서비스의 부가가치를 시장가격으로 평가해 합산한 것이다.

국제통화기금(IMF)이 발표한 자료에 따르면 2024년 세계 전체의 GDP 규모는 109조 322억 달러였다. 미국이 28조 7,811억 달러로 세계 전체 GDP의 약 26.4%를 차지하면서 세계 제1위의 경제대국 자리를 지켰다. 미국에 이은 세계 제2위의 경제대국은 GDP 규모가 18조 5,326억 달러인 중국이다. 나머지 국가의 경제 규모는 이들 양대 경제대국과 상당한 격차가 벌어져 있다. 3대 경제대국의 자리는 독일이 일본을 제치고 올라섰다. 4위를 차지한 일본은 2010년 중국에 2위 자리를 빼앗기고 3위로 내려앉더니 2024년부터는 3위 자리마저 독일에 넘겨주었다.

일본에 이어 신흥공업국으로 빠르게 떠오르고 있는 인도가 바싹 뒤쫓고 있다. 인도의 모디 총리는 취임한 이후 '메이크 인 인디아(Make in India)'를 주창하며 제조업의 허브를 중국에서 인도로 옮겨놓겠다는 야심 찬 계획을 발표했다. 실제로 인도의 연간 경제성장률이 7% 수준에 달하면서 조만간 미국과 중국에 이어 세계 제3위의 경제대국으로 부상할 잠재력도 가지고 있다. 인도에 이어 유럽의 전통적 경제 강국인 영국, 프랑스가 6~7위를 지켰다. 우리나라는 1조 7,610억 달러로 세계 14위를 차지했다.

GDP 상위 15개국

순위	국가	GDP(달러)	비중(%)
1위	미국	28조 7,811억	26.4
2위	중국	18조 5,326억	17.0
3위	독일	4조 5,911억	4.2
4위	일본	4조 1,105억	3.8
5위	인도	3조 9,370억	3.6
6위	영국	3조 4,593억	3.2
7위	프랑스	3조 1,300억	2.9
8위	브라질	2조 3,314억	2.1
9위	이탈리아	2조 3,280억	2.0
10위	캐나다	2조 2,422억	2.0
11위	러시아	2조 568억	1.9
14위	한국	1조 7,610억	1.6
세계 전체	-	109조 322억	100.0

자료: IMF, 2024년 4월 기준.

그런데 각국의 물가수준을 고려한 구매력평가(PPP; Purchasing power parity)에 따른 GDP는 이미 중국이 미국을 추월해 세계 1위로 올라섰다. 구매력 기준 GDP는 명목상 GDP에 각국의 물가수준을 함께 반영해 조금 더 실질적인 소득과 구매력을 가늠케 하는 수치를 말한다. IMF에 따르면 2024년 구매력 기준 GDP에서 1위를 차지한 중국은 35조 2,900억 달러로, 2위인 미국 28조 7,800억 달러를 꽤

1인당 GDP 규모 순위

순위	국가	1인 소득(달러)	인구(만 명)
1위	룩셈부르크	131,384	64
2위	아일랜드	106,059	504
3위	스위스	105,669	878
4위	노르웨이	94,660	546
5위	싱가포르	88,447	594
6위	미국	85,373	34,200
7위	아이슬란드	84,594	37
8위	카타르	81,400	271
9위	덴마크	68,898	590
10위	호주	66,589	2,721
11위	네덜란드	63,750	1,767
18위	독일	54,291	8,435
21위	영국	51,075	6,773
23위	프랑스	47,359	6,475
30위	대만	34,432	2,330
31위	한국	34,165	5,178
34위	일본	33,138	12,329

자료: IMF, 2024년 4월 기준.

큰 차로 앞섰다. 3위는 명목기준 3~4위인 독일과 일본을 제치고 14
조 5,900억 달러의 인도가 차지했다. 그 뒤로 일본이 6조 7,200억 달
러로 4위, 독일이 5조 6,900억 달러로 5위를 차지했다.

그러면 인구를 감안한 1인당 국민소득이 많은 나라들은 어디일까? 1인당 국민소득 수준은 전체 GDP 통계와는 커다란 차이가 있다. 인구 대국인 중국과 인도는 각각 1만 3,136달러, 2,731달러에 불과해 그 순위가 매우 낮았다. 반면 미국을 비롯한 서방 선진국들은 대부분 상위권을 유지하고 있다.

1인당 GDP가 가장 높은 나라는 13만 1,384달러인 룩셈부르크이고 그 뒤를 아일랜드(10만 6,059달러), 스위스(10만 5,669달러), 노르웨이(9만 4,660달러), 싱가포르(8만 8,447달러), 미국(8만 5,373달러)이 잇고 있다. 참고로 우리나라는 3만 4,165달러로 31위, 일본은 3만 3,138달러로 34위를 차지했다.

🏛 세계 교역량 규모와 외환보유고 순위

한편 세계 교역량 규모는 2000년 15조 9천억 달러에서 2023년 47조 2천억 달러로 크게 성장했다. 2023년의 세계 총수출 규모는 23조 4,763억 달러, 총수입 규모는 23조 7,095억 달러였다. 제2차 세계대전 이후 줄곧 세계 최대교역국 지위를 지켜오던 미국은 그 자리를 중국에 넘겨주었다. 또한 수출입 차이인 무역수지 면에서도 중국은 최대 흑자국, 미국은 세계 최대 적자국으로 자리매김했다.

2023년 중국의 수출입을 합친 총교역 규모는 5조 9,800억 달러로, 미국의 5조 1,100억 달러보다 8,700억 달러 이상 더 컸다. 수출은 중

세계 수출입 순위

(단위: 억 달러)

순위	수출	순위	수입
1	중국 34,222 (14.6%)	1	미국 30,841 (13.0%)
2	미국 20,200 (8.6%)	2	중국 25,636 (10.8%)
3	독일 16,884 (7.2%)	3	독일 14,625 (6.2%)
4	네덜란드 9,342 (4.0%)	4	네덜란드 8,432 (3.6%)
5	일본 7,173 (3.1%)	5	프랑스 7,858 (3.3%)
6	이탈리아 6,769 (2.9%)	6	일본 7,856 (3.3%)
7	한국 6,326 (2.7%)	7	영국 7,221 (3.1%)

자료: 무역협회, 2023년 기준.

주요국의 외환보유고

(단위: 억 달러)

순위	국가	외환보유고	순위	국가	외환보유고
1	중국	33,164	6	대만	5,779
2	일본	12,549	7	사우디아라비아	4,568
3	스위스	9,504	8	홍콩	4,228
4	인도	7,058	9	한국	4,200
5	러시아	6,337	10	싱가포르	3,898

자료: 한국은행, 2024년 9월 기준.

국이 3조 4,222억 달러로 1위를 차지하면서 미국 2조 200억 달러보다 1조 4천억 달러 이상 더 컸다. 반면 수입은 미국이 3조 841억 달러를 나타내 중국 2조 5,636억 달러보다 5,200억 달러 더 많아 최대 수입국 지위를 유지했다. 그 뒤를 독일과 네덜란드가 잇고 있으며,

우리나라는 세계 7~8대 교역국으로 자리매김하고 있다.

　중국은 이러한 무역거래에서 발생한 대규모 흑자를 바탕으로 외환보유고를 늘려나가 세계 최대 외환보유국으로 우뚝 섰다. 그 뒤를 일본, 스위스, 인도가 잇고 있으나 중국과 비교할 때 규모 면에서 차이가 크다. 우리나라도 4,200억 달러로 9위를 차지하고 있다.

🏛 개도국 지원과 공적개발원조(ODA) 정책

UN에서는 통상 나라의 경제발전 정도에 따라 선진국(Developed country)과 개발도상국(Developing country)으로 분류한다. 이중 선진국은 경제가 고도로 발달해 다양한 산업과 복잡한 경제체계를 갖춘 국가 또는 지속적으로 경제개발을 해 최종적인 경제 발전단계에 접어든 국가로 풀이된다. 다만 그 개념이 매우 모호해 일반적으로 1인당 GDP가 높은 국가는 선진국일 가능성이 크다. 선진국이 아닌 나라는 개도국이 된다.

　그런데 개도국 축에도 해당하지 못하는 '최빈국 혹은 최저 개발국 (LDCs; Least-Developed Countries)'도 있다. 이러한 최빈국은 UN에서 3년마다 소득, 교육 수준, 평균 수명, 경제발전 정도 등의 기준을 고려해 지정한다. 소득 기준으로는 1인당 GNI가 1,088달러 미만인 경우다. 이에 해당하는 나라는 아프리카 33개국, 아시아 8개국, 오세아니아 3개국, 카리브해의 아이티 등 모두 45개국이 최저 개발국으로 분류되어 있다.

문제는 날이 갈수록 선진국과 개발도상국 그리고 최빈국 간 발전·소득 격차가 커지고 있다는 점이다. 이는 과거와 달리 기술발전의 속도가 빨라지고 이에 따른 독점적 초과이윤이 선진국에 집중되고 있기 때문이다.

여기에 경쟁과 시장원리에 기반을 둔 신자유주의는 양극화와 사회 부조리 현상을 한층 더 심화했다. 그 결과 선진국과 나머지 국가 사이에 반목과 갈등이 증폭되면서 세계질서에 새로운 위험 요소로 등장했다. 이에 국제사회에서는 국가 상호 간 발전 격차가 더 벌어지지 않도록 하는 노력을 기울여 나가고 있다.

최빈국 특혜관세 제도도 그중 하나다. 이는 최빈국이 수출하는 상품에 무관세를 적용하는 특혜관세 제도다. 즉 최빈국과 교역을 확대하려고 최빈국에 좋은 교역조건을 제공하는 것이다. 그런데 이보다 더 보편적이고 실질적인 지원 방법은 개발원조다.

개발원조 재원의 핵심인 공적개발원조(ODA; Official Development Assistance)는 한 국가의 원조집행기관이 공여국의 경제개발과 복지 향상을 위해 공여국이나 국제기구에 제공하는 자금을 뜻한다. UN의 ODA/GNI 권고비율은 0.7%이지만, 현실적으로는 잘 지켜지지 않고 있다. 가령 미국은 가장 큰 전체 공여국이지만, 경제 규모 비율로 볼 때 GDP의 약 0.2%에 불과하다.

🏛 커지는 '글로벌 사우스' 국가들의 영향력

한편 개도국들도 결속을 강화하고 세력화함으로써 선진국에 대응해 나가고 있다. 최근 '글로벌 사우스(Global South)' 국가들이 상호 협력과 연대를 강화하는 모습을 보이고 있다. 특히 2022년 2월 러시아-우크라이나 전쟁이 시작된 이후 미국·유럽 등 서방 국가들과 다른 움직임을 나타내면서 주목받고 있다. 대표적으로 전쟁 이후 유엔총회에서 잇따라 이뤄진 러시아 관련 표결에서 많은 글로벌 사우스 국가가 기권하는 등 그 어느 편에도 서지 않고 중립을 취하고 있다.

글로벌 사우스에 속한 국가들은 과거 서구열강의 식민 통치를 겪고 독립한 지 얼마 되지 않은 신생국이 많은데, 중국과 인도, 동남아시아·아프리카·중남미 120여 개 국가가 이에 해당한다. 반면 유럽, 북미, 호주, 한국, 일본 등 60여 개국은 '글로벌 노스(Global North)'에 해당한다. 일반적으로 글로벌 사우스는 북반구에 있는 부유한 국가들인 글로벌 노스에 비해 가난하고, 기대 수명이 낮으며, 생활 조건이 열악하다.

이 글로벌 사우스에 대한 주도권을 쥐고자 미국과 중국의 경쟁이 치열해지고 있다. 특히 아프리카와 태평양의 도서 국가들에서 더 심하다. 중국은 아프리카에서 인프라 개발과 경제협력으로 영향력을 확대해 풍부한 광물자원을 확보한다는 전략을 미국에 앞서 추진 중이다. 이는 광물자원이 풍부한 아프리카 국가들에 접근해 재생에너지로 전환하는 데 필수적인 광물 공급망을 장악하려는 의도다. 일례로 콩고민주공화국은 코발트 생산량에서 세계 전체의 약 70%를 차지하는데, 그중 99%가 가공·정련을 하려고 중국으로 보내진다.

중국은 남태평양에 있는 섬나라들에도 공을 들이고 있다. 이유는 중국의 우군으로 끌어들여 군사기지를 구축함으로써 미국의 인도·태평양 전략에 맞서기 위해서다. 특히 미국의 태평양 군사거점인 괌과 호주 중간에 있는 솔로몬제도(Solomon Islands)는 군사적 요충지로, 중국의 세력권에 편입되면 미국의 군사전략이 크게 타격받게 된다. 중국은 이런 노력의 한 방편으로 비록 아직 완성되지 않았지만 남태평양 10개 국가에 경제지원을 하고, 그 대신 군사기지를 구축하는 '포괄적 개발 비전' 협정 체결을 추진하고 있다.

이에 대응해 미국은 유럽연합(EU; European Union) 등과 공동으로 앙골라, 잠비아, 콩고민주공화국을 잇는 철도를 정비하는 '로비토 회랑(Lobito corridor)' 사업을 추진하고 있다. 로비토 회랑은 앙골라 대서양 연안에 있는 로비토 항구와 구리·코발트 등 광물자원이 풍부한 잠비아와 콩고를 연결하는 약 1,300km의 철도를 정비하는 사업이다.

이 프로젝트는 G7 국가들이 개발도상국에 필요한 인프라를 제공하려고 2022년 6월 G7 정상회담에서 발표한 '글로벌 인프라·투자 파트너십(PGII)'의 첫 사업이다. PGII(Partnership for Global Infrastructure and Investment)는 미국 등 서방 국가들이 중국의 일대일로(一帶一路)를 견제하려는 목적으로 시행하는 사업으로, 2023년부터 2027년까지 5년 동안 총 6천억 달러를 투자할 예정이다.

'팍스 아메리카나' 경제의 부침과 위기

미국이 세계경제 패권을 쥐게 된 가장 강력한 원천은 자유시장 경제체제와 혁신 능력이다. 물론 글로벌 금융위기 등 몇 차례 위기도 있었지만 IT 기술의 혁신 등으로 '골디락스(goldilocks)' 경제를 구가했다. 그러나 트럼프 행정부가 자국 우선주의를 취하면서 글로벌 리더십에 의문이 제기되었다.

🏛 기술혁신 속에서 이루어진 '팍스 아메리카나'

제2차 세계대전을 치른 후 서구 열강이 세계사에 미치는 영향력은 크게 쇠퇴하게 된다. 그 대신 미국은 초강대국의 자리에 오르게 되었다. 미국은 1944년 구축한 '브레턴우즈(Bretton Woods)' 체제로 세계경제 질서를 미국의 달러 중심으로 재편했다. 이후 달러는 세계의 기축통화가 되었다. 미국은 대규모 무역수지 적자를 내면서도 유동성을 안정적으로 공급함으로써 세계경제의 활성화에 이바지했다. 또한 1947년의 '마셜 플랜(Marshall plan)'은 유럽이라는 광대한 시장을 미국 몫으로 만들었다. 결과적으로는 이로써 미국과 유럽 모두 경제번영을 이루게 되었다.

세계경제 질서, 어떻게 변해가고 있나   47

또한 미국은 유럽이 지배하던 식민지에 진출해 공산주의 혁명을 막는다는 명분으로 세계의 모든 국제 문제에 관여했다. 그리고 개도국에도 대규모 원조사업을 시행함으로써 이들의 지지를 얻을 수 있었다. 이로써 미국의 주도 아래 세계의 평화 질서가 유지되는 상황을 함축하는 이른바 '팍스 아메리카나(Pax Americana)'의 시대를 구가하게 되었다.

1971년 '닉슨 쇼크(Nixon shock)'를 계기로 브레턴우즈 체제가 사실상 막을 내리게 된 이후에도 미국은 금융산업의 발전과 '페트로 달러(Petro dollar)' 체제 구축 등으로 '팍스 아메리카나'를 유지해나갈 수 있었다. 이에는 국방력도 뒷받침되었다. 2022년 기준 미국 국방비는 8,770억 달러에 달했다. 혼자서 전 세계 국방비의 40%가량을 차지한 것이다. 2위 중국의 국방비 총액은 2,520억 달러로 미 국방비의 3분의 1 수준에 불과하다.

미국은 2024년 기준으로 전 세계 GDP의 약 26%를 점유하고 있다. 이는 물론 제2차 세계대전이 끝날 무렵의 50%에 비하면 작지만, 여전히 세계 최대 규모의 경제다. 1인당 GDP 또한 8만 5천 달러에 달해 인구 1천만 명 이상의 나라 중에서는 세계 1위다. 그래서 세계에서 부자가 가장 많은 나라다. 미국인은 전 세계 인구의 4.1% 정도에 불과하지만, 전 세계 백만장자 중 약 39.1%가 미국인이다. 이에 따라 미국의 경제 상황은 국제경제에 커다란 영향을 미치고 있다.

미국경제는 이처럼 양적 측면도 그렇지만 질적 측면에서도 세계 최고다. 오늘날 미국이 세계경제 패권을 가지게 된 가장 강력한 원천은 자유시장 경제체제와 혁신 능력이라 할 것이다. 미국은 기술혁신을 선도하는 국가이며, 특히 컴퓨터, 인공지능, 바이오, 우주항공 등 첨단산업 역량은 타의 추종을 불허할 정도로 앞서 있다. 여기에 풍부하고 숙련된 인력, 잘 갖추어진 인프라 등 경제발전을 위한 요건이 두루 갖추어져 있다. 이런 여건에서 기업들은 자율과 창의성을 발휘하며 활기 넘치는 산업생태계를 조성하고 국가 전체의 경제를 이끌어나가고 있다.

특히 실리콘 밸리로 대표되는 IT(Information Technology)산업은 21세기 미국경제를 견인하는 중추적 역할을 한다. 미국은 20세기 말 비록 '닷컴버블(dot-com bubble)' 붕괴 과정을 겪었지만, 이후에도 소프트웨어·콘텐츠 산업에 꾸준히 투자해왔다. 그 결과 오늘날 세계를 주름잡는 IT 기업들 대다수는 미국 기업이다. 이에는 미국 시가총액 1~6위를 차지하는 애플, 마이크로소프트, 엔비디아, 구글, 아마존, 메타 등이 있는데, 특히 상위 3사의 시총 규모는 각기 3조 달러를 넘어선다.

이들은 기술 변천과 혁신을 주도한다. 보이지 않는 미래에 대한 도전적 문화, 자유분방하고 개방적인 개발환경 등도 경쟁력을 뒷받침하고 있다. 우수한 인재 양성, 벤처기업과 스타트업 육성에도 적극적이다. 대화형 인공지능인 챗GPT도 이런 배경에서 탄생했다. 애플의 예에서 볼 수 있는 것처럼 첨단 서비스의 강점을 이용해 고객에게 적합한 하드웨어와 소프트웨어의 차별화 포인트를 찾는 데도 능숙하다.

앞으로도 미국의 IT산업은 경쟁력을 한층 더 강화하면서 관련 산업에 미치는 파급력 또한 대폭 키워나갈 것으로 보인다. 이들은 다가온 4차 산업혁명과 인공지능 시대를 활짝 열어나갈 핵심 기업들이다. 또 IT 융복합화 현상과 함께 인터넷의 발전으로 전 세계가 하나의 망으로 연결된 상황에서 정보기술은 미래에도 연관산업의 발전과 경제성장을 촉진하는 원동력이 될 것으로 전망된다.

🏛 팍스 아메리카나 시대에도 찾아온 몇 차례 위기

그러나 탄탄대로를 달리던 미국경제도 몇 차례 위기는 있었다. 우선 2008년 일어난 미국발 글로벌 경제위기다. 위기의 시발점은 2000년의 '닷컴버블'로까지 거슬러 올라간다. 미국은 1990년대로 접어들면서 새로운 성장 동인을 가지게 된다. 바로 정보화의 총아 IT산업의 부흥기를 맞이한 것이다. 1990년대 중후반은 이의 절정기였다. 나스닥시장은 주가가 3배 정도 뛰었다. 그러나 2000년 들면서 점차 거품이 빠지기 시작했다. 이어진 금리인상은 결국 IT버블 또는 닷컴버블의 붕괴를 초래했다.

당시 연방준비제도이사회(FRB) 의장이던 앨런 그린스펀(Alan Greenspan)은 IT버블이 종료된 뒤 곧바로 2001년 엔론의 회계부정 사건이 터지자 한때 연 6.5%에 달하던 정책금리를 10여 차례 조정을 거쳐 2003년 6월 1%까지 낮췄다. 이후 시중 유동성이 대폭 늘어나게 되었고 이들은 대부분 주택시장으로 유입되었다. 이로써 부동산경기는 당시 조지 부시(George Walker Bush) 행정부의 주택장려 정책과 맞물려 유례없는 호황을 맞게 된다.

이 기회를 틈타 금융기관들은 앞뒤 가리지 않고 주택담보대출을 제공하며 수수료 수입을 올리는 데 혈안이 되어 있었다. 나중에는 주택을 담보로 돈을 빌리는 대출자 중 빚을 제대로 갚을 능력이 떨어지는, 즉 상대적으로 저신용자인 '서브프라임(subprime)'에 대한 대출마저 급증하기 시작했다.

금융회사들은 이 대출채권을 기초자산으로 한 파생상품을 대거 만들어 유통했다. 이것이 바로 '주택저당증권(MBS; Mortgage Backed Securities)'이다. 나아가 월가는 저신용·저소득자 대상 주택담보대출(subprime mortgage)을 정상적인 주택저당증권상품으로 포장해 안전자산인 양 사고팔았고, 이후 집값이 하락하자 폭탄이 터지게 된 것이다. 여기에 신용평가사들까지 가세했다. 신용평가사들이 월가의 금융회사들과 공모해 서브프라임모기지에 대한 신용등급을 높게 유지했고, 이로써 서브프라임모기지의 대량 부실 사태가 증폭된 것이다.

이런 상황에서 연방준비제도(Fed, 이하 연준)는 거품과 인플레이션을 우려해 2004년 이후 금리를 17번에 걸쳐 4.25%p(1.0→5.25%) 올렸다. 마침내 부동산 거품이 터지고 금융위기가 시작되었다. 주택시장 경기가 꺾이고 부동산 거품이 붕괴하면서 집값이 곤두박질치자 대출을 갚지 못하고 집을 포기하는 사람들이 급증했다.

2008년 9월 미국 정부는 주택시장 침체와 모기지 손실로 유동성 위기에 직면한 양대 모기지업체 패니메이와 프레디맥을 국유화하고, 양사에 총 2천억 달러 규모의 공적자금을 투입하기로 했다. 하지만 연이어 투자은행 리먼 브라더스(Lehman Brothers)가 파산하기에 이르렀다. 다행히 이 위기를 약 4조 5천억 달러 규모에 달하는 양적완화(QE; Quantitative Easing)와 금융혁신으로 극복했다.

다음은 대규모 재정적자와 국가부채 문제다. '팍스 아메리카나'를 지탱하는 과정에서 매년 대규모 재정적자가 쌓여갔다. 이로써 국가채무도 덩달아 커지게 되었다. 미국은 국가채무 규모가 세계에서 가장 큰 나라다. 미국이 31조 4천억 달러를 웃돌지만, 미국 다음으로 규모가 큰 일본은 12조 달러가 채 되지 않는다. 물론 GDP 대비 국가채무 비율은 미국이 128%로 일본 259%에 비해 훨씬 낮은 편이지만, 채무의 절대 규모는 미국이 가장 크다.

더욱이 국가부채 규모와 GDP에 대비한 비율은 앞으로도 더 커질 것이다. 의회예산국(CBO; Congressional Budget Office)은 부채비율이 2050년 195%까지 높아질 것으로 전망하고 있다. 이는 이자 비용이 증가하고 인플레이션과 차입 비용 상승의 악순환을 가져오며, 경제성장을 저해하고 재정위기를 초래할 수 있다는 것을 반영하고 있다. 이런 상황에서 2023년 8월 1일, 세계 3대 신용평가기관의 하나인 피치(Fitch)는 미국의 신용등급을 종전의 최고 등급인 AAA에서 AA+로 한 단계 강등했다. 이 문제는 여전히 앞으로 미국이 풀어나가야 할 큰 숙제로 남아 있다.

🏛 '골디락스' 이후 스태그플레이션에 처하다

이런 부침을 겪으면서 21세기에도 세계경제는 미국 주도로 움직이는 '팍스 아메리카나'의 시대가 이어졌다. 세계경제는 2008년의 글로벌 금융위기를 극복한 후 십수 년 동안 안정 속에서 적정성장을 유지하는 '골디락스(goldilocks)' 경제를 구가해왔다. 미국은 IT기술의 비즈니스 모델 구축 성공, 양적완화 시책을 통한 충분한 유동성 공급 등에 힘입어 적정수준의 고용과 성장을 유지해왔다. 이는 세계경제의 활력을 견인하고 원활한 유동성 공급을 가능케 하는 동력이 되었다.

또한 미국과 함께 세계경제를 지탱하는 다른 하나의 축인 중국은 자유무역 체제를 활용해 저임금과 대규모 인구를 바탕으로 세계의 공장과 시장 역할을 했다. 이 가운데 세계경제에는 저물가 기조를 견지할 수 있는 동력을 제공했고, 자신은 고도성장을 이룩해 세계 제2의 경제대국으로 부상했다. 신흥개도국들도 세계경제의 호조, 자유무역의 활성화에 힘입어 비교적 높은 성장세를 보였다. 다만 일본과 유럽은 구조개혁이 지체되면서 저성장의 늪에서 제대로 헤어나지 못하는 모습을 보여왔다.

그러나 2010년대 후반으로 접어들면서 세계경제는 커다란 혼돈에 빠지게 되었다. 2017년 출범한 미국의 트럼프 행정부가 자국 우선주의를 취하면서 미국은 산업정책을 국가안보와 연계해 글로벌 공급망의 재편을 가속해 나갔다. 이러한 미국의 움직임에 자극을 받은 다른 나라들 또한 자국 산업 보호와 보호무역 기조를 강화하게 되었다. 이 과정에서 미국의 글로벌 리더십은 점차 약화해갔다. 그 결과 이제 세계경제는 '팍스 아메리카나'의 시대가 끝나고 각자도생의 길로 접어들었다는 이야기가 나오게 되었다.

여기에 2020년에는 코로나 사태라는 복병까지 출현해 미국 -2.8% 그리고 세계경제는 -3.3%라는 마이너스 성장을 나타내며 크게 휘청거리는 모습을 보였다. 다행히 2021년에 백신이 개발되어 경제사회가 어느 정도 정상을 되찾으면서 미국과 세계경제는 각기 5.9%의 고성장을 보였다. 그런데 어느 정도 안정을 찾아가던 세계경제가 2022년부터는 인플레이션 속에서 경기가 침체되는 전형적인 스태그플레이션 현상에 직면하게 된다.

2022년 2월 시작된 러시아-우크라이나 전쟁은 코로나 사태 극복 과정에서 형성된 과잉유동성, 팬데믹 이후 보복 소비와 공급망 차질 등이 촉발한 인플레이션 현상을 한층 더 심화해놓았다. 미국의 소비자물가는 2022년 6월 9.1%까지 치솟았는데, 이는 1981년 12월 이후 41년 만의 최대치였다. 더욱이 러시아에 에너지 의존도가 높은 영국과 유로존의 소비자물가 상승률은 미국보다 더 높은 10% 이상에 달했다.

이처럼 치솟는 물가를 잡으려고 미국 연방준비은행과 주요 선진국 중앙은행들은 기준금리를 빠른 기간 안에 대폭 인상했다. 이에 따라 세계 경기는 하강 국면에 빠지게 되었다. 미국은 2022년 초 제로(zero) 수준이었던 금리를 1년 4개월 만에 5.25~5.50%로 인상했다. 연이어 유로존과 영국, 스위스 등 주요국들도 대폭적인 금리인상을 단행했다. 전 세계 주요국의 금리인상에도 끝까지 움직이지 않으며 유일하게 초저금리 기조를 견지하던 일본마저 인상 기조로 전환했다. 2024년 3월 일본 은행은 기준금리를 -0.10%에서 +0.10%로 인상하면서 17년 만에 마이너스 금리시대를 끝냈다. 그리고 7월에는 또다시 0.25%로 추가 금리인상을 단행했다.

세계경제는 이런 과정을 거치면서 결국 스태그플레이션 국면에 빠지게 된 것이다. 다행히 2024년으로 들어서면서는 2년 이상 장기간에 걸친 고금리 기조로 물가는 어느 정도 안정을 찾게 되었다. 그러나 경기는 여전히 부진한 상황이며, 특히 유럽은 장기불황 국면에 처해 있다. 또 그동안 세계경제를 떠받쳐오던 중국의 경기도 어려움을 겪고 있다.

이에 미국의 연방준비은행은 경기회복을 위해 2024년 9월, 4년 6개월 만에 마침내 금리인하를 단행했다. 그것도 0.5%p 인하, 이른바 빅컷(Big Cut)을 단행했다. 이어 11월에도 0.25%p 추가 인하함에 따라 기준금리는 4.50~4.75%가 되었다. 또 극심한 경기부진을 겪고 있는 유럽의 경우 유럽중앙은행(ECB)이 이미 2024년 6월에 0.25%p 금리인하에 나섰고, 이어 9월과 10월에도 추가로 금리인하를 단행했다. 더욱이 대형 부동산업체의 파산 등 경제의 리스크가 커진 중국은 다른 나라들이 금리를 인상하던 동안에도 오히려 금리를 인하해왔다. 중국 인민은행은 유동성 공급을 늘리고자 기준금리와 정책금리 인하는 물론이고 지급준비율까지 낮추고 있다.

그러나 이러한 적극적인 경기회복 노력에도 안심하기 어려운 실정이다. 이는 지금 세계는 제1, 제2의 경제대국인 미국과 중국 간 무역전쟁이 날이 갈수록 격화되고 있으며, 미국에서 촉발된 자국 이기주의 성향도 전 세계로 확산하고 있기 때문이다. 더욱이 2024 미국 대선에서 트럼프 전 대통령이 승리함으로써 이런 분위기는 한층 더 고조되고 있다. 한마디로 앞으로의 세계경제 향방은 매우 불투명한 상황에 놓여 있다고 하겠다.

'팍스 시니카' 시대는 과연 오는가

중국은 2049년까지 미국을 제치고 세계 최강의 국가 실현을 꿈꾸고 있다. 2대 구체적 프로젝트는 '중국제조 2025'와 '일대일로' 정책이다. 그러나 후진적인 경제사회 구조와 국민의식 등을 감안할 때 가까운 장래에는 어려울 것으로 보인다. 더욱이 경제의 신장세가 계속 이어질지도 불투명하다.

🏛 중국몽과 '팍스 시니카' 구상

21세기로 접어들면서부터 중국경제가 급성장하자 국제사회에서 중국의 역할과 비중도 한층 커지고 있다. 경제면에서 미국에 이어 G2(Group of Two)로 올라서면서 조만간 미국을 제치고 G1 등극까지 넘보고 있다. 실제로 중국은 3조 2천억 달러가 넘는 세계 최대 외환보유고를 기반으로 글로벌 원자재와 기업사냥에 나서며 막강한 힘을 보여주고 있다. 이에 일부 경제 전문가들은 2030년대 중반 무렵에는 중국이 모든 면에서 미국을 추월해 세계 최강의 국가로 우뚝 서리라고 예측하고 있다. 이는 미국 주도의 평화 '팍스 아메리카나' 시대가 종료되고, 중국 주도의 평화라는 뜻의 '팍스 시니카(Pax

Sinica)' 시대가 새로이 열린다는 의미이기도 하다.

시진핑 중국 국가주석은 2012년 18차 당 대회에서 총서기에 오르면서 '중국몽(中國夢)' 이념을 내세웠다. 2050년까지 세계 최강국으로 우뚝 서겠다는 목표를 제시한 것이다. 대외정책 이념도 덩샤오핑 전 주석의 '도광양회(韜光養晦)'에서 '전랑(戰狼)' 외교로 불릴 정도로 공격적인 '분발유위(奮發有爲)'로 바꾸었다. 이는 중화민족의 부흥을 실현해 중국이 G2가 아닌 유일한 초강대국이 되는 것으로, '팍스 시니카' 실현을 추구하는 것이라 할 수 있다. 이런 중국몽을 실현하려고 중국이 내놓은 2대 구체적 프로젝트는 '중국제조 2025'와 '일대일로' 정책이다.

🏛 '중국제조 2025'와 '일대일로'

'중국제조 2025(Made in China 2025 strategy)'는 과거 중국의 경제성장이 '양적인 면'에서 제조 강대국이었다면, 앞으로는 혁신역량을 키워 '질적인 면'에서도 제조 강대국이 되고자 하는 전략이다. 2015년 발표된 이 전략은 제조업 기반을 육성하고 첨단 설비와 핵심기술의 대외 의존도를 낮추는 기술혁신, 에너지 효율을 높이는 녹색 성장 등으로 질적 성장을 이루고자 마련되었다.

향후 30년간 10년 단위로 3단계에 걸쳐 산업고도화를 추진하는 전략으로, 10대 핵심산업 분야와 5대 중점 프로젝트 계획을 제시했다. 향후 30년간 세 단계에 걸쳐 이루고자 하는 목표는 다음과 같다.

1단계(2015~2025)는 미국, 독일, 일본, 영국, 프랑스, 한국 등과 같은 글로벌 제조 강국 대열에 진입하는 것이다. 양적인 면에서 달성한 세계 최대의 '제조대국'에서 나아가 품질·기술·이윤 등 질적인 면에서도 고도화된 '제조강국'을 만들려는 것이다. 이를 위해 제조업 스마트화, 노동생산성 제고, 주요 업종의 에너지소모율과 오염배출량 감축 등을 제시하고 있다.

2단계(2026~2035)는 글로벌 제조강국 내 중간 수준을 확립하는 것이다. 좀더 구체적으로는 독일과 일본을 넘어서겠다는 것이다. 혁신으로 경쟁 우위 산업에서 글로벌 시장을 견인할 수 있는 경쟁력을 보유하는 것이 목표다.

3단계(2036~2045)는 주요 산업에서 선진적인 경쟁력을 갖춰 세계 시장을 혁신적으로 선도하는 위치로 도약하는 것을 목표로 한다. 즉 미국을 제치고 세계 최강국이 되겠다는 것이다.

10대 전략산업에는 정보기술(IT), 우주항공, 해양공학, 선박과 철도 교통, 신에너지, 로봇, 전력설비, 바이오의약, 농업기계 설비, 신소재 등이 포함되어 있다. 이들은 모두 제조업을 기반으로 하며 부가가치가 높고 산업연관 효과가 큰 산업들이다. 또 4차 산업혁명 시대와 그 이후의 미래를 좌우할 핵심산업들이다. 그리고 미국과 경쟁 관계에 있는 산업들이다.

'중국제조 2025'는 단순히 첨단산업을 키우려는 계획이 아니다. 중국은 2045년 제조 초강대국이면서 기술 자급자족 달성을 목표로

잡고 있다. 2020년까지 핵심부품과 자재의 국산화율을 40%로 높이고, 2025년까지 글로벌 제조업 강국 대열에 합류하려고 국산화율 70%를 달성하며, 2035년까지 중국을 제조업 강국 중등 수준으로 끌어올린 후 2049년까지 세계시장을 선도하는 국가가 되는 것이 목표다. 이 계획을 추진하는 과정에서 중국 정부는 자국기업에 대규모 보조금을 지원하고, 중국에 진출한 외국기업에는 핵심기술을 이전하라고 압박을 가하고 있다.

한편 '일대일로(一帶一路, One belt One road)'는 중국 주도의 '신실크로드' 전략 구상으로, 내륙과 해상 양대 축을 잇는 경제 벨트를 의미한다. '일대(一帶)'는 여러 지역이 통합된 하나의 지대(one belt)를 가리킨다. 구체적으로는 중국-중앙아시아-유럽을 연결하는 '실크로드 경제 벨트'를 뜻한다. '일로(一路)'는 하나의 길(one road)을 가리킨다. '동남아시아-서남아시아-유럽-아프리카'로 이어지는 '21세기 해양 실크로드'를 뜻한다.

이 프로젝트는 2013년 시진핑 주석의 제안으로 시작되어 신중국 설립 100주년이 되는 2049년까지 완성할 예정이다. 고대 동서양의 교통로인 실크로드를 내륙 3개, 해상 2개 등 총 5개 노선으로 재구축해 중국과 주변 국가의 경제와 무역 협력을 확대하는 대규모 프로젝트다. 인프라 구축을 위한 자금지원은 신실크로드 펀드와 아시아 인프라투자은행(AIIB; Asian Infrastructure Investment Bank)을 통해 뒷받침할 계획이다.

참여국은 2014년 70여 개국에서 2021년에는 140여 개 국가·국제기구로 2배 이상 늘어났으며, 점차 그 범위가 확대되는 추세다. 미국의 동맹국들로 구성된 G7 국가 중 이탈리아도 서유럽 국가 중 최초로 참여하면서 논란을 불러일으켰다. 프로젝트가 마무리되면, 유럽과 아시아를 잇는 초대형 경제회랑이 된다. 이는 결국 과거 중국이 중심이었던 시대를 꿈꾸며 유라시아(Eurasia)와 아프리카 지역을 새로운 지역 공동협의체로 만들고자 하는 글로벌 패권 구상이라 할 수 있다.

금융 면에서도 중국몽을 뒷받침하는 전략들이 착착 추진되고 있다. 미국과 일본이 주도하는 세계은행(World Bank)과 아시아개발은행(ADB) 등에 대항하려 중국이 주도하는 AIIB와 NDB가 연이어 설립되었다. 2015년 7월 상하이에서 출범한 신개발은행(NDB; New Development Bank)은 브릭스(BRICS)판 세계은행이다. 목적은 브릭스 국가와 기타 신흥 경제국의 인프라 개발을 지원하는 데 있다. 또 중국은 미국 주도의 '스위프트(SWIFT)'에 대항해 국제위안화결제시스템(CIPS; Cross Border Interbank Payment System)이라는 독자적인 국제결제망도 2015년 10월 상하이에 발족시켰다.

🏛 '팍스 시니카'의 시대가 도래할 수 있을까

그러면 과연 중국몽이 실현되어 중국 주도의 '팍스 시니카' 시대가 도래할 수 있을까? 우리가 세계사에서 얻은 교훈에 따르면, 세계적

패권을 장악하려면 다음 몇 가지 필요조건을 충족해야 한다. 즉 전반적 국력, 이념과 체제, 세계경제에 대한 공헌, 금융 주도권, 통상질서 주도권 그리고 동맹 관계 등이 그것이다. 이를 기반으로 '팍스 시니카' 시대가 현실적으로 도래할지를 점검해보자.

먼저, 전반적 국력이다. 향후 10년 안에 GDP 총량에서는 중국이 미국을 능가할지 모르나 1인당 GDP에서는 거의 불가능하다. 2024년 기준 중국의 1인당 GDP가 1만 3,136달러로, 미국 8만 5,373달러의 6분의 1 수준에 불과하기 때문이다. 군사력도 미국의 첨단 무기, 공군력, 해군력, 소프트파워 등을 고려할 때 10년 안에 중국이 이를 능가할 수는 없을 것이다.

세계경제 전반에 대한 공헌도 마찬가지다. 미국은 무역적자와 재정적자라는 이른바 쌍둥이 적자를 감수하면서 세계시장에 달러 유동성을 충분히 공급했고, 이로써 세계경제 규모를 키우는 데 큰 기여를 해왔다. 이에 비해 중국의 리더십은 다분히 자국 중심적이다. 일대일로를 추진하다가 많은 개도국으로부터 반발을 샀고, 아시아인프라투자은행(AIIB)을 지나치게 중국 중심으로 운영한다는 비판도 받고 있다.

특히 일대일로 정책은 갈수록 식민제국의 불평등 조약이나 다름없다는 평가가 나오고 있다. 아시아와 아프리카, 유럽 등 68개국에 총 8조 달러를 융자했고, 이중 23개국은 중국에 상당히 높은 수준의 부채비율을 기록하고 있다. 더욱이 동아프리카의 지부티, 아시아의 파키스탄·라오스·몽골·몰디브·키르기스스탄·타지키스탄, 유럽의 몬테네그로 등 8개국은 중국에 진 빚을 감당하기 어려운 상황이며, 이들 상당수가 지리적 요충지다. 결국 중국몽은 경제력을 내세워 과거 추진했던 속국화 방식을 재현하는 것에 불과하다는 비판을 받기에 이르렀다.

금융 주도권 면에서도 달러가 이전보다는 위상이 약해진 것은 사실이나 아직도 기축통화의 지위는 굳건하다. 반면 중국의 위안화가 국제통화로서 위상이 커지고는 있지만, 달러를 제치고 기축통화가 되기에는 갈 길이 너무 멀다. 중국의 금융시장 발전 상황은 여전히 국제기준에 크게 뒤떨어져 있다는 평가를 받고 있다.

우선 금융시스템이 불투명하고 자의적이다. 아직도 금융기관 영업활동이 정부의 통제 아래 놓여 있는 관치금융이 이어지고 있다. 국영기업에 대한 자금 대출이 사전에 타당성 조사 없이 정부 의도대로 이뤄지고 있다. 그러다 보니 글로벌 경제상황이 삐끗하면 대형 금융사고가 일어날 수 있다. 환율 결정 시스템이 투명하지 않을 뿐 아니라, 자본의 국내외 유출입에 대한 정부 통제는 더 심하다. 이런 상황에서는 위안화가 기축통화는 물론 국제통화로도 발돋움하기 어렵다.

더욱이 지방 개발과정에서 대폭 늘어난 '그림자 금융(shadow banking)' 문제도 심각하다. '그림자 금융'은 은행과 비슷한 신용중개 기능을 하면서도 은행처럼 엄격하게 건전성 규제를 받지 않는 금융기관과 금융상품을 통틀어 일컫는 말이다. 특히 이런 '그림자 금융'을 많이 활용하고 있는 지방정부의 채무 투명성이 낮아 채무가 얼마

인지 파악하기도 어려운 실정이다. 향후 경기가 하강국면으로 진입할 경우 그림자 금융은 부실폭탄의 재앙으로 작용할 가능성도 없지 않다. 아울러 이 채무 문제를 해결하는 동안 중국은 장기간 저성장에 빠질 우려도 매우 크다.

부동산 리스크를 중국 당국이 어떻게 해결해나갈지에 대한 의문 또한 중대한 걸림돌이다. 중국 최대 부동산 개발기업 헝다(恒大)그룹의 에버그란데(Evergrande)가 2021년부터 파산 위기에 처했다가 결국 청산 명령이 내려졌다. 또 다른 부동산 개발업체 비구이위안(碧桂園, Country Garden)도 청산절차를 밟고 있다. 수도 베이징을 비롯해 선전, 상하이 같은 대도시의 공실률이 20% 안팎까지 치솟고 있다. 여기에 부동산은 완전한 소유가 불가능하고 규제도 불투명해서 부유층은 물론 중산층조차 해외로 자산을 이전하려는 성향이 강한 실정이다.

🏔 불투명한 중국경제의 미래

끝으로 중국경제가 앞으로도 이전과 같은 높은 성장세를 지속해나갈지도 의문이다. 코로나 사태 이후 세계경제는 중국의 본격적인 경제활동 재개, 즉 리오프닝(reopening)에 거는 기대가 컸다. 중국이 2008년 금융위기를 비롯해 글로벌 경제위기 때마다 구원투수 역할을 해왔기 때문이다. 그러나 현실은 그렇지 못하고 제대로 활기를 되찾지 못하고 있다. 문제의 심각성은 경제 부진이 일시적 현상이 아닌 구조적 요인에 따른 것이라는 분석에서 비롯한다.

소비자 지출이 부진하고 부동산 시장이 흔들리고 있으며 지방정부의 부채는 나날이 치솟고 있다. 인구가 감소하고 도시화율 진행이 둔화함에 따라 중국의 주택 수요를 견인하는 구조적 요인이 흔들리고 있기 때문이다. 또 빈부격차를 줄이겠다는 취지에서 비롯한 '공동부유(共同富裕)'의 정책이념은 투자 제약요인이 되고 있다.

여기에 미국의 공급망 재편 정책 추진에 따른 수출 감소와 20%를 넘는 기록적인 수준의 청년실업률도 문제다. 생산자물가지수(PPI)가 하락하면서 디플레이션 가능성도 커지고 있다. 자칫하다가는 과거 일본이 부동산과 주식시장의 거품이 꺼진 후 경험한 '잃어버린 30년'의 악몽이 덮칠 우려마저 없지 않다. 이런 상황이 현실화할 경우 미국의 경제력을 추월하기는 불가능해지고 위안화 패권의 꿈도 물거품이 될 것이다.

홍콩 중원대학교에서 석좌교수를 지낸 랑셴핑(郎咸平)은 『누가 중국경제를 죽이는가』라는 책에서 다음과 같이 기술했다. "지난 30여 년간 중국은 경제면에서 고도성장을 유지해 세계 2위의 경제대국이 되었다. 그러나 환경오염, 자원 낭비, 인권 억압, 민주와 자유에 대한 탄압, 세계의 보편적 가치관 미흡 등 후진적인 경제사회 구조는 여전히 중국의 선진경제 비상을 방해하고 있다. 문명의 전환기라고 하는 지금 낡은 관념을 버리고 기존의 틀에서 뛰쳐나와 미래 관점에서 민주, 자유, 인권신장을 경제발전과 함께 추진해나가야 중국은 진정한 선진 경제대국이 될 수 있을 것이다."

비록 10년 전 이야기지만 지금도 별로 달라진 게 없는 것 같다. 이렇게 볼 때 가까운 장래에 중국이 '팍스 아메리카나' 시대를 잠재우고 '팍스 시니카' 시대를 열어나갈 확률은 그리 높지 않다는 결론에 도달한다.

G2인 미국과 중국 간의 신냉전 체제

중국은 세계 2위의 경제대국으로 부상한 후 모든 면에서 미국을 위협하는 존재가 되었다. 이에 미국은 대대적인 반격을 하게 되는데, 가장 먼저 취한 조치는 중국산 수입제품에 대한 '관세 폭탄'이다. 이후 양국의 갈등은 점차 외교·안보 등 전방위로 확산하면서 신냉전 국면이 형성되었다.

🏛 거침없이 확장되는 중국의 패권 행보

제2차 세계대전이 끝나자 세계질서는 미국이 주도하는 자본주의와 소련이 주도하는 공산주의로 양분되었다. 당시 지구촌 상황은 총성은 나지 않았지만 정치와 경제, 우주개발 등 모든 면에서 치열한 상호 각축전이 발생한 냉전의 시대였다. 그러나 1990년대 초반 소련과 공산주의가 붕괴하면서 냉전이 끝나고 세계는 미국 일인 천하가 되었다. 이에 세계는 미국의 리더십 아래 평화를 유지하는 '팍스 아메리카나' 체제로 접어들었다.

그러나 21세기로 접어들자 중국이 부상하면서 새로운 냉전이 초래된다. 더욱이 중국이 장차 경제력을 바탕으로 군사대국이 되어 주변에 패권을 부리며 위협감을 준다는, 이른바 '중국 위협론'마저 나오게 되었다. 사실 중국의 부상은 미국의 역할과 함께 그 책임도 크다. 1972년, 당시 미국 대통령 리처드 닉슨(Richard Nixon)은 대만을 버리고 중국과 수교하려는 첫 행보를 취하게 된다. 이로써 미국은 오랜 기간 잠자고 있던 공룡 중국을 국제무대로 끌어냈다.

그 이유는 무엇보다 인구 10억 명이 넘는 방대한 시장이 탐났기 때문이다. 물론 그렇게 하면 중국도 언젠가 보편적 가치를 공유하는 자유주의 국제질서의 일원이 될 것이라는 순진한 기대도 있었다. 그러나 기대와 달리 중국은 자유주의 국제질서의 보편적 가치에 역행하면서 종합국력에서 미국을 능가하는 21세기 사회주의 초강대국 실현의 꿈을 좇고 있다.

국제사회에 모습을 드러낸 이후 중국은 정치는 사회주의를 취하면서도 경제면에서는 자본주의 원리를 도입함으로써 급속한 경제발전을 이뤄나갔다. 특히 2001년 중국의 세계무역기구(WTO) 가입은 달리는 호랑이에게 날개를 달아준 격이 되었다. 이후 글로벌 공급망에 참여하면서 '세계의 공장'이 된 중국은 경제력이 일취월장했다. 2010년에는 마침내 일본을 제치고 세계 제2위의 경제대국으로 우뚝 서게 되었고, 조만간 제1위의 자리도 넘볼 수 있는 위치로까지 승승장구했다.

'중국제조(中國製造) 2025'라는 장기계획에는 이러한 야욕이 구체화되어 있다. 계획의 주요 골자는 첨단산업을 육성해 2025년에는 경제대국의 반열에 진입하고, 2049년까지는 최강국을 실현한다는 것이다. 또 강력한 경제력과 외환보유고를 바탕으로 새로운 금융질서 수립을 도모하고 있다. 중국의 주도 아래 탄생한 아시아인프라투자은행(AIIB)과 신개발은행(NDB) 등이 이를 말해주고 있다.

중국은 정치·외교와 군사적 측면에서도 세력을 키워나갔다. 특히 2012년 시진핑 집권 이후 확장주의적 모습을 본격적으로 드러내고 있다. 이는 미국처럼 국제질서의 제정자가 되어보겠다는 야욕에서 비롯한 것이다. 3조 달러를 넘어서는 외환보유고를 바탕으로 아프리카와 남미뿐 아니라 전통적으로 미국의 우방 국가인 서구 유럽에도 접근했다.

중국은 경제 취약국에 대규모 원조를 공여하는가 하면 서유럽 국가에도 대형공사를 주는 등 달콤한 미끼를 제공했다. 다만 이 과정에서 중국이 취하는 수법인 '부채의 덫'은 우려 요인으로 꼽힌다. 이는 인프라 개발 등을 대가로 거액의 빚을 지게 한 뒤 이를 갚지 못하면 항만, 광산 등 권익을 빼앗는 것인데, 국제사회에서 커다란 우려를 불러일으키고 있다.

중국의 이런 노골적 행태를 뒷받침하듯 외교정책의 기조도 점차 국제사회에서 중국 입지를 강화하는 쪽으로 바꾸어나가고 있다. 경제부흥의 기치를 처음 내걸었던 덩샤오핑 정권 시절에는 '자신의 재능을 숨기고 인내하며 때를 기다린다'라는 뜻의 도광양회(韜光養晦)를 천명했다. 그러나 21세기로 접어들자 '해야 할 일은 한다'라는 뜻의 유소작위(有所作爲)를 표방하면서 국제정치에서도 목소리를 높이기 시작했다. 이후 시진핑 정권이 들어서면서부터는 '중국에 이익이 되는 일이면 적극 분발한다'라는 뜻의 분발유위(奮發有爲)를 천명했다. 이는 중국의 공격적 대외기조를 상징한다. 다시 말해 중국 주도의 세계질서를 확립하는 '팍스 시니카'를 꿈꾸는 것이다.

🏛️ '투키디데스 함정'과 미국의 대대적 반격

이러한 중국의 거침없는 행보에 위기를 느낀 미국은 대대적 반격에 나서고 있다. 미국은 무역전쟁을 필두로 점차 외교·안보·군사 분야 등 전방위로 중국을 압박했다. 이는 전형적인 '투키디데스 함정(Tuchididdes trap)'에 해당한다고 하겠다. 미국이 가장 먼저 취한 반격 조치는 중국산 수입 제품에 대한 관세 폭탄이다.

2018년 3월, 당시 트럼프 미국 대통령은 500억 달러 규모의 중국산 제품에 25%의 관세를 부과하는 행정명령에 서명했다. 이후 점차 관세부과 대상을 확대하고 관세율도 높여나갔다. 바이든 행정부에서도 2024년 5월, 전기차와 배터리, 철강과 알루미늄, 반도체와 태양전지 등에 대한 관세를 기존보다 2~4배 올리겠다는 방침을 발표했다. 이에 질세라 중국도 미국산 제품에 보복관세 부과 등 대응조치를 취했다. 연이어 보유 중인 미국 국채 매각, 주요 원자재인 희토류 수출규제 카드도 꺼내 들었다. 이 과정에서 양국의 무역분쟁은 갈수록 격화하고 있다.

사실 중국은 미국 국채 보유량을 계속 축소하고 있다. 중국은 3조

달러가 넘는 외환보유고 중 상당 부분을 미국 국채를 비롯한 달러 자산으로 운용하고 있다. 몇 년 전까지만 해도 중국은 세계 1위의 미국 국채 보유국이었다. 그러나 중국은 2019년부터 꾸준히 미국 국채 보유액을 줄이고 있다. 그 이유는 대만 문제, 무역분쟁 등 광범위한 분야에서 미국과 대립각을 세우고 있는 데서 비롯한다. 특히 우크라이나를 침공한 러시아가 미국으로부터 당한 금융규제는 치명적인 반면교사가 되었다.

중국 보유 미국 국채 규모는 2010년 6월에 1조 달러를 돌파한 이후 10년 넘게 1조 달러를 웃돌았다. 2013년 11월에는 최고치로 1조 3,167억 달러를 기록했다. 그러나 2022년 4월에 1조 달러 선을 깨뜨린 이후 감소세를 키우고 있고, 이후 2년 동안 20%가량 추가로 줄였다.

2024년 3월의 중국 보유 미국 국채 규모는 최고점보다 약 5,500억 달러가 줄어든 7,674억 달러였다. 이는 외환보유고 3조 2,564억 달러의 약 4분의 1 수준이다. 참고로 2024년 3월 기준 미국 국채 최대 보유국 순위는 1위 일본 1조 1,878억 달러, 2위 중국 7,674억 달러, 3위 영국 7,281억 달러였다. 중국과 영국 간 미 국채 보유액 격차는 393억 달러에 불과해 조만간 순위가 역전될 수도 있을 것으로 보인다.

다음으로는 중국의 '기술굴기(技術崛起)'에 대한 제재 조치다. 중국은 2015년 발표한 '중국제조 2025'로 '기술굴기'를 천명했다. 미국은 이러한 중국의 행보가 국가경제안보를 심각하게 위협한다고 보고

정부와 의회 모두 강력한 견제에 나섰다. 통신장비업체 ZTE(中興通訊)와 화웨이(華爲, Huawei)에 대한 제재 조치는 이의 시발점이었다.

또 관세 폭탄 투하 대상이 주로 중국의 기술굴기로 세계 최고로 부상하겠다는 포부를 밝힌 품목들이라는 점도 그렇다. 2018년 4월, 미국 무역대표부(USTR)는 고율 관세부과 대상인 중국산 수입품 1,333개 목록을 공개했는데, 이 목록은 '중국제조 2025'와 '기술굴기' 전략을 정조준했다. 중국이 중국제조 2025로 육성하려는 첨단 의료기기, 바이오의약 기술과 원료 물질, 로봇, 통신장비, 첨단 화학 제품, 항공우주, 해양 엔지니어링, 전기차, 반도체 등을 관세부과 대상에 모두 포함했다. 바이든 행정부가 2024년 5월 발표한 추가 고관세 부과 대상도 전기차와 배터리, 반도체, 태양전지 등 첨단산업 품목들이 주종이다.

이처럼 미국이 '기술굴기'를 견제하고 나선 것은 중국이 보조금 지급 등으로 첨단산업을 육성함으로써 미국의 경쟁 우위를 빼앗으려는 것으로 보기 때문이다. 특히 중국 정부와 기업이 한통속이 되어 미국 기업의 지식재산권을 훔쳐 사용하면서 무역적자를 한층 더 심화하고 있다는 게 미국 측 인식이다.

인공지능 기술과 반도체 산업을 둘러싼 갈등은 더욱 심각하다. 사실 향후 미래 경제사회는 인공지능(AI; artificial intelligence) 기술에 달려 있다고 해도 지나친 말이 아니다. 그런데 인공지능 기술의 발전은 데이터에 좌우된다. 중국은 데이터 활용이 상대적으로 자유롭기에 인공지능 기술 연구에 그만큼 유리하다. 실제로도 중국의 인공지능 기술은 미국에 필적할 만큼 발전해 있다. 특히 안면인식기술은 독주체제다.

미국은 반전의 카드로 반도체 기술을 들고나왔다. 반도체는 인공지능 디바이스(device) 제작에 필요한 핵심소재이다. 그런데 반도체 기술은 중국이 미국뿐 아니라 대만과 한국, 일본 등 미국의 우방국들보다 상대적으로 낙후되어 있다. 이에 미국은 우방국까지 총동원해서 중국의 반도체 산업을 규제하고 있다. 결국 반도체 규제로 중국의 인공지능 기술의 발전을 저지한다는 전략인 셈이다.

더욱이 미국의 이러한 중국 견제는 트럼프 전 대통령이 2024년 선거에서 승리해 재집권함에 따라 앞으로 한층 더 강화될 것으로 보인다. 이는 그의 선거 공약에서 중국을 전략적 경쟁자를 넘어선 경제적 적국으로 규정하고, 트럼프 1기의 평균 관세율 20%를 크게 웃도는 최대 60%의 관세 폭탄 조치를 내건 사실에서 여실히 나타나고 있다. 나아가 중국 수출품 우회국에도 동일 수준의 관세를 부과할 예정이다. 아울러 중국 기업의 미국 내 투자 제한, 기술 수출통제, 증시 상장 제한도 추진할 계획을 세우고 있다.

🏛 안보와 군사 등 전방위로 확산하는 양국의 갈등

미국과 중국의 갈등은 점차 외교·안보·군사 분야 등 전방위로 확산하고 있다. 양국의 원색적인 비난전이 가열되는가 하면 남중국해에

서는 미국과 중국의 구축함이 충돌 직전까지 대치했다. 특히 남중국
해는 중국, 베트남, 필리핀, 대만, 말레이시아, 브루나이 등 6개 국가
로 둘러싸인 바다로 전략적 요충지다. 또 원유와 천연가스가 대량으
로 매장되어 있는 자원의 보고이면서 중동산 석유의 이동 통로이기
도 하다. 이에 양국 간 충돌의 가장 큰 위험지대로 꼽힌다.

중국은 남중국해에 인공섬을 건설하는 등 해상영토 굳히기를 계
속해왔다. 미국이 이를 견제하려고 근처에 해군함을 파견하자 중국
은 강하게 반발하고 있다. 미국은 남중국해가 공해라는 것과 국제법
상 항행의 자유를 근거로 내세우며 중국의 인공섬을 인정하지 않는
다. 반면 중국은 남중국해의 인공섬이 영유권 지역이라며 미국이 중
국의 영유권을 침해하고 있다고 주장한다.

중국의 군사력 증강은 인도와 일본, 호주 등 주변국들의 군비경쟁
에도 불을 지폈다. 중국과 러시아가 대규모 군사훈련을 하자 북대서
양조약기구(NATO)도 이에 버금가는 무력 시위로 맞불을 놓는 상황
이다. 한마디로 미국과 중국 싸움판에 주변 강국들도 가세하는 '신
냉전' 구도가 뚜렷해지는 것이다.

중국은 1996년 러시아를 비롯해 카자흐스탄, 키르기스스탄,
타지키스탄과 함께 상하이 협력 기구(SCO; Shanghai Cooperation
Organization)라는 안보협의체를 설립했다. 이후 인도와 파키스탄, 이
란 등이 가입해 정회원국 수는 10개국에 이르며, 이외에 이집트와
사우디아라비아 등 다수의 중동 국가도 대화 파트너로 지정되어 있
다. 이 국제기구의 원래 설립 취지는 유라시아의 정치, 문화, 안전보

장 강화에 있었다. 그러나 2015년부터 중국과 러시아는 이를 브릭스 국가들과 함께 대미-대서방 견제를 위한 나토 대항마 성격의 안보협의체로 확장할 의도를 내보이고 있다.

한편 미국은 인도·태평양 지역에 파이브 아이즈, 쿼드, 오커스 등 군사안보동맹을 결성해 중국을 견제하고 있다. 1956년에 결성된 파이브 아이즈(Five Eyes)는 미국·영국·캐나다·호주·뉴질랜드 등 영어권 5개국이 참여하는 기밀정보 동맹체다. 쿼드(Quad)는 인도·태평양 전략의 당사자인 미국·인도·일본·호주 등 4개국이 참여하는 안보협의체다. 2020년 8월 스티븐 비건 미 국무부 부장관이 '쿼드'를 공식 국제기구로 만들 뜻을 밝힌 데 이어 한국·베트남·뉴질랜드 3개국을 더한 '쿼드 플러스'로 확대할 의도를 내비치면서 주목을 받은 바 있다.

오커스(AUKUS)는 미국, 영국, 호주 등 3개국이 2021년 9월 15일 공식 출범시킨 외교안보 3자 협의체이다. 이들 3개국은 오커스에서 정기적으로 고위급 협의를 하면서 국방과 외교정책 등의 교류는 물론 첨단기술과 정보를 공유하고 있다. 무엇보다 미국과 영국 양국이 호주의 핵잠수함 개발을 공동 지원하는 것이 핵심적인 협의 내용이다.

그런데 신냉전 국면이 계속되다 보면 자칫 진짜 전쟁으로 치달을 수도 있다. 다수 국가가 핵을 보유한 상황에서 전쟁이 일어난다면 세상이 어떻게 될지는 불을 보듯 훤하다. 이처럼 우리 주변에서 실제로 일어나는 불안한 현상을 뒷받침이라도 하듯 인류가 최후를 맞는 시점까지 남은 시간을 개념적으로 표현한 지구 종말 시계가 계속 앞당겨지고 있다. 지구 종말 시계는 미국 핵과학자협회(BAS)가 지구 멸망 시간을 자정으로 설정하고, 핵 위협과 기후변화 위기 등을 종합적으로 고려해 매년 발표한다. 1947년 자정 7분 전으로 시작해 매년 조정이 이루어지고 있다. 지구 종말 시계는 2020년에 기존 2분 전에서 20초 앞당겨진 100초가 되었고, 2023년부터는 또다시 10초 앞당겨져 90초 전이 되었다. 1947년 지구 종말 시계가 생긴 이래 종말에 가장 근접한 시간이다.

2023년 종말 시계가 10초 앞당겨진 근거로는 러시아와 우크라이나 간 전쟁과 러시아의 핵무기 사용, 팔레스타인 무장 정파 하마스와 이스라엘의 전쟁 등에 따른 핵 위협, 전 세계적 기후변화에 따른 위기, 인공지능과 새로운 생명공학을 포함한 파괴적 기술에 따른 위험 등이 제시되었다.

G7과 브릭스 간의
패권 경쟁

미국이 주도하는 서방 선진국 경제협의체 G7은 그동안 주요 국제 이슈를 논의·타결하는 역할을 해왔다. 한편 G7 대항마 성격의 개도국 협의체로 출범한 브릭스는 참여국이 대폭 늘어났다. 이에 G7이 크게 주목하지 않았던 신흥국 개발 등의 이슈를 다루며 G7 리더십에 도전할 기반이 강화되었다.

🏛 G7에서 G20으로 확대된 글로벌 경제 리더십

흔히 약칭인 G7으로 불리는 선진 7개국(Group of Seven)은 1973년 발족한 미국, 일본, 영국, 프랑스, 독일, 이탈리아, 캐나다 등 7개 선진국의 모임이다. 이들 나라의 정상들이 참석하는 주요 7개국 정상회담(Group of Seven Summit)은 선진 7개국 정상회담 또는 서방 7개국 정상회담 등으로도 불리고 있다. 다만 유럽연합이 유럽을 대표해 비공식적으로 참석하므로 유럽연합 이사회 의장, 유럽연합 유럽위원회 위원장을 포함해 참석하는 정상은 총 9명이 된다. 여기에 회의마다 회의 규모와 개최국의 인접성, 국제정세, 현안 등을 토대로 대륙별 지역 강국이나 강소국을 초청하며, 다른 국제기구와 비정부기구의 수장도 참여해 실제 회의 규모는 더욱 커진다.

미국이 주도하는 G7은 냉전 시기 소련이 주도하는 공산권 체제에 대항하는 경제블록 역할을 했다. 이들 서방을 대표하는 7개 강대국 정상들은 매년 모여 함께 국제사회의 현안을 논의했다. 제1차 석유파동의 발발로 결성되었으며, 1973년 비정기 회의 당시에는 G5로 미국, 일본, 서독, 영국, 프랑스 5개국이 가맹되어 있었다. 이후 이탈리아가 1975년, 캐나다가 1976년에 각각 가맹했다. 1998년 러시아가 정식회원국이 되면서 G8 체제로 발전했다. 그러나 2014년 러시아가 크림반도를 병합하자 G7 국가들이 러시아의 G8 자격을 정지하며 지금의 G7 체제가 되었다.

2020년에는 G7을 확장하려는 다양한 제안이 있었다. 당시 미국 대통령이었던 트럼프는 호주, 인도, 대한민국을 G7에 포함해야 한다는 의견을 표명했으며, 다양한 싱크 탱크(think tank)와 영국 총리 보리스 존슨도 이 의견을 지지했다. 이 외에 스페인을 포함해야 한다는 의견도 나오고 있다.

G7 확장의 대안 중 하나로 탄생한 것이 G20이다. 종전에는 G7이 대개 1년에 한 차례 정상회의를 열어 세계의 경제문제를 논의했으나, 1997년 아시아의 외환위기를 맞아 선진 7개국의 협력만으로는 위기를 해결하기 어렵다는 한계에 부딪혔고, 중국·인도 등 정치·경제적으로 성장한 신흥국들이 포함되지 않아 대표성이 부족하다는 문제점도 제기되었다.

이에 따라 IMF 회원국들 가운데 영향력 있는 20개국을 모은 것

이 G20이다. G7 국가와 유럽연합 의장국에 한국을 비롯해 아르헨
티나·호주·브라질·중국·인도·인도네시아·멕시코·러시아·사우디아
라비아·남아프리카공화국·튀르키예 등 신흥시장 12개국을 더한 20
개국이다. 2023년에는 아프리카연합이 유럽연합에 이어 2번째로 지
역단체이면서도 G20 정식회원국이 되었다. 그 결과 G20 국가의 총
인구는 전 세계 인구의 3분의 2에 해당하며, 전 세계 GDP의 90%와
교역량의 80%를 차지할 정도로 큰 비중을 차지한다.

 G20 정상회의는 경제 분야뿐 아니라 정치, 사회, 문화, IT, 바이오
등 다양한 분야에서 세계 각국의 이익을 조율하는 역할을 맡고 있
다. G20의 논의 결과는 세계무역기구, 유엔총회, 국제통신연맹(ITU),
심지어는 국제올림픽위원회(IOC) 등 외부 국제기구 활동에도 상당
한 영향력을 미친다. 이처럼 G20이 G7을 확장한 개념이지만, 운영
면에서는 G7과 다소 차이를 나타내고 있다.

 G7의 경우 구성 국가들이 모두 인권 선진국이자 자유민주주의
국가이기에 각자의 이해관계와 별개로 경제 현안이나 국제정세를
논의할 때 이견보다 공감이 더 많다. 반면 G20은 G7보다 국제적 영
향력과 주목도는 더욱 높으나 독재·왕정 국가들도 포함되어 있어
반목이 야기되는 현상도 보인다. 2022년의 G20 정상회담에서 우크
라이나 전쟁의 당사자인 러시아를 G20에서 퇴출하자는 의견이 제
기된 것은 대표적 예다.

🏛 브릭스의 등장과 브릭스 플러스로 확대

한편 신흥국과 개발도상국을 대변하는 경제공동체의 한 축으로 2009년 브릭스가 탄생하게 된다. '브릭스(BRICS)'는 브라질(Brazil), 러시아(Russia), 인도(India), 중국(China), 남아프리카공화국(South Africa) 5개국의 머리글자를 따서 부르는 명칭이다. 2009년에 출범할 당시에는 4개국만 묶은 BRICS로 시작했고, 후에 남아프리카공화국이 정식으로 참가하면서 BRICS로 변모했다. 이 국가들은 모두 거대한 영토와 노동력, 풍부한 지하자원 등이 있어 경제대국으로 성장할 잠재력을 갖추고 있다.

브릭스는 또다시 2023년 6개국이 신규 회원국으로 참여하면서 브릭스 플러스(BRICS PLUS)로 확대되었다. 브릭스 플러스 이전인 2022년 기준 브릭스 5개국의 국토 면적은 전 세계 면적에서 26.5%

브릭스 국가의 개요

	브라질	러시아	인도	중국	남아프리카 공화국
인구 (명)	2억 1,764만	1억 4,396만	14억 4,172만	14억 2,518만	6,102만
면적 (km²)	851만	1,710만	329만	960만	122만
GDP (달러)	2조 3,314억	2조 568억	3조 9,370억	18조 5,326억	3,732억

* 2024년 기준.

G7과 브릭스의 세계 GDP 비중 추이(%)

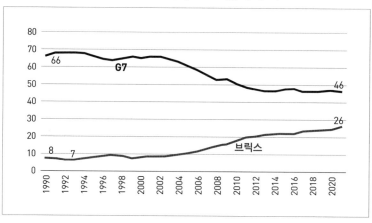

의 비중을 차지했다. 또 인구는 약 33억 명으로 전 세계의 41%를 차지했다. 총 GDP는 27조 6,500억 달러로 세계 전체 GDP의 26%에 달했다.

G7 국가들의 GDP 합계가 세계경제에서 차지하는 비중은 1990년 66%이지만 이후 하락해 2022년 46%가 되었다. 반면 브릭스는 같은 기간 8%에서 26%로 3배 이상 상승했다. 더욱이 구매력평가 기준에 따른 브릭스의 GDP 비중은 35.3%로 G7의 28.0%를 이미 수년 전부터 넘어섰다.

브릭스는 발족 이후 얼마 동안은 회원국 상호 간의 지리적 거리와 문화적 차이 등으로 결속력이 느슨했기에 큰 주목을 받지 못했다. 그러나 최근 우크라이나 전쟁 이후 중국과 러시아를 필두로 결속을 강화하고 있으며, 회원국 수도 확대해나가고 있다. 러시아는 우크라이나 전쟁 이후 서방 국가들로부터 금융제재를 받게 되자 중국에 도움을 요청했고, 중국 또한 위안화의 부상을 꾀하던 터라 서로 윈윈(win-win)할 수 있는 계기가 되었다. 여기에 그동안 서방 선진국들로부터 상대적으로 소외되었던 중동과 아시아 국가들도 신규 회원국으로 참여하려는 의사를 공개적으로 밝히고 있다.

2023년 8월 남아공에서 개최된 브릭스 정상회담은 크게 주목받았다. 여기서는 회원국 수 확대와 자체 통화 발행 두 가지 안건이 주로 논의되었다. 정상회담 결과 브릭스 5개국에 더해 '브릭스 플러스'가 탄생했다. 즉 사우디아라비아, 이란, 에티오피아, 이집트, 아르헨티나, 아랍에미리트 6개국이 새로운 정회원국이 되었다. 브릭스에 새로 가입하고자 의사를 표명한 국가는 많았으나, 기존 회원국 간의 이해관계와 견해 차이로 우선 6개국이 선정되었다. 특히 중국과 러시아는 서방을 견제한다는 의도를 바탕으로 외연 확대를 적극 지지했다.

이처럼 주요 산유국을 포함한 6개국이 새로 합류하면서 브릭스는 브릭스 플러스로 불리며 지정학적으로는 아프리카, 중동과 북아프리카 그리고 남아메리카로 확대되었다. 그 결과 브릭스는 대략 세계 인구의 47%, 세계 GDP 점유율의 36%, 세계 석유매장량의 44%를 차지하게 되었다. 또 그간 G7이 크게 주목하지 못한 신흥국 개발 등의 국제 이슈를 다루며 G7의 리더십에 도전하는 기반이 강화되었다.

🏛 브릭스의 공용 화폐 발행은 가능할까?

또 다른 중요 관심사는 브릭스의 공용 화폐 발행 이슈였다. 이는 당시 탈달러화 흐름과 맞물려 초미의 관심사였지만, 가시적 합의점을 도출하지는 못했다. 브릭스 공용 화폐가 실제로 나오면 글로벌 시스템을 흔들 수 있는 강력한 대체통화로 부상할 수도 있다. 이는 브릭스가 유로존(Euro zone)과는 달리 지리적으로 넓은 지역에 분포되어 있기에 역내 무역만으로도 자급자족을 이룰 수 있기 때문이다.

더욱이 브릭스가 확장될 경우 거의 모든 대륙의 국가와 교역이 가능해짐에 따라 다양한 상품을 생산하고 서로 교역할 수 있게 된다. 아울러 브릭스 국가들은 전체적으로 국제수지 면에서 흑자를 기록하고 있기에 외환보유고에 안전자산을 쌓아둘 수 있을 것으로 기대된다. 외국 자금에 기대야 할 필요가 없다는 것은 기축통화가 되는 데 가장 필수적 사안이다.

물론 브릭스의 공용 화폐가 제대로 작동하기에는 여전히 걸림돌이 많다. 이는 브릭스 회원국 간 정치·경제적 이해관계가 여러 면에서 상충하기 때문이다. 예를 들어 인도와 중국 사이의 국경 분쟁은 여전히 진행 중이다. 러시아 역시 중국경제에 완전히 종속되는 것은 바라지 않는다. 이렇게 볼 때 새로 탄생할 브릭스의 공용 화폐도 결국 금이나 디지털 화폐와 같이 강력한 달러 대체재의 하나로 작동할 것으로 보인다.

2023년의 브릭스 정상회담이 상당한 성과를 나타내자 시진핑 중국 국가주석과 푸틴 러시아 대통령은 이 기회에 브릭스를 결집해 G7 체제에 맞대응하는 국제공동체로 발전시켜 나가려는 의도를 강력히 드러내고 있다. 특히 이런 움직임을 중국이 주도하고 있으며, 나머지 브릭스 국가들도 '탈달러' 움직임에 적극적으로 호응하고 있다. 나아가 확장된 브릭스는 종국적으로 회원국들 상호 간 무역에 자체 통화를 사용하는 것을 목표로 삼고 앞으로도 논의를 지속해나갈 것으로 보인다.

자국 이기주의 심화와
각자도생의 세계경제

국가 이기주의는 경제 사정이 좋지 않거나 사회 혼란을 겪을 때 나타난다.
문제의 심각성은 최근 세계패권국인 미국이 이를 부추기고 있다는 점이다.
자국의 경제적 이익에 반한다고 여기면 자유주의 국제질서를 훼손하는 행위
를 불사하며, 동맹국에도 과도한 비용부담을 압박하고 있다.

🏛 국가 이기주의 성향의 강화와 사례

지금 세계는 날이 갈수록 국가 이기주의 성향이 강화되고 있다. 보
수 우익화한다는 의미이기도 한, 이 국가 이기주의는 일반적으로 국
가의 경제 사정이 좋지 않거나 사회 혼란을 겪을 때 심화하는 경향
이 있다. 그런데 문제가 심각한 것은 최근에는 선진국과 강대국들이
앞장서서 이런 현상을 부추기고 있다는 것이다. 대표적 사례를 몇
가지 들어보자.

첫째, 난민과 이민정책의 강화다. 2015년부터 시리아 내전의 피해
자들이 유럽으로 몰려들면서 본격화된 난민 위기는 유럽 각국에 극
우세력과 포퓰리즘이 확산하는 기폭제가 되었다. 그렇지 않아도 경

제적 어려움을 겪어 힘든데 난민까지 들어와 정부 예산을 갉아먹고 자기들의 일자리를 뺏는다는 불만이 동유럽 국가를 중심으로 유럽 전역으로 퍼져나갔다.

이에 개별국가의 선거뿐 아니라 유럽의회 선거에서도 자국 이익을 우선하는 정당의 승리가 이어졌다. 영국이 유럽연합에서 탈퇴할 것을 결정한 '브렉시트(Brexit)'도 따지고 보면 이런 배경에서 이뤄졌던 조치였다. 다시 말해 영국은 다른 유럽 국가들로부터 난민, 이민자와 노동자 유입을 억제하고 국경통제를 강화하겠다고 천명한 것이다.

미국도 반이민 정책을 강화하는 추세다. 트럼프 전 대통령은 2017년 취임하자마자 남부 국경장벽 건설 등 강경한 반이민 정책을 펼쳐왔다. 또 2024년 대선에서 승리하면서 그동안 공약했던 역사상 가장 강력한 수준의 이민자 추방 작전을 펼쳐나갈 것으로 보인다. 더욱이 전문직 종사자에 대한 비자 발급도 제한적이다. 이는 이민자 유입이 미국인 노동자의 임금과 고용 등에 부정적 영향을 주리라는 두려움이 있기 때문이다. 이런 이유로 경제 규모가 꾸준히 확대되었음에도 20년 가까이 유지된 8만 5천이라는 H1B 비자 쿼터를 늘리는 논의에는 아직 조심스러워하는 분위기다. H1B 비자는 전문직 종사자에 해당하는 자격을 갖춘 사람이 받을 수 있는 비자다.

둘째, 가장 전형적 수법인 환율 인상, 즉 자국 통화가치의 평가절하 조치다. 특정 국가가 자국의 무역수지를 개선하려고 일부러 환율을 평가절하할 경우, 이는 '근린궁핍화정책(近隣窮乏化政策, Beggar-

Thy-Neighbor Policy)'에 해당한다. 자국의 통화가치 절하는 자국의 수출경쟁력을 키우지만, 반대로 경쟁국에는 직접적 타격을 가하게 되기 때문이다. 이는 한마디로 자국의 이익을 위해 주변국의 경제를 희생시키는 것을 뜻한다. 이러한 국제사회의 환율전쟁은 지금도 진행중이다. 특히 중국 위안화의 평가절하 문제는 미국을 비롯해 많은 국가에서 주시하고 있다.

셋째, 양적완화 정책에서도 찾을 수 있다. 2008년 미국발 금융위기 이후 실물경제가 부진을 털어내지 못하고 디플레이션으로 빠질 조짐을 보이자 주요 선진국들은 앞다투어 화폐 증발에 나선 바 있다. 우선 위기의 진원지인 미국은 2007년 5.25%까지 상승해 있던 기준금리를 1년 만인 2008년 12월 제로(0~0.25%)로 인하했다. 그래도 경기회복이 되지 않자 2009년 3월부터 2014년 10월까지 세 차례 양적완화 조치를 단행했다. 그 결과 약 4조 5천억 달러의 자금이 살포되었다. 이는 세계경제 규모 3위 국가인 독일의 GDP와 맞먹는 수준이다.

코로나 팬데믹 사태가 터지자 미국은 2020년 또다시 제로 금리로 환원하면서 양적완화를 하게 된다. 더욱이 이번에는 무제한의 양적완화를 단행했다. 이 두 차례에 걸친 양적완화 정책에 유럽과 일본 등 대다수 선진국도 동참했다. 그 결과 세계는 온통 통화전쟁의 소용돌이 속으로 빠져드는 모습을 보였다.

그런데 양적완화는 세계경제에 커다란 문제점들을 남겼다. 우선 신흥국 경제를 위축시켰다. 이는 그렇지 않아도 자본과 기술경쟁력이 취약한 신흥국들이 양적완화로 가격경쟁력까지 갖추게 된 선진국들과 무역경쟁을 해야 하게 되었기 때문이다. 그리고 늘어난 유동성을 활용해 국제투기꾼들이 신흥국을 비롯한 자본 취약국들을 공격함에 따라 또 다른 글로벌 금융위기가 초래될 우려도 없지 않았다. 이와 함께 양적완화 조치를 주로 선진국들이 했기에 국가들 상호 간 빈익빈 부익부 문제가 더욱 증폭되었다.

또한 그동안 늘어난 유동성 수습과정에서 단행된 금리인상과 양적긴축(QT; Quantitative Tightening) 정책이 초래한 킹(king) 달러, 즉 달러 강세 현상으로 인한 문제다. 이로써 미국 달러를 제외한 거의 모든 나라의 통화가치가 하락하면서 세계 금융시장이 불안정한 모습을 나타내고 있다. 또 미국을 뒤쫓아 이뤄진 기준금리인상의 도미노 현상이 세계경제를 위축시키고 있다는 우려의 목소리도 커지고 있다.

넷째, 2019년 말에 시작된 코로나19 팬데믹 과정에 불거진 백신의 선진국 독점 현상도 그렇다. 당시 바이러스 변종은 지구촌의 이기심을 비웃었다. 세계는 지구촌으로 묶인 지가 오래된 상황이기에 어느 한곳만 백신을 많이 맞는다고 끝나지 않는다. 그러나 세계 주요국들의 모임인 G20 지도자들은 이기주의의 노예가 되었다.

결국 백신 접종률이 낮은 아프리카에서 변이 바이러스 오미크론이 나왔다. 당시 선진 20개국(G20)이 전 세계 백신의 89%를 독점했다. 이후에도 다소 나아졌지만 선진국 편중 현상은 여전했다. 미국의 경우 백신의 지식재산권 면제를 촉구했지만, 그전까지는 백신 원료 수출을 사실상 통제하고 미국 대외정책에 협조적인 국가에만 제공하는 모습을 보이기도 했다. 이렇게 볼 때 자국 이기주의가 변종 바이러스를 탄생시켰고 코로나 사태를 더 오랫동안 지속하게 만들어놓았다고 할 수 있다.

다섯째, 자원 패권에서도 자국 이기주의 심화 현상을 찾을 수 있다. 자원 확보의 어려움은 비단 어제오늘의 일이 아니다. 사실 인류 역사는 처음부터 자원 확보를 위한 갈등과 투쟁으로 시작했다. 지금 전 세계는 국가 경제와 국민 생활에 필요한 자원 확보에 전전긍긍하고 있다. 특히 갈수록 복잡해지고 냉각되고 있는 국제경제 질서, 기후위기 극복을 위한 탄소중립 압력 등은 자원의 중요성을 한층 더 고조해놓았다.

이런 상황에서 경제력과 기술력을 갖춘 강대국과 풍부한 자원을 가진 자원 보유국들이 저마다 자국 우선주의와 자원의 무기화를 공식화하고 있다. 중국이 반도체와 배터리 등 첨단산업에 필수적으로 소요되는 원자재인 희토류와 리튬을 미국과 일본 등 적대적 관계에 있는 국가에는 수출을 규제하는 것이 대표적 사례다.

🏛 미국이 주도하는 글로벌 자국 우선주의

그런데 무엇보다 심각한 문제는 이러한 자국 우선주의 현상을 최근 들어서는 세계패권국 미국이 주도하고 있다는 점이다. 트럼프 전 대통령은 그동안 미국이 다른 국가들에 일방적으로 수혜를 공여해온 결과 미국의 경제력이 많이 쇠퇴해졌다고 판단했다. 여기에 중국이 급속히 부상하는 것에도 커다란 위협을 느꼈다. 그래서 그는 집권하자마자 '미국을 다시 위대하게(Make America Great Again)'와 '미국 우선주의(America First)'라는 슬로건을 내걸었다. 그리고 이를 구체화하려고 '바이 아메리카, 하이어 아메리칸(buy America, hire American)'이라는 원칙과 전략을 펼쳐나갔다.

당시 트럼프는 외교정책 면에서는 고립주의를 선택했다. 미국 우선주의 앞에 동맹국이나 우방은 별 의미가 없었다. 유럽과 아시아의 동맹국들에 미군 철수를 공언하며 더 많은 방위비 분담을 요구했다. 이민 통제에도 적극적이었다. 또 집권하자마자 환태평양경제동반자협정 탈퇴, 반이민 행정명령 서명, 멕시코 국경장벽 설치, 이란 핵협상 파기, 파리 기후변화협정 탈퇴, 유네스코 탈퇴 등 그동안 미국이 추구해온 가치와 이상에 배치되는 정책을 잇달아 쏟아내며 자유주의 국제질서를 스스로 훼손했다. 그리고 자국의 경제적 이익에 반한다고 여겨지면 무차별적인 관세 폭탄 조치를 취해갔다.

이러한 성향이 트럼프 이후 들어선 바이든 행정부에서는 다소 완화되기는 했지만, 기본 방향은 여전히 미국 우선주의가 관통하고 있다. 바이든 행정부는 들어서자 바로 미국 내 생산 제품에 대한 세제 지원을 주 내용으로 하는 '인플레이션 감축법(IRA)'을 제정해 운용 중이다. 미국의 전기차와 배터리, 반도체 등 주요 제조업과 첨단산업을 육성하고 고용증진을 도모하려는 것이다. 이를 위해 동맹국들도 협조하도록 강요하다시피하고 있다. 이에 자극받은 유럽연합 또한 유럽판 IRA인 '핵심원자재법'과 '탄소중립산업법'을 제정해 각각 2024년 5월과 6월부터 시행하고 있다.

더욱이 2024 미국 대선에서 공화당의 트럼프 전 대통령이 승리함으로써 '트럼프 2기 시대'를 열게 되었다. 이에 따라 자국 우선주의 경향은 앞으로 한층 더 심화할 것으로 보인다. 트럼프는 대선 승리 연설에서 "미국의 진정한 황금시대를 열겠다. 미국을 우선시하는 데서 시작하겠다"라고 말했다. 여기에 공화당은 이번에 상원과 하원까지 다수당이 되었다. 그 결과 '아메리카 퍼스트(America First)'라는 정책 노선이 과감하게 추진될 것으로 보인다.

격랑의 파고를 헤쳐나갈
우리의 전략은?

우리 경제는 온전한 선진국이 되느냐 중진국으로 뒷걸음치느냐의 갈림길에 있으나 국제경제 여건은 그렇게 녹록지 않다. 이를 극복하려면 기술력을 강화하고 경제사회 시스템을 혁신해야 한다. 또 각 경제 주체가 장기적 시야에서 시대의 구조적 변화에 능동적으로 대처해야 한다.

🏛 한국경제에 위기이자 기회인 국제경제 질서

지금 우리의 경제 위상은 1인당 국민소득이 3만 달러 중반대에 이르면서 선진국 문턱에 도달한 것으로 간주되고 있다. 아울러 우리나라의 명운을 가늠하는 중대한 기회와 위기의 시점으로도 평가되고 있다. 이는 여기서 우리가 어떻게 대처하는지에 따라 다시 중진국으로 미끄러질지, 아니면 한 단계 더 도약해 온전한 선진경제로 이행할지 갈림길에 있기 때문이다. 그러나 우리를 에워싸고 있는 국제경제 여건은 그렇게 녹록지 않다.

작금의 국제경제와 사회 질서 변화상을 요약하면 미국과 중국이라는 두 경제대국이 치열한 패권 경쟁을 벌이는 가운데 자국 이기주의가 심화하고 있다고 하겠다. 중국은 2012년 시진핑 집권 이후 종합국력에서 미국을 추월하겠다는 21세기 사회주의 초강대국 실현의 꿈을 좇고 있다. 이러한 중국의 거침없는 행보에 위기를 느낀 현재의 패권국 미국이 대대적 반격에 나서면서 본격적인 패권 다툼이 벌어지고 있다.

이러한 미국과 중국 간 패권전쟁에서 한국은 자유롭지 못하다. 이는 양국이 세계 GDP의 40% 이상을 차지할 만큼 경제 강국들이고, 또 우리나라 1~2위의 대외거래 파트너이기 때문이다. 더욱이 이들은 경제뿐 아니라 안보에도 커다란 영향력을 지니고 있다. 중국은 지정학상 한국에 매우 위협적인 존재이며, 미국은 우리의 가장 강력한 군사안보동맹이다.

트럼프 전 미국 대통령은 그동안 미국이 다른 국가들에 일방적으로 수혜를 공여해온 결과 경제력이 많이 쇠퇴해졌다고 판단해 집권하자마자 '미국을 다시 위대하게'라는 슬로건을 내걸고 미국 우선주의를 펼쳐나갔다. 이 과정에서 동맹국들조차 손절했다. 이후 그동안 미국과 함께 국제질서를 유지하는 데 중요한 역할을 해오던 유럽도 점차 자국 우선주의를 강화해나가고 있다. 이로써 아직 여유가 없는 개발도상국이나 우리처럼 새로운 도약을 염두에 둔 나라는 더욱 어려운 상황을 맞이하게 되었다.

결국, 2024년 미국 대선은 공화당의 트럼프 전 대통령이 승리하면서 막을 내렸다. 주지하는 바와 같이 그는 전방위적 관세 폭탄을 공약으로 내걸었으며, 또 미국 우선주의를 시종일관 주장해온 인물이다. 이렇게 볼 때 앞으로 미국의 보호무역주의와 수입 규제가 더욱 강화될 것이 틀림이 없다. 이 경우 세계교역 규모가 줄어들면서 세계 경제성장도 덩달아 어려움을 겪게 될 것이다.

이와 함께 미국은 실물경제도 그렇지만 금융시장에는 더욱 지대한 영향력을 가지고 있다. 이는 미국의 금융시장이 타의 추종을 불허할 정도로 워낙 발전해 있고 달러화가 기축통화이기 때문이다. 특히 우리나라는 미국의 금융시장 영향을 그 어떤 나라보다 크게 받으며 동조화 현상도 심한 편이다.

예를 들면 국내 증시는 미국 뉴욕 증시와 비슷한 양상을 보이면서 오르거나 내린다. 또 국내 금리와 환율도 미국의 달러 움직임에 따라 크게 출렁이고 있다. 즉 달러가 강세를 보이면 우리나라의 원화 가치는 그 어떤 통화보다 크게 하락하는 편이다. 이는 우크라이나 전쟁 이후 개시된 미국의 급격한 금리인상 조치가 촉발한 '킹달러(king dollar)' 현상 때도 그대로 나타났다. 2024 미국 대선에서 트럼프가 승리하자 달러 강세 현상이 나타나면서 또다시 원화 환율은 크게 출렁였다. 환율이 급등하면서 달러당 1,400원을 넘어섰다. 환율이 1,400원을 넘은 시기는 1997년 외환위기와 2008년 금융위기를 비롯해 미국이 긴축 기조를 강화했던 2022년 세 차례에 불과하다.

또 한국은행이 기준금리를 조절할 때 최우선으로 고려하는 요소가 다름 아닌 미국의 금리 수준이다. 침체국면에 처한 경기를 부양하려면 과감한 금리인하 조치가 필요하나, 한국은행은 신중한 태도를 견지하고 있다. 이는 미국의 금리가 우리보다 오히려 높은 금리역전 현상이 지속하는 상황에서 큰 폭의 금리인하로 자칫하면 자본의 급격한 해외유출과 환율 절하 등 금융시장 불안사태가 일어날 수 있기 때문이다. 더욱이 트럼프의 승리는 한국은행의 금리인하 여건을 더욱 어렵게 만들어버렸다. 이는 트럼프 새 행정부가 추진할 감세정책과 관세 폭탄 조치가 물가를 자극하고, 여기에 달러 강세 현상까지 더해지면서 2024년 9월 개시된 미국 연준의 피봇(pivot), 즉 금리인하 기조에 제동이 걸렸기 때문이다.

한편 중국의 패권 행보도 우리에게는 매우 위협적인 존재다. 중국은 우리나라의 최대 수출시장이다. 우리나라는 수출의존도가 매우 높은 경제구조이기에 중국경제가 어떻게 변하는지에 크게 좌우될 수밖에 없다. 또 산업구조와 전략산업 분야도 우리와 비슷해 상호 치열한 경쟁을 벌이고 있다. '중국제조 2025'의 10대 전략산업이 대부분 우리나라가 현재 경쟁력이 있거나 향후 유망 산업군에 속한다는 사실은 이를 단적으로 나타낸다.

이에 따라 첨단기술산업 분야가 국가 산업생산과 수출의 상당 부분을 차지하는 우리로서는 부담이 될 수밖에 없다. 또 중국에는 첨단기술 제품의 핵심 원자재가 되는 광물자원이 풍부하며, 이의 제련시설은 거의 독점하다시피 하고 있다. 더욱이 이를 무기화하고 있기에 자원이 부족한 우리에게 어려움을 가중하고 있다.

이처럼 양국 간 치열한 패권 다툼은 한국경제에 적지 않은 부담이 되는 것이 사실이다. 그러나 이를 잘 활용한다면 기회가 되는 부분도 없지 않다. 우선 미국이 중국의 기술굴기를 강하게 압박함에 따라 반사적 이득을 볼 수 있게 된다는 점이다. 예를 들면 미국이 중국산 배터리와 반도체 등 우리와 경쟁 관계에 있는 첨단제품에 높은 관세를 부과하거나 원천적으로 기술이전을 금지하는 조치는 우리의 수출과 기술개발에 도움이 된다. 또 중국이 우리를 앞서가고 있는 인공지능 기술을 따라잡는 데도 시간을 벌 수 있다.

이와 함께 위기가 닥치면 이를 극복하려고 새로운 도전을 시도하게 만드는 계기가 된다는 것이다. 예를 들면 중국 수출이 줄어들면서 새로운 대체시장을 발굴하는 시장 다변화 노력을 강화할 수밖에 없게 되었다. 그래서 아세안, 유럽, 중남미 시장을 개척하는 데 공을 들이고 있다. 또 기술개발 노력을 촉진하는 계기가 될 수도 있다. 2019년 일본이 반도체 제조공정의 필수자재인 불화수소를 화이트리스트(white list)에서 제외해 우리나라에 대한 수출을 규제했을 때, 우리 정부와 기업이 합심해 소재·부품·장비의 자립화를 빠르게 이루어낸 경험은 이의 좋은 사례가 될 것이다.

🏛 한국경제를 업그레이드하는 전략

이러한 파고를 슬기롭게 극복하는 한편 나아가 우리 경제를 한 단계 더 업그레이드하려면 어떤 전략이 필요할까?

기본적으로는 우리 경제의 기초 체력을 키워야 한다. 그러려면 기술력을 강화하고 경제사회 시스템을 혁신해야 한다. 향후 세상을 바꿀 게임 체인저는 과학기술이다. 특히 인공지능, 생명공학, 양자역학, 반도체, 우주개발 관련 기술 분야가 그러하다. 이는 최근 챗GPT가 불러온 사회적 파장에서도 여실히 드러난다. 기술 하나가 세계 전체의 인력시장 구조와 산업 판도를 송두리째 바꾸어놓고 있음을 실감하고 있다. 현재 벌어지고 있는 반도체 전쟁 또한 결국 기술 패권 경쟁에서 비롯한 것이다.

이 기술력을 강화하려면 인재 육성이 뒷받침되어야 한다. 구글의 선다 피차이(Sundar Pichai), 마이크로소프트의 사티아 나델라(Satya Nadella)를 비롯한 미국 실리콘 밸리의 주요 CEO들이 인도 공과대학교 출신이라는 점은 우리에게 좋은 모범이 된다. 우리의 경우 지금과 같이 좁은 고급 기술 인재풀과 연구 인프라 부족 등의 문제를 해결하지 못한다면 첨단기술의 선점은 영원히 불가능할 것이다.

그러기에 한시바삐 이공계 고급 인재를 대폭 키우는 프로그램을 마련해야 한다. 대학 교육 방식도 창의력을 키우는 데 역점을 두는 한편 산업현장과 연계를 강화해야 한다. 또한 기술력과 아이디어를 지닌 스타트업들을 육성해야 한다. 경쟁국에서 우리 전문인력과 고급 기술을 빼돌리는 행태에도 적극적으로 대처해야 한다.

이와 함께 경제사회 시스템을 혁신해야 한다. 4차 산업혁명 시대의 키워드는 연결과 융합이다. 지금은 단독으로는 힘을 발휘하기 어려우며, 모든 것이 융합되어야만 시너지를 내거나 또 다른 독창적 산물이 탄생할 수 있는 시대다. 그리고 연결의 의미는 인간과 인간을 넘어 인간과 사물(AI), 사물과 사물의 연결(IoT)로까지 확대되고 있다. 또 온라인과 오프라인이 실시간으로 연결되고, 현실과 사이버 세계가 연결되고 있다. 이를 제대로 뒷받침하려면 조직의 의사결정 구조와 거버넌스를 기존의 수직적·권위적 구조에서 수평적·협력적 구조로 바꾸어야 한다.

🏛 시대의 구조적 변화에 대비하는 장기전략 필요

한편 경제 기초체력 강화에 버금가는 주요 전략은 각 경제 주체가 장기적 시야를 지니고 시대의 구조적 변화에 대비하고 능동적으로 대응해나가는 것이라 하겠다.

우선 정부는 더욱 유연하고 전략적인 사고에 입각한 대외정책을 펼쳐나가야 한다. 무엇보다 미국과의 우호적 관계를 한층 더 강화해 나가야 한다. 또 중국과 아세안시장을 심층적으로 파고드는 전략의 수립·추진이 필요하다. 2023년 기준 우리나라 수출 가운데 중국 19.8%와 아세안 24.4%의 비중이 미국 18.3%와 일본 4.6%보다 높다. 경제 규모도 중국을 비롯한 브릭스 국가들이 G7에 근접하며 점점 커지고 있다. 이러한 경제의 흐름을 충분히 고려해서 앞으로 대외경제정책을 추진해나가야 한다. 또 시장 다변화 차원에서 유럽, 중남미와 교역 규모도 증대해야만 한다.

다만 우리의 경우 지정학적 특성상 안보문제도 동시에 고려해야 하는 점은 걸림돌이 된다. 특히 최근 들어 우리의 최대 동맹인 미국은 편 가르기 전략을 노골적으로 구사하고 있다. 그 결과 우리는 미국과 안보동맹 관계를 견고히 구축하는 과정에서 과거 한한령(限韓令)에서 보듯이 중국으로부터 경제보복을 받을 공산이 크다. 이래저래 우리는 운신의 폭이 좁아지고 있다. 그래서 세련되고 전략적인 사고에 입각한 외교역량이 필요하다는 것이다.

기업과 개인들도 리스크 관리에 적극적으로 나서야만 한다. 기업은 수출시장 다변화와 외환 거래의 변화에 적극적으로 대응해야 한다. 멀지 않은 시기에 중국은 한국 상품을 수입하면서 달러 대신 위안으로 결제할 가능성이 없지 않기 때문이다. 이와 함께 개인의 투자자산 운용 포트폴리오도 미국과 중국 등 과도하게 특정국 편중에서 벗어나 다원화하는 것이 투자수익률 제고와 리스크 관리 측면에서 바람직할 것이다.

AN ECONOMIC WAR

중국의 급속한 부상에 위기를 느낀 미국이 대대적 반격에 나서면서 세계 경제패권 다툼이 본격적으로 벌어지고 있다. 그 포문은 2018년 미국의 트럼프 대통령이 관세 폭탄 조치를 통한 무역분쟁으로 열었다. 이후 무역전쟁은 전 세계로 확산되고 있다. 그러나 미국과 중국의 무역전쟁은 당사국은 물론 세계경제에도 커다란 어려움을 초래할 것이 자명하다. IMF는 보호무역은 무역 감소와 함께 투자 감소, 공급 혼란, 기술 확산 감소, 소비재 가격 인상을 초래한다고 분석했다.

2장

무역 패권:
더욱 확산되고 심화되다

GATT를 대신해 탄생한
WTO 체제도 와해중

무기력한 GATT 체제를 대신해 탄생한 WTO 체제도 최근 크게 흔들리고 있다. 미국과 중국 간 무역분쟁이 그 도화선이 되었다. 미국과 중국의 WTO 분담금 비율이 비슷해지면서 중국의 영향력이 커진 점도 요인이다. 이에 특정 지역의 무역자유화를 추구하는 FTA가 상대적으로 더 활발해지게 되었다.

🏛 GATT 체제의 구축과 우루과이라운드

20세기 초반까지의 세계경제 질서는 금본위제와 보호무역 체제에서 이루어졌다. 그러나 제2차 세계대전 후 미국을 비롯한 연합국은 그동안의 무질서한 국제무역 관계와 경제적 혼란이 두 차례 세계전쟁을 초래했다는 반성 아래 전후 국제경제의 질서를 통화, 무역량 측면에서 새로이 개편하는 작업을 진행했다.

그 결과 1944년 국제통화체제를 조율하는 국제통화기금(IMF)과 개발도상국의 재건과 부흥을 돕는 국제부흥개발은행(IBRD)을 출범시키는 데는 합의했다. 그러나 국제무역을 담당하는 기구로서 국제무역기구(ITO; International Trade Organization)를 출범시키는 데는 실패했다. 그 대신 미국을 비롯한 23개국은 1947년 제네바에서 '관세 및 무역에 관한 일반 협정', 즉 GATT(General Agreement on Tariffs and Trade) 체제를 구축한 후 1948년부터 가동했다.

GATT가 국제무역의 확대를 위해 가맹국 간에 체결한 협정의 주요 내용은 다음과 같다. 첫째, 회원국 상호 간 다각적 교섭으로 관세율을 인하하고 회원국끼리는 최혜국대우를 베풀어 관세의 차별대우를 제거한다. 최혜국대우는 통상이나 항해조약 등에서 일국이 상대국과 조약을 신규로 체결 또는 갱신하면서 지금까지 다른 나라에 부여한 대우 중 최고의 대우를 그 나라에 부여하는 것을 의미한다.

둘째, 영연방 특혜와 같은 기존 특혜관세 제도는 인정한다. 셋째, 수출입 제한은 원칙적으로 폐지하며 수출입 절차와 대금 지급의 차별대우를 하지 않는다. 넷째, 수출을 늘리려는 여하한 보조금 지급도 금지한다. 다만 이 보조금 지급 금지 조치는 이후 농업을 중시하는 국가와 공업국 간의 지속적인 의견 대립을 일으켜왔다.

GATT는 국제무역의 기본질서를 확립한 국가 간 협정으로 세계무역 증진에 나름 많은 역할을 했다. 그러나 국가에 강제성과 구속성을 부여하는 국제기구가 부재한 상황에서 국가 간 회의로 합의점을 도출하는 방식이었기 때문에 더 발전을 기하는 데는 한계에 부닥쳤다.

특히 1970년대로 접어들면서부터 GATT는 미국의 경상수지 적자 증대로 인한 경쟁력 약화와 세계경제 불균형 심화, 일본의 경제 대국화 그리고 높아지는 관세와 비관세장벽에 따른 신보호주의 경향의 심화, 무역분쟁 증대로 인한 기존 무역질서에 대한 신뢰 저하 등의 난관에 봉착하게 되었다. 이런 인식 아래 우루과이라운드가 개시되었다.

우루과이라운드(UR; Uruguay Round of Multinational Trade Negotiation)는 GATT 체제의 문제점을 해결하고, 이 체제를 다자간 무역기구로 발전시키려는 국가 간 협상이다. 1986년 9월 우루과이의 푼타델에스테에서 협상이 시작되었으며 몬트리올, 제네바, 브뤼셀, 워싱턴, 도쿄에서 협상한 데 이어 마침내 1994년 4월 모로코의 마라케시에서 세계무역기구 설립, 정부조달협정 등을 포함한 '마라케시 선언문(Marrakesh Declaration)'을 채택하기에 이른다.

우루과이라운드는 GATT의 제8차 다자간 무역 협상이다. 그 전의 7차례 다자간 협상과 다른 점은 새로운 시대 상황에 맞추어 매우 광범위한 의제를 다룬다는 점이다. 그동안 GATT 체제 밖에 있던 농산물과 섬유류 교역이 우루과이라운드로 GATT 체제로 복귀하거나 흡수되었다.

또 서비스, 무역 관련 투자 조치, 지식재산권에 관한 의제가 우루과이라운드에서 처음으로 협상의제로 채택되었다. 체제 정비와 관련해서는 GATT 규범을 재복원하고 현실에 맞게 새롭게 수정하는 데 중점을 두었다. 또한 당초 협상의제에 포함되어 있지 않았던 WTO 설립에도 합의했다.

📶 WTO의 탄생과 무력화

이런 과정에서 GATT 체제는 결국 1995년 1월 세계무역기구(WTO)가 출범하면서 막을 내렸다. WTO(World Trade Organization)는 GATT 체제를 대신해 세계무역질서를 세웠고, 우루과이라운드 협정의 이행을 감시하는 국제기구로 탄생했다. WTO는 과거의 GATT 기능을 강화해 서비스, 지식재산권 등 새로운 교역 과제를 포괄하고, GATT에 주어지지 않았던 세계 무역 분쟁조정, 관세인하 요구, 반덤핑(anti-dumping) 규제 등의 법적 권한과 구속력을 행사한다. 160여 개 회원국을 보유하며 본부는 스위스 제네바에 있다.

WTO 출범 후인 2001년, 우루과이라운드의 내용을 더 확장한 도하 개발 라운드(Doha Development Round)가 카타르의 수도 도하에서 시작되었다. 그러나 개발도상국들이 'Round'라는 명칭에 반발해 'Round' 대신 'Agenda'로 바꿔 DDA(Doha Development Agenda)로 이름 붙였다. 그러나 우루과이라운드에서 결론을 내지 못했던 이슈 중 하나인 농업 분야의 합의가 진전되지 못하고, 환경 분야 등 새로운 어젠다들이 강대국의 무관심 속에 방치되는 등 DDA 자체가 앞으로 나아가지 못하고 있다. 이후에도 DDA 회의 체제가 지속하고는 있으나 WTO 회원국들의 의견을 한데 모으기가 여전히 어려운 상황이다.

이런 상황에서 WTO 체제가 크게 흔들리고 있다. 특히 미국과 중국 간의 무역분쟁이 기름을 부었다. 도널드 트럼프 전 미국 대통령

GATT와 WTO 비교

	GATT	WTO
기본개념	- 국제무역 시장의 장려, 다양한 국가의 무역장벽 해소 - 다자간 무역협정의 개념	- 국가 간 무역 감독과 자유무역을 강조 - 일방적 무역장벽 해소가 아닌 일정 무역장벽을 인정
형태	조약으로 출범된 체제로, 제도가 따로 존재하지 않음	정식 사무국이 존재하며, 영구적인 조약기구 형태로 존재
보장영역	상품무역에 한정	상품 및 서비스, 지식재산권
분쟁 해결	국가 협정으로서 강제력을 행사할 기준이 불명확해 분쟁 해결 대처가 느리고 비효율적	분쟁 발생 시 조약에 의거, 위반 국가 즉각 제재 가능
합의 방식	초기에는 다자간 합의가 원칙이었으나 이후 다각적인 합의 형태를 보임	다자간 협정으로 위원회를 통해서 활동

은 중국과의 무역전쟁을 선포하면서 미국 내에서 WTO의 영향력을 줄이고 분쟁 발생 시 미국 무역법이 우선권을 갖도록 하는 내용의 새로운 정책을 추진했다. 심지어 WTO 탈퇴까지 거론할 정도였다. 또 미국 정부는 2024년 4월 말 WTO에서 분쟁의 최종 중재자인 상소 기구 위원회의 공석을 채우려는 안건에 75차례 연속으로 거부권을 행사했다.

여기에 트럼프 전 정권의 고관세 정책에 다소 부정적 견해를 보인 바이든 행정부는 오히려 한 발짝 더 나갔다. 바이든 행정부는 2024년 5월, 중국 전기차에 대한 관세를 25%에서 100%로, 반도체와 태양전지는 25%에서 50%로 대폭 올릴 계획이라고 발표했다. 또 배터리, 철강과 알루미늄 제품에 대한 관세는 7.5%에서 25%로 인상키로 했다. 아울러 무관세였던 의료기기에도 50%가 부과된다. 트럼프 때 최대 25%였던 중국 제품 관세를 최대 4배로까지 올리니 '관세 핵폭탄'을 퍼붓는 꼴이다.

중국도 즉각적인 대응 태세를 취하고 있다. 곧바로 WTO 규칙 위반이라는 비난과 함께 "모든 필요한 조치로 정당한 권익을 지키겠다"라는 외교부 성명이 나왔다. 반도체 장비 수출제한 등 미국의 대형 무역 규제가 나올 때마다 중국이 언급하는 핵심 반박 논리가 WTO 위반이다. 그러나 미국은 이에 전혀 개의치 않고 추가 공세를 펼칠 구상을 하고 있다.

다른 한편으로 중국의 입김 강화도 WTO 무력화의 원인이 되고 있다. 중국의 2024년 WTO 분담금 비율이 11.179%로 올라서며 미국(11.426%)과 같은 11%대를 기록했다. 중국은 WTO에 가입한 이듬해인 2002년 당시 우리나라(2.381%)와 비슷한 2.973%의 분담금을 지출했고, 미국은 15.723%의 높은 비중을 책임졌다.

이후 중국은 WTO를 최대한 활용하면서 경제를 키웠고, WTO 기여도 역시 이에 비례해 커졌다. 중국은 2008년 5.338%의 비중을 차지해 처음으로 분담금 5%를 넘어선 뒤 2020년 10.096%로 10%를 돌파했다. 같은 기간 미국의 분담금 비중은 꾸준히 감소해 2012년 12.191%, 2020년에는 11.591%까지 내려왔다. 이는 글로벌 무역에서 중국의 입김이 매우 커졌다는 증거이며, 미국과 중국이라는 양극단이 생겨 국제분쟁 조정과 WTO 체제의 운영이 더 어려워졌다는 의미가 된다.

이처럼 WTO 체제가 점차 무기력해지자 양국 또는 몇몇 국가 상호 간에 체결되는 자유무역협정(FTA; Free Trade Agreement)이 상대적으로 더 활발해지게 되었다. 자유무역협정이나 관세동맹 등의 지역경제통합체는 회원국 사이에 적용되는 관세인하의 효력을 비회원 국가에는 적용하지 않으므로, GATT/WTO 체제가 표방하는 무차별 원칙에 위배된다. 그러나 GATT/WTO는 이들이 비록 제한적인 자유무역이고 무차별 원칙을 위반했다고 하더라도, 궁극적으로는 세계 무역자유화에 이바지할 것이라는 명분에서 예외적으로 허용하고 있다.

FTA 전쟁, CPTPP·IPEF와 RCEP의 대립

FTA는 몇몇 국가가 무역장벽을 완화해 무역자유화를 이룬다는 목적의 지역 경제통합 형태다. FTA를 둘러싼 패권 경쟁도 치열하다. CPTPP, RCEP, IPEF는 모두 아시아·태평양 지역을 중심으로 한 거대한 경제공동체다. 그러나 각각 일본과 중국, 미국이 주도한다는 점에서 차이가 있다.

⚒ WTO 체제를 보완하는 FTA

세계경제와 교역의 흐름은 크게 두 가지로 나뉘는데, 하나는 세계화(Globalization)이고 다른 하나는 지역주의(Localization)다. 세계화는 세계시장을 단일화해 상품과 서비스의 무역을 자유롭게 하자는 기본 취지를 지니고 있다. 세계무역기구인 WTO는 최혜국대우의 규정과 비차별주의를 그 근간으로 삼고 있으나 예외적으로 지역주의를 인정하고 있다.

이는 세계적인 자유무역의 달성이 WTO의 기본 목적이지만 현실적으로 세계적 자유무역의 달성이라는 목표가 너무 방대해 여러 가지 어려운 문제에 직면하고 있기 때문이다. 따라서 지역주의에 가장 부합하는 지역경제통합으로 협정 당사국 사이의 시장개방 확대와 자유무역의 가능성을 높이려는 것이다. 이러한 의미에서 WTO가 추구하는 세계화와 지역경제통합은 상반된 것이 아니고 보완적 목표라 할 수 있다.

지역경제통합(regional economic integration)은 지리적으로 가까이 있는 몇몇 국가가 협정을 맺어 국가 간에 존재하는 각종 무역장벽을 철폐하고 협정 국가들이 자유무역을 지향하는 것을 뜻한다. 이는 자유화 정도와 내용의 단계에 따라 몇 가지로 나눌 수 있다. 즉 자유무역협정, 관세동맹, 공동시장, 경제연합 등의 형태를 취한다.

이 가운데 관세동맹(customs union)은 회원국 사이에서는 관세를 철폐하고 비회원국에 대해서는 회원국이 공동으로 동일한 세율의 관세를 부과한다. 공동시장(common market)과 경제연합(economic union)은 상품에 대한 관세 철폐를 넘어 자본과 노동력의 자유 이동을 허용하는 더 높은 단계의 지역경제통합이다. 특히 가장 높은 단계인 경제동맹과 완전경제통합은 역내의 경제정책, 통화와 세제 등 제도의 일원화까지 꾀한다. 유로라는 단일통화를 가지고 있는 유럽연합이 이에 해당한다.

자유무역협정(FTA)은 통합의 강도가 가장 약한 형태다. FTA는 국가 간 무역장벽, 특히 관세를 완화해 무역자유화를 이룬다는 목적을 지닌 경제통합형태다. 그러나 점차 적용 범위를 상품에 대한 관세 완화 외에 서비스와 투자 자유화까지 포괄하는 추세이며, 지식재산권과 정부조달, 경쟁정책 등으로까지 확대하고 있다. 이의 시초는

지역경제통합의 종류와 포괄 범위

역내 관세철폐	역외 공동 관세부과	역내 생산요소 자유이동 보장	역내 공동 경제 정책 수행	초국가적 기구 설치·운영
❶ 자유무역협정(FTA) 역내 관세철폐				
❷ 관세동맹(Customs Union) 공동 관세 부과				
❸ 공동시장(Common Market) 생산요소 이동 자유화				
❹ 경제동맹(Economic Union) 재정·금융정책 상호조정				
❺ 완전경제통합(Complete Economic Union) 경제주권 포기, 경제정책통합				

미국, 캐나다, 멕시코 3국 간에 체결되어 1994년 1월 발효한 북미자유무역협정(NAFTA; North American Free Trade Agreement)이라 할 수 있다.

WTO는 모든 회원국에 최혜국대우를 보장해주는 다자주의를 원칙으로 하는 세계무역체제다. 반면 FTA는 양자주의와 지역주의적인 특혜무역체제로, 회원국에만 무관세나 낮은 관세를 적용한다는 차이점이 있다. FTA 체결로 양국은 모두 무역의 이득을 볼 수 있다. 시장이 확대되어 비교우위에 있는 상품의 수출과 투자가 촉진되는 효과를 거둔다. 수입 가격이 낮아지거나 국내 경쟁제품의 가격 인하를 유발해 소비자 후생이 증대한다. 그러나 협정상대국보다 경쟁력이 낮은 산업은 문을 닫아야 하고, 이에 따라 국가 간 소득 불평등이 심화하는 상황이 발생할 수도 있다.

최근에는 FTA를 대체하는 경제동반자협정(EPA; Economic Partnership Agreement)이 부상하고 있다. FTA는 관세 철폐와 전면적 시장개방이 핵심이다 보니 개발도상국은 아무래도 부담이 클 수밖에 없다. 개발도상국이 경제 규모가 큰 선진국과 FTA 체결에 다소 소극적인 이유다. 거기에다 2016년에 들어선 트럼프 전 미국 대통령이 추진하기 시작한 보호무역의 강화와 공급망 질서 재편이 빠르게 진행되면서 FTA를 확대하는 것은 상대적으로 어렵게 되었다. 이에 따라 점점 자유무역보다는 공정무역이나 상호주의를 기반으로 하는 통상협력으로 패러다임이 옮겨가기 시작했고, 그러한 각국의 이해관계가 일치한 것이 바로 경제동반자협정이다.

EPA는 FTA와 달리 상호 간 상품 관세를 완전히 없애지 않는다. 일부 품목에만 관세를 낮추지만, 적정한 시장개방과 함께 자원과 에너지, 디지털, 공급망 협력 등 다양한 분야에서 상호 협력 확대에 초점을 맞춘다. EPA가 포스트 FTA로 주목을 받는 이유이기도 하다.

우리나라는 FTA 강대국이다. 2004년 칠레를 필두로 유럽연합(2011), 미국(2012), 중국(2015) 등 거대경제권과 지속해서 FTA를 체결한 결과 21건 59개국이 상대국으로 되어 있다. 경제영토로 보면 세계 GDP의 85%를 확보해 싱가포르 87.3%에 이어 세계 2위를 기록하고 있다.

최근 중국은 한·중·일 3국의 FTA에 적극적인 태도를 내보이고 있다. 한국, 중국, 일본 3개국은 세계인구의 20%, 세계 총생산(GDP)의 25% 가까이 차지하고 있다. 이들 3국 간 FTA 협상은 2012년 11

월 제5차 3국 정상회의에서 FTA 출범 협상 개시를 권고하면서 시작되었다. 하지만 지금까지도 역내 경제발전 목표 견해차, 3국 산업구조의 유사성, 산업경쟁력상의 격차 등의 문제로 좀처럼 협상 속도를 내지 못하고 있다.

그런데 2024년 5월 개최된 한·중·일 정상회담에서 중국의 리창(李强) 총리는 역내 공급망 협력 강화와 함께 3국 FTA 필요성을 적극적으로 강조했다. 미국 대선을 5개월여 앞둔 상태에서 중국이 한·일과 FTA를 서두르는 모습을 드러낸 것이다. 이에는 향후 미국의 새로운 대통령으로 어떤 사람이 당선되든 미국의 대중 무역장벽은 높아질 것인 만큼 한국, 일본과의 자유무역 확대로 이를 우회해 돌파하겠다는 뜻이 담겨 있다.

🏛 일본 주도의 FTA, CPTPP

한편 FTA를 둘러싸고 강대국 간 힘겨루기 경쟁도 치열하다. CPTPP, RCEP, IPEF가 바로 그것들이다. 이들은 모두 아시아·태평양 지역을 중심으로 한 거대한 경제공동체다. 그러나 각각 일본과 중국, 미국이 주도한다는 점에서 차이가 있다.

'포괄적·점진적 환태평양경제동반자협정(CPTPP; Comprehensive and Progressive Agreement for Trans-Pacific Partnership)'은 일본의 주도 아래 뉴질랜드, 싱가포르, 말레이시아, 페루, 호주, 캐나다, 브루나

이, 칠레, 베트남, 멕시코 등 11개 국가로 결성된 FTA다. 사실상 기존의 TPP를 승계한 것이라 할 수 있다. 주요 내용은 농수산물·공산품 역내 관세 철폐, 전자상거래 등 역내 온라인 거래 활성화, 데이터 서버의 현지 설치 강요 금지, 금융·외국인 투자규제 완화, 기업인 체류 기간 연장 등 5개 부문에 관한 경제협력 증진이다.

'환태평양경제동반자협정(TPP; Trans-Pacific Partnership)'은 미국의 주도 아래 오랜 기간에 걸쳐 꾸준히 추진해온 결과 2015년 10월 타결되었다. 이후 2016년 2월에는 공식 서명을 마치고 각국이 국내 비준을 준비 중이었다. 그러나 자국 우선주의와 보호주의를 주창하던 도널드 트럼프 전 미국 대통령이 TPP가 미국인의 일자리를 빼앗아 간다고 비판하며 2017년 1월 TPP에서 탈퇴한다는 내용의 행정명령에 서명하면서 변수가 생겼다. 즉 총 12개국 중 전체 GDP의 60% 이상을 차지하던 미국이 탈퇴하면서 경제권 규모와 참가국 인구가 대폭 축소되는 것은 물론 TPP가 와해할 것이라는 전망까지 나왔다.

그러나 TPP 협상은 일본 주도로 다시 진행되었다. 이후 11개국이 2017년 베트남 다낭에서 1천 개 이상 항목 중 의약품 특허 보호 등 미국이 그간 강력하게 주장해오던 22개 항목만 동결하고, 기존 협정문을 그대로 적용하면서 큰 틀에서 합의를 끌어냈다. 동결한 항목들은 향후 미국이 복귀하면 해제를 논의하기로 했으며, 협정의 명칭은 '포괄적·점진적 환태평양경제동반자협정(CPTPP)'으로 변경되었다.

CPTPP는 2018년 발족한 후 2023년 7월 처음으로 영국이 새롭게 가입하면서 가입국이 12개국으로 확대되고 경제권이 유럽으로 확장되었다. 이에 따라 CPTPP 참가국의 GDP는 기존 11조 8천억 달러에서 약 15조 달러로, 인구는 약 5억 8천만 명 규모로 확대되었다. 지금도 한국을 비롯해 중국, 대만, 코스타리카 등이 CPTPP에 가입하고자 노력하고 있다.

그러나 이 협정에 가입하려면 회원국 전부의 동의를 얻어야 하는데, 문제는 중국이다. 이는 CPTPP 회원국들이 미국의 복귀를 기대했으나 바이든 행정부가 이를 거부하고 IPEF를 새로이 출범시킨 상황에서 오히려 중국이 가입을 신청했기 때문이다. 다만 애초 TPP와 이를 이어받은 CPTPP가 중국을 견제하려고 만들어진 것임을 감안할 때 중국을 새로운 회원국으로 받아들일 가능성은 크지 않아 보인다.

⚒ 중국 견제 목적인 미국 주도의 FTA, IPEF

미국은 외교정책 중심축을 기존의 중동지역에서 점차 아시아로 전환하고 있다. 9·11테러를 계기로 중동으로 쏠렸던 미국의 외교역량이 사담 후세인(Saddam Hussein)과 오사마 빈 라덴(Osama bin Laden) 사망 후 '테러와의 전쟁(War on terror)'이 일단락되면서 아시아로 급속히 이동하고 있다. 2011년 말 버락 오바마 전 미국 대통령은 '아시아로 중심축 이동(Pivot to Asia)' 또는 '재균형(rebalancing)'으로 불리는 아시아 중시 외교·안보 정책 기조를 발표했다. 이러한 기조는 트럼프 대통령을 거쳐 조 바이든(Joe Biden) 대통령으로 그대로 이어졌다. 특히 시진핑 중국주석이 2013년 9월 '일대일로' 정책을 제안하면서부터는 한층 더 노골적으로 이뤄지고 있다.

바이든 대통령은 인도·태평양 지역이 미국의 이익에 사활이 걸린 핵심 지역이라는 것을 여러 번 강조한 바 있다. 바이든 행정부는 2022년 2월, 전임 트럼프 행정부에 이어 또다시 중국을 견제하는 '인도·태평양 전략(Indo-Pacific Strategy)' 보고서를 발표했다. 이는 그만큼 인도·태평양 지역이 미국의 경제와 안보에 매우 중요하다는 사실을 뒷받침한다. 이 보고서에는 중국의 경제, 외교, 군사, 기술력 부상과 도전에 대응하고자 대내적으로는 미국의 자체 역량을 강화하고, 대외적으로는 동맹과 파트너 국가들의 공조로 맞설 것이라는 내용이 담겨 있다.

이후 미국은 전략을 좀더 구체적으로 추진하려고 경제안보 플랫폼 조성 작업에 착수했다. 더욱이 중국 주도의 '역내 포괄적 경제동반자협정(RCEP)'이 2022년 1월 공식 출범하면서 플랫폼의 필요성은 한층 더 절실하고도 다급해졌다. 다만 기존의 CPTPP 복귀 대신 새로운 플랫폼을 만드는 방안을 선택했고, 그래서 IPEF가 탄생하게 된다.

'인도·태평양 경제 프레임워크(IPEF; Indo-Pacific Economic Framework)'는 미국의 주도로 결성된 다자 경제협력체다. 2021년 10월 바이든 미국 대통령이 동아시아정상회의(EAS; East Asia Summit)에서 처음 제안한 후 2022년 5월 공식 출범했다. 이는 상품과 서비스 시장 개방, 관세인하를 목표로 하는 기존의 무역협정보다 훨씬 포괄적으로, 디지털·공급망·청정에너지 등 새로운 통상 의제에도 공동 대응하려는 목표를 갖고 있다.

또한 궁극적으로는 인도·태평양 지역 내 파트너 국가들과 미래산업을 육성하고 공급망을 안정적으로 구축하는 한편 산업정책의 국제표준까지 정립하겠다는 의미를 지니고 있다. 즉 인도·태평양 지역을 일종의 거대한 경제 플랫폼으로 묶어낸다는 구상을 밝힌 것이다. 이의 일환으로 2023년 5월에는 공급망 위기를 극복하기 위한 정부 간 공조 등을 담은 공급망 협정이 타결되었다.

IPEF는 이처럼 명목상으로는 열려 있는 포괄적 경제협력체를 표방하지만, 더 근원적 목적은 중국이 인도·태평양의 경제영토 확장에 나서며 영향력을 키우는 것을 저지하는 데 있다. 이에 미국은 IPEF 결성에 동맹국들의 참여를 직간접적으로 요구했다. 현재 미국과 인도·한국·일본·호주·뉴질랜드·피지, 동남아시아국가연합(ASEAN) 10개 회원국 중 브루나이·인도네시아·말레이시아·필리핀·싱가포르·태국·베트남 7개국 등 14개국이 참여하고 있다. IPEF 참여국 인구는 전 세계의 약 32%에 달하고, GDP 또한 전 세계의 약 41%를 차지해 RCEP나 CPTPP에 비해 규모가 더 크다.

미국은 IPEF로 아시아·태평양 지역에서 중국과 무역경쟁을 이어가겠다는 의지를 나타내고 있다. 그래서 이전에 결성을 주도했다가 탈퇴했던 TPP를 이어받은 CPTPP에 가입하지 않고 오히려 새로운 경제공동체를 만들려는 전략을 세웠다. 특히 중국이 RCEP를 주도한 데 이어 CPTPP 가입까지 추진코자 하는 데 대한 '반중연대(反中連帶)' 성격이 있는 것으로 평가된다. 이에 대해 중국은 IPEF를 '경제 NATO'라며 공개적으로 반발하고 있다.

🏛 중국 주도의 FTA, RCEP

트럼프 미국 대통령이 TPP에서 탈퇴하는 동안 시진핑 중국주석은 TPP에 대항하는 RCEP를 타결시켰다. '역내포괄적경제동반자협정 (RCEP; Regional Comprehensive Economic Partnership)'은 아시아-태평양 지역 16개 나라가 참여해 지역경제통합을 꾀하는 다자간 자유무역협정이다. RCEP가 체결되면서 인구, 무역 규모, 명목 GDP 면에서 모두 전 세계 약 30%를 차지하는 거대한 규모의 경제블록이 출범하게 되었다. 그런데 이는 중국이 주도하는 거대 FTA로, 일본과 미국이 주도하는 CPTPP와 IPEF에 대한 대항마 성격을 지니고 있다.

2012년 11월 협상이 시작된 이후 2019년 11월 인도를 제외한 15개국이 타결하면서 2021년 1월부터 발효되었다. 회원국은 동남아시아국가연합 10개국, 한국·중국·일본 등 동아시아 3개국, 호주와 뉴질랜드 등 15개국이다. 우리나라에서는 2022년 2월 발효되었다. 다만 인도의 경우 협상 초기 단계부터 참여해왔으나, 대중국 무역적자의 지속, 침체된 농촌 경기, 제조업의 낮은 국제경쟁력, 불확실한 서비스 시장 개방 등을 이유로 RCEP 협상 합의를 유보한 상태다.

미국의 슈퍼 301조와 환율조작국 지정

슈퍼 301조는 미국 종합무역법에 따라 교역상대국에 차별적 보복을 가능하게 한 조항으로, 트럼프에 이어 바이든 행정부에서도 활용하고 있다. 미국은 그동안 여러 차례 중국 등을 환율조작국과 관찰대상국으로 지정해왔다. 환율조작국으로 지정되면 투자와 정부조달 제한 등 각종 제재를 받게 된다.

🏛 슈퍼 301조란 무엇인가?

미국과 중국 간 무역전쟁이 갈수록 격화되고 있다. 바이든 미국 대통령은 2024년 5월, 다가오는 대통령선거를 앞두고 중국을 상대로 관세 폭탄을 던졌다. 당시 미국은 중국산 전기차에 대한 관세를 기존 25%에서 100%로 대폭 인상하고, 철강·알루미늄과 전기차용 리튬이온 배터리 관세는 7.5%에서 25%로, 반도체와 태양전지 관세는 25%에서 50%로 크게 올리는 계획을 발표했다.

이중 전기차와 배터리, 태양전지, 철강·알루미늄 등에 대한 관세 인상은 9월부터 이미 시행되고 있으며, 반도체를 비롯해 나머지 품목도 2025년부터 시차를 두고 추진할 예정이다. 그런데 이러한 관세 폭탄 조치의 근거는 슈퍼 301조다. 슈퍼 301조는 1988년 제정된 미국 종합무역법에 따라 교역대상국에 차별적 보복을 가능하게 한 조항이다.

미국은 제2차 세계대전 이후 GATT 체제 아래 자유주의 무역정책을 펼쳐왔다. 그러나 1960년대 후반부터 1970년대 초에 걸쳐 세계 시장에서 경쟁이 격화되고, 미국의 무역수지 적자가 확대됨에 따라 점차 보호무역주의 경향을 띠게 된다. 그 일환으로 1974년 '통상법 (Trade Act of 1974)'이 제정되었다. 이 법은 수입으로 인한 피해구제, 공산국가에 대한 최혜국 지위 정지 그리고 무역수지조정을 위한 추징금의 부과 또는 이를 대체할 수입할당제(import quota system) 실시 조치 등의 보호무역 요소를 포함하고 있었다. 그래도 전체적으로는 자유무역 지향적인 법이었다.

그러나 1980년대 들어서면서 미국의 대외거래 의존도가 심화하고 무역적자가 빠르게 증가하자 1988년 '종합무역법(Omnibus Trade and Competitiveness Act of 1988)'을 제정해 보호무역 색채를 강화했다. 특히 기존 통상법(Trade Act of 1974) 301조를 강화해 슈퍼 301조와 스페셜 301조를 신설했다. 미국 통상법은 단일통상법 체계가 아니라 대외통상과 관련된 일련의 법들로 구성되어 있다. 이에 현재 통상법 301조는 크게 통상법 제301조~제309조를 통칭하는 '일반 301조(Regular 301조)', 미국 대통령이 행정명령 형태로 만든 더 강도 높은 '제310조(Super 301조)', 지식재산권 보호를 위한 특별 규정인 '제182조(Special 301조)' 등으로 나뉜다.

슈퍼 301조가 슈퍼라고 불리는 까닭은 크게 두 가지다. 첫째, 보복 조치의 발동 권한을 대통령에서 통상대표부(USTR; US Trade Representative)로 이관함으로써 신속한 대응체제를 구축했기 때문이다. 둘째, 불공정 무역관행의 정의를 넓혀 개별 상품이나 서비스뿐 아니라 국가 전체적인 시장 폐쇄성을 문제 삼아 이에 대한 보복을 강화한 데 기인한다.

이에 따라 통상대표부는 불공정무역 국가를 선별해 우선협상대상 국가(Priority Foreign Countries)로 지정할 수 있으며, 이들에 대해서는 협상을 벌이며 불공정한 관행을 시정하도록 요구한다. 협상이 결렬되면 보복대상을 가리지 않고 무차별 보복을 할 수 있다. 조사대상과 무관하게 상대국의 어떤 상품이나 분야에도 보복 조치가 가능하다. 보복 조치의 종류는 무역협정 폐지, 관세 및 비관세장벽 부과, 양자 간 협정 체결 등 다양하나 대부분 보복관세를 부과한다.

불공정무역을 바로잡으려고 만들어진 법이라고는 하지만, 실제로는 미국의 이익만 추구한다. 공정한지가 전적으로 미국 정부의 독단적 판단에 따르기 때문이다. 슈퍼 301조는 적용받는 국가로선 치명적일 수밖에 없다. 그러나 대놓고 이의를 제기하기도 현실적으로 어렵다. 미국은 세계에서 가장 큰 소비시장인데다 동맹국에도 영향을 줄 수 있기 때문이다. 우리나라와 일본도 슈퍼 301조에 따라 불공정한 무역에 대한 시정과 시장개방 압력을 종용받기도 했다.

슈퍼 301조는 한정된 기간에 미국의 종합무역법을 보완하는 특별법으로, 1989년부터 1990년까지 한시적으로 운용되다가 부시 행정부에서 폐기되었다. 그러나 대통령 행정명령으로 다시 시행할 수 있기에 1994년 3월 클린턴 행정부에서 부활되어 2001년까지 연장 운용되었다. 하지만 이 조항은 국제분쟁 해결 절차를 거치지 않은 일방적인 보복 조치이기에, WTO 규정에 어긋난다는 비판을 받으면서 사실상 폐기되었다. 그런데 트럼프 대통령이 2018년 7월 슈퍼 301조를 근거로 500억 달러어치 중국 제품에 25% 관세를 부과하면서 또다시 부활시켰고, 바이든 행정부에서도 이를 활용해왔다.

🏛 환율전쟁과 환율조작국 지정

환율은 국가 경제 운용에 큰 영향을 미친다. 이에 따라 세계 각국은 자국의 산업경쟁력을 확보하려고 환율을 조정하는 경우가 없지 않다. 그러나 한 나라의 통화가 조작되면 무역 불균형으로 이어질 수 있다. 다른 나라들도 자국 통화를 평가절하할 수 있으며, 이는 환율전쟁으로 이어질 수 있다. 이처럼 자국의 통화가치 절하는 자국의 수출경쟁력을 키우지만, 반대로 경쟁국에는 직접적 타격을 가하게 된다.

자유변동환율제도를 채택하는 국가들은 통상 환율이 원칙적으로 외환시장에서 자율적으로 결정되도록 하고 있다. 다만 일시적 수급 불균형이나 시장 불안 심리 등으로 환율이 급변하면 정부 당국이 외환시장에 개입해 환율변동 속도를 조절하고 있다. 이를 미세 조정

(smoothing operation)이라고 한다. 이에 대해서는 IMF와 미국도 대체로 용인하고 있다. 그러나 이러한 시도가 심각한 상황에 이르면 환율전쟁으로 돌입하게 된다. 이러한 환율전쟁의 원조는 1985년에 이루어진 '플라자합의(Plaza Accord, Plaza Agreements)'다. 플라자합의는 한마디로 미국의 경상수지 적자를 줄이고 달러의 위상이 흔들리는 것을 방지하는 데 목적이 있었다. 주 내용은 달러화 대비 일본 엔화와 독일 마르크화의 평가절상을 유도하는 것이었다.

이 합의로 달러 가치는 이후 2년 동안 30% 이상 급락했다. 반면 일본 엔화와 독일 마르크화 가치는 급격히 상승했다. 특히 엔화 가치는 1995년 중반까지 10년 만에 3배나 올랐다. 이로써 미국경제는 저물가 아래 건실한 성장세를 이어갔으나 일본경제는 장기 불황을 겪게 되었다. 결국 일본은 오랫동안 경제침체에 빠지면서 이른바 '잃어버린 30년'을 겪게 된다.

이러한 국제사회에서 환율전쟁은 지금도 진행중이다. 그동안 세계 제2의 경제대국이자 최대 무역 대국으로 부상한 중국은 위안화를 달러에 맞서는 기축통화의 하나로 만들겠다는 야심을 가지고 꾸준히 위안화의 절상을 진행해왔다. 미국 또한 중국과 무역에서 큰 폭의 적자를 나타내던 차라 위안화의 평가절상을 요구해왔다. 그런데 중국의 실물경기가 예상외로 부진하자 중국 정부는 이를 타개하려고 2015년 8월부터 수시로 외환시장에 개입해 위안화의 평가절하를 꾀했다. 그 결과 중국은 미국으로부터 환율조작국으로 지정되기에 이른다.

미국은 무역에서 불공정한 이익을 얻으려고 환율변경 전략을 시도하는 국가를 환율조작국으로 지정하고 제재를 취하고 있다. 미국은 '특정국의 통화가치가 상대적으로 낮게 평가되어 운용되었다면 수출보조금을 준 것과 같다'는 논리로 매년 전 세계 국가를 대상으로 환율조작 여부를 조사해서 발표하고 있다.

미국 재무부는 종합무역법과 교역촉진법(Trade Facilitation and Trade Enforcement Act of 2015)에 따라 매년 상하반기 두 번에 걸쳐 자국과 교역 규모가 큰 상위 20개국의 거시정책과 환율정책을 평가하고, 일정 기준에 해당하면 '심층분석대상국' 내지 '관찰대상국'으로 지정하고 있다. 보고서에서는 환율조작국 대신 '심층분석대상국'이라는 표현을 쓰는데, 시장에서는 통상 두 가지가 혼용된다.

구체적 지정요건은 경제 상황에 맞춰 조금씩 수정되고 있다. 지금은 150억 달러 이상의 대미 무역흑자, GDP의 3%를 초과하는 경상수지 흑자, 12개월 중 8개월간 GDP의 2%를 초과하는 달러 순매수 등이다. 이들 3개 요건에 모두 해당하면 '심층분석대상국(enhanced analysis)', 2개 요건에 해당하면 '관찰대상국(monitoring list)'으로 분류된다. 관찰대상국은 환율조작국으로 지정되는 전 단계로, '모니터링' 대상일 뿐 제재를 받는 것은 아니다.

환율조작국으로 지정되면 미국은 해당 국가에 환율 저평가, 지나친 무역흑자 시정을 요구하게 된다. 이후 1년이 지나도 개선되지 않으면 해당국에 대한 미국 기업의 투자 제한, 해당국 기업의 미국 연방정부 조달계약 체결 제한, 국제통화기금에 추가 감시 요청 등의

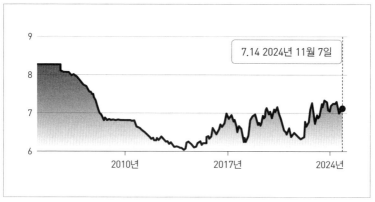

위안화/달러 환율 추이

7.14 2024년 11월 7일

2010년   2017년   2024년

* 위안화의 달러 대비 환율.

구체적 제재를 취하게 된다.

미국은 그동안 여러 차례 환율조작국과 관찰대상국을 지정해왔다. 1990년대 후반부터는 공식적인 환율조작국 지정은 없었는데 2019년 8월, 트럼프가 대통령이던 시절 중국을 환율조작국으로 전격 지정했다. 2019년 8월 5일 위안화 가치는 달러당 7위안 아래로 떨어지는 '포치(破七)'를 기록했는데, 이는 2008년 5월 이후 11년 3개월 만에 처음이다.

이를 두고 미국은 환율을 통제하는 중국 당국이 미국의 추가 관세부과 조치에 대응하고자 포치를 사실상 허용했다고 판단했다. 위안화 가치가 하락하면 중국 수출품 가격도 낮아지기 때문에 미국의 관세부과로 인한 충격을 줄일 수 있게 된다. 다만 미·중 무역 갈등 화해 분위기가 조성되면서 2020년 1월 환율조작국에서 해제되었다.

그러나 이후에도 중국은 계속 관찰대상국으로 지정되고 있다.

2024년 6월 발표된 「2024년 상반기 환율 보고서」에 따르면 중국을 비롯해 일본, 말레이시아, 싱가포르, 대만, 베트남, 독일 등 7개국이 관찰대상국으로 지정되었다. 우리나라는 2016년 4월 이후 7년여 만인 2023년 11월 미국의 관찰대상국에서 제외된 데 이어 여기서도 빠졌다. 심층분석대상국에 해당하는 국가는 없었다. 그러다 2024년 11월 하반기 보고서에서는 우리나라도 중국, 일본, 싱가포르, 대만, 베트남, 독일 등 6개국과 함께 관찰대상국으로 재지정되었다. 트럼프 2기를 앞두고 발생한 일이라 향후 한미 경제 관계에 대한 불안감이 더 커지고 있다.

한편, 2024년 들어서 위안화 가치는 중국 경기 부진이 반영되어 약세를 나타내고 있다. 이에 따라 달러 위안화 환율은 또다시 달러당 7위안 이하로 떨어지는 '포치' 현상이 발생하고 있다. 이에 향후 트럼프 2기에는 중국을 또다시 환율조작국으로 재지정할 것인지를 두고도 귀추가 주목된다.

더욱 격화되고 있는
미·중 무역분쟁

2018년 시작된 제1차 미·중 무역전쟁에 이어 2024년에는 제2차 무역전쟁이 벌어지고 있다. 이는 2024년 11월에 치러진 미국 대선 전 후보들의 중국 제품에 대한 '관세 폭탄' 경쟁에서 비롯했다. 결국 더 강경한 노선을 취한 트럼프가 대선에서 승리함에 따라 미국의 수입 규제는 더욱 강화될 것이다.

🏛 미·중 무역전쟁이 일어난 배경

2001년 중국이 WTO에 가입한 후 미국과 중국 간 무역 규모는 크게 신장해 2000년 1천억 달러에서 2020년 6천억 달러로 6배 증가했다. 이 과정에서 양국은 상호 이득을 챙길 수 있었다. 중국은 제조업자로 생산품을 판매할 수 있는 소비자를 얻었고, 미국은 양질의 상품을 싸게 소비할 수 있었다. 중국이 수출로 얻은 잉여자금을 미국 재무부 채권매입으로 다시 투자했으므로, 미국은 부채에 따른 소비를 지속할 수 있었다.

그러나 미국은 중국에서 수입하는 규모가 갈수록 늘어나 연 5천억 달러를 넘어서게 되었다. 이런 가운데 대중국 무역수지 적자 비중 또한 전체의 60% 이상을 차지하는 심각한 상황이 벌어졌다. 여기에 양국의 산업구조도 기존의 보완관계에서 경쟁관계로 전환되었다. 특히 중국이 '기술굴기'로 첨단기술 면에서도 미국을 위협하는 존재로 떠올랐다. 더욱이 미국경제는 2008년 금융위기 이후 '저성장' '국가신용등급 하락' '눈덩이 부채' 등의 도전에 직면하면서 중국에 추월당할 가능성이 커졌다.

반면 중국은 갈수록 경제 규모가 커지면서 조만간 미국을 능가할 태세를 보였다. 더욱이 기술이 급속히 향상되어 중간재 생산이 늘어가고, '중국제조 2025'와 '일대일로' 등으로 경제적 측면에서뿐 아니라 군사적 측면에서도 영향력이 확대되면서 미국이 미래패권을 유지하는 데 중국이 심각한 걸림돌로 여겨지게 되었다. 이에 미국은 중국을 견제하기 시작했다. 국가안보 전략에서 중국을 전략적 경쟁자로 규정한 것이다. 특히 자국 우선주의를 앞세운 트럼프 대통령은 중국에 본격적인 선전포고를 날렸다.

미·중 간 무역갈등은 미국 트럼프 행정부가 출범한 후 보호무역 기조를 강화하면서 고조되었다. 2018년 3월 도널드 트럼프 미국 대통령은 중국 제품에 고율 관세를 부과할 수 있는 행정명령에 서명했다. 보복관세는 외국이 자국 수출품에 부당한 차별 관세나 차별대우를 취할 경우 또는 자국 산업에 불이익이 되는 조치를 취할 경우 이에 대처하는 수단으로서 상대국으로부터 수입하는 상품에 보복적으로 고율의 관세를 부과하는 행위를 말한다.

보복관세는 관세전쟁이 일어날 위험성 때문에 상대방을 위협하는 의도로만 채택되며 발동되는 일은 드물었으나, 2000년대 이후 부과하는 사례가 늘어나고 있다. 관세로 시작된 양국의 무역전쟁은 이후 미국의 화웨이 제재와 중국의 희토류 수출제한 시사 등 기술과 자원 문제로까지 확대되었다. 나아가 미국 국방부가 2019년 6월 내놓은 보고서에 대만을 국가로 명시해 '하나의 중국' 원칙을 깨뜨리면서 체제 문제로까지 확산해나갔다.

🏛 미·중 무역전쟁의 진행 과정

미국과 중국의 무역전쟁 발발 조짐은 2017년 8월 트럼프 대통령이 무역대표부에 중국의 지식재산권 침해와 기술 강제 이전 요구 등 부당한 관행을 조사하도록 하는 내용의 행정명령에 서명하면서 시작되었다. 그리고 2018년 3월 트럼프 대통령은 1,106품목 500억 달러 규모의 중국 수입품에 25%의 고율 관세부과를 허용하는 행정명령에 서명했다.

마침내 7월에는 실제로 500억 달러에 달하는 중국 상품에 25% 관세를 부과하면서 무역전쟁을 개시했다. 이에 중국도 즉시 동일 액수의 농산물과 자동차 등 545개 품목에 관세를 부과하며 맞대응한 데 이어 미국을 WTO에 제소했다. 이처럼 중국이 맞대응에 나서자 미국은 9월 재보복 차원에서 별도로 2천억 달러 규모의 수입품에 10% 관세를 부과했고, 연말까지는 25%로 올리겠다고 발표했다.

이러한 미국의 무역제재 조치가 취해지자 중국 또한 곧바로 미국산 제품에 대한 보복관세 부과 등 대응 방안을 마련해서 실행해나갔다. 나아가 중국이 보유하고 있는 미국 국채의 매도 가능성까지 언급했다. 연이어 주요 원자재인 희토류 수출규제 카드도 만지작거렸다. 또 인민일보(人民日報) 등 관영신문들은 전 세계에 악영향을 미치는 양국의 무역분쟁을 미국 정부가 일으켰다고 비난하면서 미국 정부의 진정한 목표는 중국의 성장을 억누르는 것이라고 비판했다.

이처럼 5개월간 관세부과 경쟁을 지속했던 두 나라의 무역전쟁은 잠시 휴전 국면에 돌입했다. 2018년 12월 아르헨티나에서 열린 G20 정상회의에서 양국 정상이 합의점을 찾기로 약속했다. 그러나 2019년 5월 미국에서 열린 양국 무역협상이 결렬되면서 사태는 다시 악화했다. 미국은 중국 내 지식재산권 보호 조치 미흡, 기술이전 강제, 과도한 국가보조금 등 구조적 문제를 해결하려고 합의안의 법제화를 요구했지만, 중국은 주권 침해라고 맞섰다.

결국 미국은 곧장 2천억 달러 상당의 중국 상품에 대한 관세를 25%로 올렸다. 이에 따라 2019년 기준으로 2,500억 달러 규모에 해당하는 중국 제품에 25%의 높은 관세가 부과되었다. 이는 당시 중국으로부터의 수입액 약 절반에 해당했다. 이에 중국도 즉각 600억 달러 상당의 미국 상품에 최대 25%의 관세를 매긴다고 맞대응했다. 그러자 트럼프 대통령은 추가로 3,250억 달러에 달하는 나머지 중국 상품에도 25% 관세를 물리겠다며 경고하고 나섰다.

그러나 확전이 결코 양국 모두에 도움이 되지 않는다는 인식에서 양국 정상은 또다시 휴전을 모색했다. 트럼프 미국 대통령과 시진핑 중국 국가주석이 2019년 6월 일본에서 열린 G20 정상회담에서 한동안 교착 상태에 빠졌던 무역협상을 재개하기로 합의했다. 이후 미국은 곧바로 3,250억 달러 상당의 대중 추가 관세부과 중단과 화웨이 제재 완화 방침 등의 유화책을 내놓았다.

이러한 시도에도 2019년 7월 중국 상하이에서 열린 양국의 무역협상은 성과 없이 종료되었다. 마침내 미국이 9월부터 3천억 달러 규모의 중국산 제품에 10% 관세를 부과하겠다고 발표하면서 양국의 무역전쟁은 재개되었다. 중국은 국유 기업의 미국산 농산물 수입중단을 지시했고, 중국 통화인 위안화 가치가 11년 만에 달러당 7위안 아래로 떨어지는 '포치'를 사실상 용인했다. 이에 미국은 중국을 환율조작국으로 지정하며 날을 세웠다.

그러던 중 양국은 2019년 10월 미국에서 열린 제13차 고위급 무역협상에서 부분적인 합의를 성사시키면서 다시 휴전상태에 돌입했다. 이 협상은 2018년 7월 미국이 중국에 고율 관세를 부과하며 무역분쟁이 시작된 지 약 15개월 만이었다. 미국은 이 합의에 따라 10월 15일부터 2,500억 달러어치 중국산 제품에 대한 관세율을 25%에서 30%로 인상키로 했던 방침을 보류했다. 또 중국은 미국산 농산물 최대 500억 달러 구매를 약속한 것으로 알려졌다.

미래의 먹거리인 반도체와 5G 이동통신을 두고도 두 강대국 간 경제전쟁이 치열하게 벌어졌다. 트럼프 대통령은 무역분쟁 와중에 행정명령을 발동해 국가안보를 이유로 미국 기업들의 중국 통신장비업체 ZTE와 화웨이에 대한 거래제한 조치를 연이어 취했다. 특히 화웨이에 대해서는 5G 장비에 인증 없이 전산망에 침투해 정보를 빼돌리는 장치인 백도어(backdoor)를 심는 방식으로 중국 정부의 간첩 활동을 하고 있다고 의심하며 제재했다.

이후 구글이 화웨이에 대한 소프트웨어와 기술 서비스 중단을 결정했으며, 인텔·퀄컴 등 미국 반도체 회사들도 화웨이에 대한 반도체 칩 공급 중단에 나섰다. 아울러 미국 정부는 영국을 비롯해 호주·뉴질랜드·이스라엘·일본 등 주요 동맹국에도 화웨이 계열기업과 거래를 보이콧하도록 강력히 요청했다.

미국이 반도체와 5G 기술 지키기에 필사적인 것은 향후 글로벌 기술 패권 경쟁에서 우위를 계속 유지하려는 국가전략과 맞닿아 있기 때문이다. 이들은 4차 산업혁명의 필수 기반 기술이란 점에서 첨단산업의 심장으로 불린다. 또 시진핑 중국 국가주석 집권 2기의 역점 전략인 '중국제조 2025'의 핵심산업이기도 하다. 이에 미국 정부는 첨단기술 확보를 향한 중국의 질주를 자국 국익에 대한 심각한 위협으로 간주하고 강력한 대응조치를 취하고 있다.

🏛 제2차 미·중 무역전쟁

한편 2018년 시작된 제1차 미·중 무역전쟁에 이어 2024년에는 제2차 무역전쟁이 벌어지고 있다. 이는 2024년 11월에 치러질 미국 대선을 앞두고 민주당과 공화당의 유력후보들이 서로 중국 제품에 '관세 폭탄' 경쟁을 감행한 데서 비롯했다.

공화당 후보인 트럼프 전 대통령은 재집권하면 모든 수입 상품에 10~20% 무차별적 관세를 부과하는 '보편적 관세(universal baseline tariff)'를 도입할 뜻을 밝혔다. 아울러 교역상대국이 미국산 수입상품에 부과하는 관세율이 미국이 부과하는 관세율보다 더 높을 경우, 이에 상응하는 추가 관세를 부과하는 '트럼프 상호무역법(Trump Reciprocal Trade Act)'을 제정할 뜻을 밝힌 바 있다. 특히 중국에는 무역 최혜국대우를 박탈하고 모든 중국산 제품에 60% 이상의 관세를 부과하겠다고 줄곧 밝혔다. 나아가 중국산 자동차에는 100~200%의 고관세 핵폭탄을 예고했다.

이에 질세라 집권당인 민주당의 바이든 행정부는 중국산 전기차, 범용반도체, 배터리 등에 대한 관세를 최소 2~4배 올리겠다는 방침을 2024년 5월 발표했다. 바이든 대통령은 그동안 '인플레이션 감축법(IRA)' '반도체 칩과 과학법(CHIPS and Science Act)' 등으로 반도체, 전기차, 배터리 등 핵심산업 분야를 육성해왔다. 하지만 중국이 이에 대응해 정부와 기업이 혼연일체가 되어 성능 면에서 큰 차이가 없으면서도 가격은 저렴한 제품을 대량 생산해 이 분야의 기반을 무너뜨리려 하자 결국 관세 대폭 인상이라는 승부수를 꺼내 든 것이다.

나아가 멕시코 등에서 생산된 중국 제품이 무관세 혜택을 받고 미국 시장에 들어오는 것까지 막겠다며 미국·멕시코·캐나다 3개국의 자유무역협정인 'USMCA' 개정을 요구할 뜻도 시사했다.

USMCA(United States Mexico Canada Agreement)는 기존 나프타를 대체하는 자유무역협정이다. 기존의 나프타가 미국의 일자리를 빼앗고 무역적자를 가져온다고 비판해온 트럼프 대통령의 주도 아래 재협상으로 2020년 USMCA가 발효되었다.

민주당의 새 대통령 후보인 카멀라 해리스(Kamala Harris) 부통령도 바이든 행정부의 이런 정책 기조를 이어갔다. 이에 누가 집권하더라도 미국의 수입 규제가 더욱 강화될 것이 틀림없는 형국이었다. 이는 산업정책과 무역정책 기조는 양당이 같은 방향으로 움직이며, 고관세가 경제적으로 효과가 없더라도 정치적으로는 인기가 많기 때문이다. 결국 상대적으로 더 강경한 중국 견제정책을 내놓은 트럼프가 승리함에 따라 양국 간 무역전쟁은 앞으로 한층 더 격화될 것으로 보인다.

이처럼 미국의 대중국 공세가 강화되자 중국 또한 미국의 움직임을 예의 주시하면서 맞대응 전략을 취하고 있다. 그 한 방편으로 중국은 미국의 슈퍼 301조에 맞대응하는 강력한 조치를 내놓았다. 즉 2024년 4월 관세법을 새로이 제정해 12월부터 시행키로 한 것이다.

가장 주요한 조항은 17조로, 중국과 특혜 무역협정을 체결한 시장이 고관세를 부과할 경우 상호주의 원칙에 따라 상대 국가 제품에 동등한 관세를 부과할 수 있도록 한다는 내용을 담고 있다. 보복관세를 명문화한 것이다. 특히 법안 1조에는 초안에는 없던 "국가 주권과 이익을 수호하며 납세자의 합법적 권익을 보호한다"라는 문구를 추가해 관세 정책이 외교 안보적 이유로 결정될 수 있음을 밝혔다.

이 점에서 '중국판 슈퍼 301조'로 불리고 있다.

그동안 자유무역의 수호자이던 미국은 트럼프 대통령 이후 보호무역 기조를 그 어느 때보다도 강화하고 있다. 그런데 이처럼 갈수록 격화되고 있는 미국과 중국의 무역전쟁은 양국 모두에 커다란 어려움을 초래할 것이 자명하다. 물론 중국이 보게 되는 피해가 상대적으로 클 것이다. 이는 기본적으로 중국의 대미국 총수출 규모는 약 5천억 달러에 이르는 데 비해 총수입은 1천억 달러 수준에 불과하기 때문이다. 이에 관세상 보복 조치가 제한적일 수밖에 없으며, 가능한 모든 수단을 동원하나 역부족인 게 현실이다. 더욱이 중국경제가 갈수록 둔화추세를 나타내는 터라 무역분쟁으로 인한 수출둔화는 더 큰 타격을 가할 수밖에 없다.

미국 또한 산업 전반의 원가상승, 실업증가 등 부정적 영향이 나타나고, 미국 기업의 중국 시장 진출이 제한을 받는 게 현실이다. 그 결과 미국의 많은 기업이 아시아 다른 지역으로 공급망을 이전하면서 미국과 중국경제의 '디커플링(decoupling)'으로 이어질 것이라는 우려를 낳고 있다. 나아가 양국의 경제 규모가 세계 GDP의 40% 이상을 차지하는 만큼 세계경제에도 악영향을 끼치고 있다. 이는 실물경제뿐 아니라 세계 금융시장의 불안 요소로 떠오를 우려마저도 없지 않다.

'차이나 쇼크'와
글로벌 무역전쟁의 확산

값싼 중국산 공산품이 쏟아지면서 각국의 제조업 기반이 무너진 현상을 '차이나 쇼크'라 한다. 진행중인 2차 쇼크는 1차 때보다 훨씬 더 심각한 피해를 줄 우려가 있다. 이에 미국의 대중국 관세 폭탄 조치에 G7 국가들이 동참하면서 무역전쟁이 서방 선진국과 중국의 대결로 확전되고 있다.

🏛 '차이나 쇼크'란 무엇인가?

지난 수십 년간 중국경제는 눈부시게 성장했다. 그 중심에는 제조업 중심의 수출주도형 성장 전략이 있었다. 중국경제의 고속 성장은 개혁개방 정책이 본격화된 1970년대 말 시작되었다. 당시 중국은 값싼 노동력과 정부 주도의 투자를 바탕으로 노동집약적 제조업이 급성장했다. 특히 1990년대 이후 WTO 가입, 외국인 투자 유치 등으로 수출이 급증하면서 세계의 공장 지위를 확고히 했다. 21세기로 접어들어서는 전기전자, 기계, 화학 등 첨단산업으로까지 제조역량을 확대해나갔다.

이 과정에서 중국은 글로벌 공급망의 중심축으로 자리 잡았다. 섬유와 의복에서 시작해 완구, 가전, IT 기기에 이르기까지 광범위한 소비재 공급망이 중국을 중심으로 형성된 것이다. 애플 아이폰, 나이키 운동화 등 글로벌 브랜드 생산기지 역할도 점점 더 커졌다. 이러한 부품 조달에서 조립, 유통에 이르는 전 과정의 효율성을 극대화한 중국의 전략은 글로벌 기업들의 경영전략 표준이 되어갔다.

중국의 부상은 세계경제에 엄청난 영향을 미쳤다. 우선 값싼 중국산 제품은 전 세계 소비자들에게 혜택을 가져다주었다. 선진국 기업들은 생산비용을 낮출 수 있었고, 개도국들은 중국의 성장으로 간접적 성장 효과를 누렸다. 또 세계 최대 내수시장으로서 중국은 글로벌 기업들에 커다란 기회를 제공했고, 나아가 세계경제를 떠받치는 버팀목 역할을 해왔다. 이처럼 중국의 저가 공산품이 세계 각국으로 수출되어 세계의 물가가 낮아지고 구매력이 높아지는 효과를 만들었다.

그러나 부작용도 컸다. 값싼 중국산 공산품이 쏟아지면서 경공업을 비롯한 각국의 제조업 기반이 무너지기 시작했다. 이 과정에서 개도국들은 중국과의 경쟁에서 밀리며 성장이 정체되었다. 또 선진국을 중심으로 다수 국가의 일자리가 줄어들었다. 특히 미국과 유럽의 주요 제조업체들이 중국으로 이동함에 따라 낮은 기술을 요구하는 저임금 노동자들의 일자리가 크게 줄었다. 그리고 중국의 저가 제품 공세는 인플레이션을 억제하는 효과를 넘어 글로벌 디플레이션을 야기한다는 우려마저도 낳았다. 이를 '차이나 쇼크(china shock)' 또는 1차 차이나 쇼크라 한다.

🏛 2차 차이나 쇼크와 미국·유럽의 대응 전략

그런데 지금 세계는 2차 차이나 쇼크를 우려하고 있다. 더욱이 2차 차이나 쇼크는 1차 때보다 훨씬 더 심각한 피해를 선진국을 중심으로 전 세계에 줄 우려가 크다. 1차 쇼크 때는 중국이 호황기라 각종 원자재를 싼 가격에 원활하게 공급받을 수 있었지만, 지금은 불황 국면에 처해 있기에 그런 효과를 기대하기 어렵다. 오히려 세계 각국이 만든 상품을 중국에 수출할 여지가 줄어들 수밖에 없다.

더욱이 중국의 산업구조도 바뀌었다. 중국산 저가 제품의 공습을 받았던 1차 쇼크 당시에는 선진국들은 이미 경쟁력을 잃은 사양 산업에서 주로 피해를 보았다. 반면 2차 쇼크로 타격을 입을 분야는 선진국들이 공을 들여 추진하고 있는 전기차·배터리·반도체 등 첨단 산업이다.

이처럼 중국은 과거와 달리 G2 수준으로 성장한 데다 산업구조도 선진국과 경쟁 관계에 있는 첨단산업 비중이 높기에 1차 쇼크 때와 양상이 다를 것이 분명하다. 세계은행 통계를 보면 중국은 2022년 세계 제조업 생산량의 31%, 전체 상품 수출의 14%를 점유하고 있다. 반면 20년 전 중국의 제조업 비중은 10% 미만, 수출 비중은 5% 미만이었다.

이런 상황에서 미국은 중국에 대한 무역제재를 그 어느 때보다 강화하고 있다. 동맹국을 중국 견제의 대열에 합류하게 하려고 설득도 하고 다양한 압력을 넣기도 한다. 그 결과 미국이 주도하는 중국에 대한 대대적 관세부과와 인상조치에 G7 회원국들이 동참하면서 미국과 중국의 제2차 무역전쟁이 서방 선진국과 중국의 대결로 확전되고 있다.

바이든 미국 대통령을 비롯해 G7 정상들은 2024년 6월의 정상회의에서 중국의 과잉생산과 저가 제품 수출 공세에 공동 전선을 구축하기로 합의했다. G7이 미국의 이런 일련의 조치에 동참하겠다는 뜻을 보이는 이유는 2차 차이나 쇼크에 따른 피해를 우려하기 때문이다. 즉 중국이 선진국들의 산업경쟁력을 훼손할 개연성이 크다는 것이다.

예를 들어 전기차, 2차전지, 태양광 판매는 중국이 세계 1위를 달리는 분야다. 이미 유럽을 평정한 중국산 태양광 패널은 미국 시장도 접수를 앞두고 있다. 중국의 전기차 또한 저렴한 가격을 무기로 폭발적으로 성장하고 있다. 세계 1위 전기차 제조사는 미국의 테슬라를 제치고 중국 비야디(BYD)가 되었다. 상하이자동차(SAIC), MG(Morris Garages), 지리(Geely) 등 다른 전기차업체들도 폭발적으로 성장한 내수시장을 바탕으로 해외시장점유율을 확대하려고 박차를 가하고 있다.

미국과 유럽연합은 중국 제품의 가격이 이처럼 저렴한 것은 중국 정부의 대대적 지원시책에 기인한다고 보고 있다. 중앙정부와 지방정부가 저렴한 공장 용지를 제공하고, 각종 정책 보조금과 특혜 융자를 쏟아부은 결과라는 것이다. 그리고 2차 차이나 쇼크를 막지 못하면 고부가가치 제품들을 생산하는 첨단산업 분야에서 큰 피해를 볼 수 있다고 분석했다. 이에 미국은 중국산 제품 대부분에 관세 폭탄을 투하하기로 한 것이다. 바로 2024년 5월에 발표했듯이 전기차와 반도체 등 주요 첨단산업 제품에 대한 대폭적인 관세인상 조치를 한 것이다.

유럽연합도 미국처럼 '관세 폭탄' 수준은 아니지만 물밀듯이 들어오는 중국산 첨단제품에 관세를 대폭 인상하고 있다. 미국이 관세를 높이면 중국 제품이 유럽으로 쏟아져 들어올 수 있기에 신속한 관세인상이 불가피하다는 것이다.

우선, 2024년 7월부터는 잠정적으로 중국산 전기차에 기존 10%에 더해 17.4~38.1%p의 징벌적 관세를 추가로 부과해왔으며, 10월에는 투표를 거쳐 최종관세율을 17.8~45.3%로 확정했다.

아울러 태양광 패널, 풍력터빈, 전동차, 의료기기, 주석도금강판 등 광범위한 제품에 수입 제한과 고율의 관세부과를 검토 중이다. 결국 유럽연합도 미국처럼 중국과 제2차 무역전쟁을 벌일 수밖에 없을 것이 분명하다.

🏛 신흥국들의 차이나 쇼크 대응 전략

중국의 저가제품 수출 공세에 몸살을 앓고 있는 신흥국들 역시 중국산 제품에 대한 관세를 대폭 인상하거나 인상을 검토하고 있다. 중국산 제품 수출이 급증하면서 브라질 등 남미, 인도, 동남아 등 신흥국들이 관세를 올리는 등 반발하고 있다. 대표적 사례로 철강을 들 수 있다. 중국이 자국 내에서 남아도는 철강을 저가로 수출하면서 세계적으로 1억 톤가량의 공급과잉 문제가 일어나고 있다. 이에 각국은 자국 산업을 보호하려고 잇따라 관세 장벽을 세우고 있다.

인도는 2023년 9월부터 중국산 철강에 반덤핑 관세를 부과하고 있다. 칠레는 2024년 4월, 중국산 철강에 최대 33.5%에 달하는 반덤핑 관세를 부과한다고 발표했다. 앞서 칠레 철강회사들은 정부 보조금을 업은 중국 철강 제품이 저렴한 가격에 대량 수입되자 조업 중단이라는 초강수를 두었다. 대표적 친중 국가인 브라질도 철강, 화학제품 등 최소 6개 분야에서 반덤핑 조사를 하고 있다. 그 외에 멕시코 등 중남미 국가들도 밀려드는 중국 철강에 무역장벽을 높일 태세다.

이처럼 미국이 불을 지핀 무역전쟁의 대열에 다른 나라들도 하나둘 끼어드는 상황이다. 이제 무역분쟁은 마치 하나의 유행병처럼 전 지구촌을 강타하고 있다. 그러나 무역전쟁의 확산이 초래할 결과는 불을 보듯 뻔하다. 세계경제는 멍들고 자칫 대공황에 직면할 수도 있다. IMF는 미국의 보호무역 정책이 세계경제를 0.5% 이상 둔화시켜 수천억 달러의 손실이 발생할 것이라고 경고했다. 이어서 IMF는 보호무역은 무역 감소와 함께 투자 감소, 공급 혼란, 기술 확산 감소, 소비재 가격 인상을 초래한다고 분석했다. 더욱이 경제 측면에서 시작된 분쟁이 점차 도를 넘어 무력 분쟁으로 비화할 우려마저 없지 않다.

자유무역은 원래 국제 분업체제에 그 이론적 배경을 두고 있다.

즉 각국은 비교우위에 있는 제품 생산에 특화하고, 이를 자유무역으로 상호 교환할 경우 모든 나라가 더 높은 실질소득을 얻게 된다는 것이다. 실제로 자유무역으로 세계경제는 비약적인 발전을 거두었다. 그러나 이제 자유무역 체제는 심각한 도전을 받고 있으며 자칫 붕괴할 우려마저 없지 않다. 이 경우 세상은 각자도생과 이전투구, 만인 대 만인의 투쟁을 해나가야만 할 것이다.

에너지 패권전쟁과
자원 패권전쟁

친환경 정책이 확산하고 산업구조가 첨단산업 위주로 되면서 자원전쟁의 주된 대상은 기존의 에너지에서 광물로 바뀌고 있다. 미래첨단제품의 핵심 원자재인 광물의 확보가 기업경쟁력을 결정짓는 요소로 부상했기 때문이다. 중국은 희토류 등 다양한 광물 패권을 쥐고 있어 자원전쟁의 중심에 서 있다.

⛰ 석유수출국기구와 석유파동

국제사회에서 자원전쟁이란 한정된 자원을 천부적으로 독점한 국가들이 이를 무기로 정치적 목적을 달성하려는 데서 생기는 갈등을 의미한다. 이 자원전쟁은 석유수출국기구인 OPEC(Organization of the Petroleum Exporting Countries)가 발족하면서 시작되었다. OPEC는 1960년 9월 원유 가격 하락을 방지하려고 이라크 정부의 초청으로 열린 바그다드회의에서 이라크·이란·사우디아라비아·쿠웨이트·베네수엘라의 5대 석유 생산·수출국 대표가 모여 결성한 협의체다. 이후 아랍에미리트, 리비아, 나이지리아 등이 추가로 가입하면서 2024년 기준 회원국 수는 13개국이다.

처음 OPEC를 결성할 당시에는 원유공시가격의 하락을 저지하고 산유국 간 정책협조와 이를 위한 정보 수집·교환을 목적으로 하는 가격카르텔 성격의 기구였다. 그러나 1973년 제1차 석유 위기를 주도해 석유 가격상승에 성공한 후부터는 원유가의 지속적인 상승을 도모하고자 생산량을 조절하는 생산카르텔로 변질되었다.

이후 OPEC는 OPEC+로 확장된다. 2018년 이후 미국 셰일오일의 부상, 러시아·멕시코·말레이시아·오만·카자흐스탄 같은 주요 비OPEC 산유국의 성장으로 OPEC가 가지는 카르텔 효과가 상실되어갔다. 이에 기존 OPEC 13개국과 러시아를 포함한 비OPEC 산유국 10개국이 모여 회의를 하면서 석유 생산량 제한을 논의하는 경우가 많아지고 있다. 이들은 세계석유 공급량의 55%, 매장량의 90%를 차지한다. 이를 OPEC 본부가 있는 빈을 따서 '빈그룹(Vienna Group)' 또는 'OPEC 플러스(+)'라고 한다.

실제로 세계는 1973년과 1979년 두 차례 석유파동을 겪는다. 1973년 10월 6일, 이집트와 시리아가 이스라엘을 침공하는 제4차 중동전쟁, 욤키푸르 전쟁이 발발했다. 이로부터 10일 후인 16일에는 페르시아만의 6개 석유 수출국이 OPEC 회의에서 원유 가격 인상과 생산량 감축을 발표했다. 중동전쟁에서 석유를 정치적 무기로 사용할 것을 선언한 것이다.

이에 따라 1973년 초 배럴당 2달러 59센트(두바이유)였던 국제 원유 가격은 1년 만에 11달러 65센트로 무려 4배 가까이 올랐다. 이것이 세계 제1차 석유파동의 시작이었다.

제1차 석유파동은 1978년 일단 진정되었으나, 1979년 초 이란의 호메이니가 주도한 이슬람 혁명을 계기로 다시 제2차 석유파동이 일어났다. 호메이니는 전면적인 석유 수출 중단에 나섰고, 이로써 배럴당 13달러대이던 유가는 20달러를 돌파했다. 더욱이 1980년 9월 '이란-이라크' 전쟁으로 30달러 벽이 깨졌고, 사우디아라비아가 석유 무기화를 천명한 1981년 1월, 두바이유는 39달러라는 정점에 도달했다. 그러다가 1981년 10월, 34달러 선에서 단일화되었다. 1978년의 12달러 70센트에서 무려 168% 오른 것이다 .

　2000년 이후에도 여러 차례 유가가 급상승하면서 제3차 유류파동이 오는 것이 아니냐는 염려가 일었다. 국제유가는 2008년 7월 5일, 배럴당 146달러를 돌파해 최고치를 나타냈다. 2014년 7월까지도 배럴당 100달러를 웃돌았다. 그러나 이후 하락세를 보여 2016년 초에는 배럴당 20달러 선으로까지 급락했다. 이는 미국에서 셰일오일이 2014년부터 등장하고 이에 따른 미국과 사우디아라비아의 석유 패권 충돌로 벌어진 치킨게임으로 발생한 현상이었다.

　그러나 2018년 들어 산유국들이 공급물량을 조절함으로써 유가는 다소 상승해 배럴당 60~80달러 선을 회복했다. 이후 2019년부터는 경기둔화로 수요가 줄어들고, 공급은 미국을 중심으로 늘어나면서 유가는 또다시 크게 하락했다. 다만 우크라이나 전쟁과 OPEC의 감산 조치 등의 요인으로 크게 오르던 유가가 최근 세계경제가 불투명해지면서 또다시 하락하는 모습을 나타내고 있다. 2024년 11월 기준 배럴당 70달러대 중반에서 등락하고 있다. 물론 현재 진행

WTI 국제유가 선물가격 추이(달러/bbl)

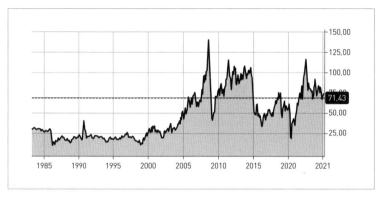

중인 이스라엘과 팔레스타인 전쟁의 향방은 향후 유가 움직임의 중요한 변수가 될 것이다.

　에너지를 무기로 한 자원전쟁은 지금도 벌어지고 있다. 2022년 초 러시아가 우크라이나를 침공하자 미국을 비롯한 서방 선진국들은 러시아에 대해 금융제재, 교역 중단 등의 강력한 조치를 발동했다. 이에 러시아는 천연가스를 무기로 삼아 반격했다. 유럽연합 소속 27개국은 그동안 러시아로부터 수요의 약 40%에 달하는 천연가스를 수입·사용해왔다. 그런데 2022년 12월, 러시아가 유럽 가스관을 봉쇄해버리자 천연가스 가격이 폭등하면서 유럽경제는 치명상을 입게 되었다. 이후 그 후유증은 세계로 확산되었고, 지금도 여전히 벗어나지 못하고 있다.

🏔 에너지에서 광물로 전환되는 자원전쟁 추세

한편 글로벌 친환경 정책이 확산하고 산업구조가 IT 등 첨단산업 위주로 바뀌면서 자원전쟁의 주 대상 분야는 기존의 에너지에서 광물로 전환되는 추세를 나타내고 있다. 이제 첨단기술 제품의 핵심 원자재가 되는 광물에 대한 접근 가능성이 글로벌 기업들의 경쟁력을 결정짓는 요소로 부상했다. 특히 첨단산업용 희유금속과 관련된 각축전은 가히 전쟁을 방불케 한다.

그런데 이 광물자원전쟁의 중심에는 중국이 서 있다. 중국이 다양한 광물 패권을 쥐고 있기 때문이다. 미국이 조사한 자료에 따르면 서방 국가들에 필요한 전략 자원들의 65%가량을 중국이 쥐락펴락하는 것으로 알려져 있다. 더욱이 중국은 희귀 광물 대부분의 제련시설을 장악하고 있다. 이들 광물의 가공제련 과정에서는 많은 중금속과 매연이 발생한다. 이에 환경규제가 심한 선진국들은 제련시설 설치를 회피하는 상황이 되었다.

따라서 아무리 중국 이외의 지역에서 새로운 탄광을 발굴해 원광석을 캐내더라도 가공처리를 하려면 중국의 신세를 지지 않을 수 없는 구조다. 다시 말해 그만큼 중국의 광물통제권이 막강해진 것이다. 그런데 문제의 심각성은 중국이 보유한 광물 패권을 경제전쟁의 지렛대로 자주 활용한다는 점이다. 특히 반도체·배터리·에너지 분야에 필수적인 희토류와 리튬 등 핵심 광물 확보에 비상이 걸렸다.

희토류(稀土類, rare earth metal)는 희유금속의 한 종류인데, 말 그대로 '희귀한 흙'이라는 뜻이다. 희토류는 하나의 광물이 아니고 란타넘(La), 세륨(Ce), 프라세오디뮴(Pr), 네오디뮴(Nd), 프로메튬(Pm) 등 17개 원소를 합쳐서 가리키는 용어다. 이들 원소는 세계적으로 매장량이 적어서 매우 희귀하다. 더욱이 채굴과 정제 과정이 복잡 난해하고 막대한 화학물질 투입으로 환경오염 문제가 발생함에 따라 친환경 정책을 추구하는 대다수 선진국은 희토류를 직접 생산하지 않고 있다.

희토류는 열과 전기가 잘 통하기 때문에 전기전자·촉매·광학·초전도체 등에 쓰인다. 실제로 전기자동차, 풍력발전 모터, 액정표시장치(LCD) 등의 핵심부품이다. 그런데 매년 전 세계가 소비하는 희토류의 약 90%를 중국이 공급하고 있다. 이런 환경 덕에 희토류는 중국의 산업과 외교에 유용한 자원이 되었다. 희토류를 국가전략자원으로 관리하면서 매년 채굴량을 통제하고 수출을 줄이기 시작한 것이다.

중국은 2010년 센카쿠열도 문제로 일본과 분쟁을 겪을 때 희토류 수출 중단 카드를 꺼내 들었다. 당시 일본은 억류했던 중국 어선 선장을 석방하며 백기를 들었다. 2018년에도 미국이 관세인상과 화웨이 제재 등 무역전쟁을 일으키자 중국은 희토류 보복 카드를 만지작거리기 시작했다. 희토류는 각종 전자제품, 스마트폰, 전기차, 군사장비 제조에 필수 원료로, 중국이 수출을 중단할 경우 미국은 커다란 타격을 입게 되기 때문이다. 그리고 2024년 미·중 무역전쟁이 재점화되면서 이 카드가 또다시 등장했다.

리튬(lithium)은 원자번호 3번의 원소(Li)로 유리와 세라믹의 열 저항을 증가시켜 여러 산업에 활용되고 있다. 현재 가장 주목받는 산업적 활용처는 배터리 분야다. 향후 전기차 시장의 빠른 성장에 따라 리튬 수요도 대폭 증가할 것으로 전망되면서 '하얀 석유' 또는 '백색 황금'으로 불리고 있다. 중국은 자체 리튬 생산량이 세계 16% 선에 그치지만, 대규모 해외 광산 투자와 제련·정제 공정 부문에서 높은 점유율을 확보하고 있다. 이에 세계시장에서 리튬 거래도 주로 중국 위안화로 이뤄지고 있다. 이로써 중국은 전기차 배터리 시장을 장악했다. 중국의 CATL과 BYD는 세계 전기차 배터리 시장에서 1~2위를 달리고 있다.

중국은 자원 무기화 대상을 기존의 리튬·희토류뿐 아니라 점차 니켈·코발트·흑연·갈륨·게르마늄·보크사이트 등으로 확대하고 있다. 2023년 8월부터 미국의 반도체 규제에 맞대응해 반도체 공정에 필수적인 갈륨(gallium)과 게르마늄(germanium) 관련 제품들을 수출제한 대상으로 지정한 것도 이런 전략에 따른 것이다.

이러한 중국의 자원 무기화 전략이 먹혀들자 남미, 아프리카, 아시아의 자원 부국들도 이에 가세하는 움직임을 나타내고 있다. 이들은 광물 수출통제, 채굴권 독점, 자국 내 가공 등 고부가가치 생태계를 구축함으로써 자원 부국으로서 전략적 위상을 극대화하고 있다. 특히 아시아 최대 자원 부국인 인도네시아는 2020년부터 전기차 배터리 제조에 투입되는 핵심 광물의 하나인 니켈을 원광 형태로 수출하는 것을 금지했다. 아울러 2023년에는 알루미늄 원료인 보크사이트 원광 수출을 중단했고, 이를 계속 주석과 구리, 금 등 다른 광물들로 확대하고 있다.

이처럼 자원전쟁은 전 세계적으로 확대되는 추세이며 우리나라도 이 전쟁의 피해를 제대로 보고 있다. 일본은 우리나라 수출의 핵심 품목인 반도체에 타격을 주려고 2019년 7월, 반도체 실리콘 웨이퍼(silicon wafer) 제조 공정의 중요 자재인 불화수소를 수출 규제품목으로 지정했다. 또 중국은 2021년에 이어 2023년 9월에도 디젤 엔진 자동차 구동에 필수적인 요소 수출을 통제함으로써 물류대란 우려를 낳았다.

⛰ 자원공급의 안전망 구축 노력 강화

이런 상황에서 미국과 유럽연합은 자원공급의 안전망을 구축하려는 시책을 내놓았다. 미국은 2022년 '인플레이션 감축법(IRA; Inflation Reduction Act)'을 제정해 전기차 배터리의 핵심 자재인 리튬, 코발트, 니켈 등 광물은 2023년 40% 이상에서 시작해 2027년에는 80%로 높여 미국 또는 미국과 FTA를 체결한 나라에서 조달하도록 하고 있다. 유럽연합도 2030년까지 제3국산 전략적 원자재 의존도를 65% 미만으로 제한하는 '핵심원자재법(CRMA; Core Raw Materials Act)'을 제정해 2024년 5월부터 시행 중이다.

우리도 이처럼 갈수록 고조되는 글로벌 자원전쟁에 대응하는 방안을 전략적으로 마련·추진해야만 한다. 이를 위해서는 무엇보다 자력으로 에너지와 주요 광물 공급이 불가능한 수입국이기에 이들의 안정적 공급원 확보가 필수과제다. 즉 광물 수입선 다변화와 자원 생산국과의 관계 증진 노력을 강화해야 한다는 것이다. 아울러 자원 절약, 재활용률 증대, 기술개발로 새로운 대체 원료를 찾아야만 한다.

이와 함께 미국을 비롯해 세계 각국이 비용을 부담하더라도 자국 내 생산을 추진하는 상황에서 국내 생산 여건을 조성하는 것도 중요하다. 다만 녹색경제 이행 또한 필수과제이기에 국내 제련설비 확충은 쉽지 않은 과제일 것이다. 결국 우리는 자원의 안정적 공급이라는 과제와 환경정책을 균형 있게 추진해야만 한다.

국가안보와도 연계된 글로벌 공급망 재편

선진국은 국내 산업 활성화와 일자리 창출을 위해 본국으로 생산시설을 옮기는 공급망 재편을 추진해왔다. 코로나와 지정학적 위협은 이를 더 가속화하면서 국가안보 개념과도 연계되었다. 다만 중국을 완전히 배제하는 디커플링(decoupling)에서 위험 요인을 제거하는 디리스킹(de-risking)으로 전환했다.

🏛 '오프쇼어링'에서 '온쇼어링'으로

글로벌 공급망(Global Supply Chain)은 제품 생산을 위한 원재료의 조달부터 완제품의 최종 소비에 이르는 재화나 서비스 그리고 정보의 연결망을 뜻한다. 세계경제와 교역은 이로써 생산의 분업화, 비용 절감과 효율성을 극대화할 수 있다. 지난 수십 년간 세계화와 자유무역 체제 아래 글로벌 공급망은 크게 확장되었다. 특히 2001년 WTO에 가입한 중국은 이 과정에서 저임금을 바탕으로 세계의 공장 역할을 해왔다. 그 결과 다른 나라의 경제 운용이 중국에 매우 밀접해지거나 의존하는 경향마저 보이게 되었다.

　과거 선진국 기업들은 인건비 상승 등 고비용 문제를 해결하려고 인건비가 비교적 저렴한 중국·인도 등 개도국으로 생산기지를 이전했다. 여기서 '오프쇼어링(off-shoring)'이라는 개념이 생겨났다. 하지만 이후 신흥시장국의 임금 상승으로 이곳에서도 비용 문제에 직면하자 다시 기지를 본국으로 이전하는 리쇼어링(reshoring) 내지 온쇼어링(onshoring)이 활발해지게 되었다. 즉 지난 수십 년 동안 세계화 기조 속에서 각국은 자동차와 가전 등 주요 제품을 저렴한 비용으로 생산해왔지만, 이제는 상황이 달라진 것이다.

특히 이 같은 움직임은 2008년 글로벌 금융위기 이후 극심한 경기침체와 실업 사태에 직면한 많은 선진국에서 국내 경제 활성화와 일자리 창출을 목적으로 활발히 추진되었다. 더욱이 코로나19 팬데믹과 우크라이나 사태와 같은 지정학적 위험성 증가 요인 등은 이런 분위기를 한층 더 고조해놓았다.

미국을 비롯한 주요 국가들은 이제 '가장 싸고 쉬운 공급망(Just in Time)'보다 '가장 안전하고 확실한 공급망(Just in Case)'에 더 역점을 두고 있다. 그리고 공급망 개선과 글로벌 가치사슬 재편 작업에 나섰다. 글로벌 가치사슬(Global Value Chain)은 생산에서 최종 소비자에게 도달하기까지 기업이 수익을 극대화하려고 단계별로 최적화된 가치를 추구하는 것을 말한다.

그런데 각국은 공급망 재편의 주 초점을 제조업 생태계 복원에 두고 있다. 이는 제조업이 부가가치와 일자리 창출에 크게 이바지하는 국가의 기반산업이기 때문이다. 또 제조업은 산업연관 파급효과도 커서 여러 산업활동이 함께 어우러지는 산업생태계의 주춧돌 역할을 한다. 연구개발, 설계, 디자인, 마케팅 등 이른바 선진국형 기술집약적 고부가 서비스산업도 제조업 없이는 존재할 수 없다. 나아가 제조기반은 기술혁신을 위한 지식축적의 기반으로도 중요한 역할을 한다. 미국이 '인플레이션감축법(IRA)'과 '반도체법(CHIPS법)' 제정으로 제조업 생태계 복원을 노리는 것은 대표적 사례라 할 것이다.

공급망 재편의 전략으로는 다양한 방안이 동원되고 있다. 본국으로 생산시설을 옮기는 온쇼어링은 리스크를 제거하는 가장 확실한 방법이다. 그래서 미국을 비롯한 서방 국가들 대부분은 온쇼어링에 역점을 두고 있다. 그러나 이 경우 비용부담이 급격히 커질 수 있다는 현실적 난점이 따른다. 이에 현실적 대안으로 떠오른 것이 니어쇼어링과 프렌드쇼어링 전략이다.

니어쇼어링(nearshoring)은 오프쇼어링과 온쇼어링의 중간 형태로, 기업이 본국과 가까운 지역에서 생산·서비스를 제공함으로써 운송비와 시간을 절약하고, 본국의 노동력과 자원을 활용할 수 있다는 장점이 있다. 그러나 자국의 고용창출을 포기해야 하고, 현지의 노동 비용이 원거리 아웃소싱(outsourcing) 비용보다 높을 수 있다는 단점도 있다.

프렌드쇼어링(friend-shoring)은 우호국이나 동맹국들과 공급망을 구축하는 것을 말한다. 코로나19 유행과 러시아의 우크라이나 침공 등으로 글로벌 공급망이 위기를 겪자 미국의 주도 아래 프렌드쇼어링이 적극 추진되고 있다. 중국과 러시아를 공급망에서 배제하고, 유럽연합과 아시아·태평양 지역 등 동맹국들과 공급망을 구축해 상품을 안정적으로 확보하고자 반도체, 주요 광물 등의 분야에서 중점적으로 이뤄지고 있다.

🏛 '디커플링'에서 '디리스킹'으로

이처럼 미국이 글로벌 공급망 재편 전략을 강력히 구사하게 된 배경은 다음과 같다. 중국은 WTO 체제에서 글로벌 공급망을 확고히 구축하면서 세계경제에 미치는 영향력을 크게 키워놓았다. 미국에 이어 제2의 경제대국으로 올라섰고, 조만간 미국을 능가할 태세까지 보이게 되었다. 특히 2050년까지는 미국을 추월하겠다는 '중국제조 2025' 로드맵을 제시하기에 이르렀다. 이후 미국은 중국을 전략적 이익에 위협적 존재로 인식하게 되었다. 이에 미국은 중국을 견제하려고 무역전쟁을 선포하는 한편 글로벌 공급망 재편 전략을 동시에 꺼내 들었다.

특히 미국 트럼프 행정부는 공급망 재편 전략을 본격화하면서 국가안보 개념과 연계했다. 2017년 12월 발표된 국가안보전략(National Security Strategy) 보고서는 "경제안보가 곧 국가안보(economic security is national security)"임을 언급하며, 미국의 경제발전이 곧 미국의 국가안보와 직결됨을 명시했다. 미국의 대외 안보·경제 외교정책에서 중국을 배제하는 전략인 '디커플링(decoupling)'이 본격화된 것도 이 무렵이다.

바이든 대통령 또한 중국에 대한 디커플링 기조를 이어갔다. 중국산 전기차 배터리 부품을 사용할 경우 불이익을 주는 '인플레이션감축법(IRA)'을 제정한 것이 대표적인 예다. 한국·일본·대만과 반도체 공급망 협의체인 '칩(CHIP)4'를 통한 공급망 재편에도 주도적으로 나서고 있다. 미국 정부의 지원을 받은 기업이 중국과 협력하는 것을 막기도 한다. 또 수입 규제와 관세 폭탄, 투자 제한과 금융제재 등으로 공급망을 강하게 통제하고 있다.

이런 상황에서 대안적 아시아 공급망(Alternative Asia Supply Chain), 즉 '알타시아(Altasia)'가 주목받고 있다. 이는 중국을 대체할 수 있는 생산기지로 중국을 감싸고 있는 14개국을 지칭하는 말이다. 한국, 일본, 대만, 필리핀, 베트남, 브루나이, 말레이시아, 싱가포르, 인도네시아, 라오스, 캄보디아, 태국, 방글라데시, 인도 등이 포함된다. 2023년 기준 알타시아 14개국의 대미 수출액은 총 7,520억 달러로, 중국의 대미 수출액 4,272억 달러를 넘어섰다.

하지만 중국과의 디커플링에 대한 압박을 강화하는 미국의 전략은 현실적 장벽에 부딪히게 되었다. 프랑스와 독일 등 유럽 국가들이 미국에 비협조적 태도를 보였다. 미국뿐 아니라 유럽 등 세계 각국은 글로벌 공급망과 관련해 세계의 공장인 중국에 상당 부분 의존하고 있다. 예를 들면 전기차 생산에 필수적인 리튬이온 배터리의 중국 수입 의존도는 70%에 이른다. 또 세계 최대 규모의 소비시장을 갖춘 중국의 존재감을 무시하기 어렵다. 즉 중국경제가 망가지면 중국의 소비시장이 망가지고, 이는 글로벌 수출시장에 직격탄이 되는 구조다.

그래서 나온 것이 '디리스킹(de-risking)' 전략이다. 디커플링이 기존의 글로벌 공급망에서 중국을 완전히 배제하는 개념이라면, 디리스킹은 위험 요인을 제거하는 데 초점을 맞춘 전략이다. 중국과 공생은 이어가되 안보에 영향을 줄 수 있는 핵심 부분은 배제하겠다는 것이다. 디리스킹을 국제무대에 처음으로 언급한 사람은 우르줄라 폰 데어 라이엔 유럽연합 집행위원장이다. 그는 2023년 3월, "중국과 유럽의 관계는 흑백이 아닌 만큼 중국을 완전히 배제하는 디커플링은 가능하지도 않고 유럽에도 이익이 되지 않는다. 중국 측과 외교적 노력으로 경제적 위험을 제거하는 디리스킹이 중요하다"라고 강조했다.

이후 2023년 5월 일본에서 개최된 G7 정상회의에서 이를 공식화했다. G7 정상들은 채택한 공동성명에서 "경제적 회복력과 경제안보를 위한 접근을 다각화, 국가 간 파트너십 심화, 디커플링이 아닌 디리스킹으로 조정한다"라고 합의했다.

🏛 미국 주도 아래 공급망 재편 가속화

이처럼 미국 주도 아래 공급망 재편이 추진되는 가운데 코로나와 지정학적 위협은 이를 한층 더 가속하는 요인이 되었다. 국제사회에 닥친 이러한 위기를 계기로 공급망의 취약성이 발견됨으로써 각국

정부는 공급망 안정화와 회복에 더 많은 관심을 두게 되었고, 이는 곧 공급망 재편으로 이어졌다.

먼저 2019년 말에 발생한 코로나 사태는 세계경제사회의 패러다임을 바꾸어놓았다. 바이러스 전염을 차단하고자 전 세계가 경제 봉쇄(shut down)를 본격화하면서 공급망이 크게 위축되었다. 이로써 급증하는 수요를 감당하지 못해 천연가스와 알루미늄, 목재 등과 같은 원자재와 중간재 가격이 전반적으로 급등해 인플레이션을 초래했다. 특히 팬데믹 이후 자동차 수요 부진을 예상한 차량용 반도체 업체들이 IT용 반도체 등으로 설비를 전환했다. 이후 2021년 초부터 차량용 반도체 공급 부족 현상이 심화하면서 세계경제 전체가 애로를 겪었다. 더욱이 코로나 방역과 검역 강화로 수출입 처리가 지연되고, 항만 노동자 부족으로 하역작업도 지체되었다.

지정학적 위협 역시 글로벌 공급망 의존의 위험성을 일깨워주며 평화로운 공급망 분업 체계를 붕괴했다. 2022년 초에 발발한 러시아-우크라이나 전쟁은 유럽경제에 큰 타격을 가했다. 러시아가 자신에 대한 서방 세계의 제재를 이유로 유럽으로 향하는 가스관을 봉쇄하면서 가스 가격이 무려 700% 올랐다. 또 자동차 촉매 변환기의 핵심 재료인 팔라듐 가격도 러시아가 수출을 제한함에 따라 무려 80%나 뛰었다.

파나마 운하 운행 제한도 지정학적 위협의 예가 된다. 2023년 하반기 파나마 운하가 가뭄으로 운하 수위가 지난 110년 역사에서 두 번째로 낮아졌다. 이로써 운하를 통과하는 선박의 중량이 제한되고 일일 운항 선박 수가 제한되면서 초래된 원유·광물·곡물 등 핵심 품목의 공급 제약과 가격 인상이 전 세계 경제를 강타했다. 극심한 기후변화를 감안할 때 정상으로 복귀 여부는 아직 불확실한 상황이다.

이렇게 볼 때 중국 견제 목적으로 시작된 글로벌 공급망 재편 움직임은 앞으로도 지속할 것으로 보인다. 우선 미국은 반도체 등 핵심 분야에서 중국과 연관된 수출통제나 제재에 대한 의지가 확고하다. 중국의 멕시코를 통한 자동차와 부품의 우회 수출도 금지할 예정이다. 유럽연합 또한 '핵심원자재법(CRMA)'과 '탄소중립산업법(NZIA)' 등 유럽판 IRA를 제정·시행하고 있다. 일본과 호주는 미국의 대중 견제정책에 협력하면서도 자국의 반도체와 핵심 광물산업 부흥 기회를 각기 모색하고 있다.

우리나라도 공급망 위협이 지속되자 「소재·부품·장비산업 경쟁력 강화를 위한 특별조치법(소부장특별법)」 개정, 「경제안보를 위한 공급망 안정화 지원 기본법(공급망기본법)」 제정, 「국가자원안보특별법(자원안보법)」 제정 등 공급망 3법을 마련했다. 공급망 3법의 주요 골자는 경제와 국민 생활에 필수적인 자원, 소재, 부품, 장비 등을 각각 '경제안보 품목' '공급망 안정 품목' '핵심자원'으로 지정해 정부 모니터링과 관리를 구체화한 것이다. 정부가 해당 품목의 비축·재고 확대, 수입선 다변화, 대체기술 개발, 국내 생산·해외자원개발 등을 정책적으로 지원한다. 정책을 원활하게 집행하려고 공급망 안정화 기금을 마련할 법적 근거도 마련했다.

한편 중국도 이에 상응하는 보복 조치를 예고하고 있으며, 공급망 지배력을 강화하고 무기화함으로써 대응할 것으로 보인다. 중국은 서방국의 중국 디커플링과 디리스킹 전략에 맞서 '쌍순환(雙循環) 전략'을 내세웠다. 즉 국내 내수시장을 확대하고 독립적인 공급망을 구축해 국내외 경제순환을 촉진하겠다는 방침이다. 국내순환은 제조업 핵심 장비·부품의 자급자족 실현으로 독자적 공급망 구축을 강화한다는 전략이다.

그리고 국제순환은 기술 고도화를 통한 고부가가치 상품 수출 확대를 강조한다. 이를 위해 외자기업에 대해 중국 증시 상장, 정부조달 시장 참여, 토지 사용 혜택 등 투자지원책을 내놓고 있다. 또 해외 자회사·합작사 설립 등의 방식으로 미국 시장 우회 진출을 시도하는 중국 기업도 늘고 있다. 아울러 희토류와 리튬 등 핵심 원자재의 서방국 수출통제 카드를 활용하기도 한다.

AN ECONOMIC WAR

세계경제의 주도권은 실물에서 점차 돈의 흐름, 즉 금융으로 전환하고 있다. 제조업에 경쟁력이 있더라도 금융이 제대로 뒷받침되지 않으면 경제가 원활히 돌아가지 않기 때문이다. 이에 세계 각국은 자국 통화의 국제위상을 높이고 종국적으로는 기축통화가 되기를 꿈꾼다. 중국 경제의 부상과 함께 위안화의 위상이 크게 높아진 반면 달러 패권의 위세는 상대적으로 약해졌다. 그러나 달러는 풍부한 유동성, 환금의 안정성과 신뢰성을 보여주면서 여전히 기축통화의 지위를 굳건히 지키고 있다.

3장

통화 패권: 전쟁의 핵심 도구는 '통화'

실물패권에서
금융패권으로

요즘 세계경제 주도권은 돈의 흐름, 즉 금융에 있다. 제조업이 경쟁력을 가지고 있다고 해도 금융이 제대로 뒷받침되지 않으면 경제가 원활히 돌아가지 않기 때문이다. 다만 지나친 금융만의 성장도 경제위기를 키운다. 이에 국제사회에서는 국제통화 질서와 체제 개편 문제를 논의하고 있다.

🏛 금융에 의한 세계경제 지배전략

흔히들 금융을 경제의 혈맥이라고 한다. 금융이 원활하지 못하면 경제가 동맥경화증에 걸리기 마련이다. 다시 말해 제조업이 아무리 강력한 경쟁력을 가지고 있다고 하더라도 금융이 제대로 받쳐주지 않으면 경제가 원활히 돌아가지 않는다는 뜻이다. 미국과 일본 경제의 부침에서 이를 잘 알 수 있다.

1980년대까지만 해도 제조업 강국이던 일본은 세계제패의 꿈을 키웠다. '21세기 일본의 시대' 또는 '일본제일(Japan as Number One)'이라는 말이 유행어가 되었다. 그러나 1990년대 들어 일본의 영향력은 급격히 축소되었다. 당시 일본이 이처럼 패권 경쟁에서 뒤떨어지게 된 이유는 경제력의 중심이 제조업에서 금융으로 옮겨가는 패러다임 시프트(paradigm shift)에 적절히 대응하지 못했기 때문이라는 분석이 있다.

미국은 1970년대 들어 그전까지만 해도 세계 최강을 자랑하던 제조업의 경쟁력이 약화하기 시작했다. 그 자리를 일본에 넘겨주게 된 것이다. 이후 미국은 무역수지가 적자로 돌아서고 갈수록 적자 규모가 커지게 된다. 특히 일본과 무역수지 적자가 심각했다. 미국은 특단의 대책을 마련하기로 했다. 다름 아닌 달러 약세로 제조업의 경쟁력을 회복하고 아울러 무역수지도 개선하는 것이었다.

이를 위해 미국은 1985년 '플라자합의'를 도출했다. 그러나 이 구상은 결과적으로 실패했다. 일본과 독일 등 무역흑자를 보이던 나라의 통화를 대폭 절상하고 달러 약세를 꾀했지만, 미국의 무역수지는 개선되지 않았다. 저달러 정책은 무역수지 개선에 도움이 안 되고, 오히려 외국인 투자에 방해가 되었다. 또 엔고 현상으로 수입 일본 제품의 물가가 높아져 미국인들 생활에 고통을 주었다. 미국경제에는 제조업의 기술력과 서비스산업 경쟁력 약화 등 근본적인 문제가 있었다.

결국 미국은 플라자합의 10년 만인 1995년, G7 재무장관 회의에서 엔고 쇼크를 해소한다는 명분으로 '역(逆)플라자합의'를 도출한다. 이는 무역수지 개선은 포기하고, 그 대신 자본수지 개선을 목표로 하는 것이다. 이를 위해 달러 강세를 유도하는 승부수를 던졌다. 정책 작동 메커니즘은 강달러에 몰린 자본을 유치해 자본수지 흑자를 달성함으로써 결과적으로 종합수지 균형을 이루는 효과를 거두게 된다는 것이다.

이것이 바로 '루빈 독트린(Rubin doctrine)', 즉 당시 로버트 루빈(Robert Rubin) 미국 재무장관의 금융에 의한 미국의 세계경제 지배 전략의 골자다. 다시 말해 통상을 통한 문제해결 방식을 버리고, 금융으로 세계의 주도권을 행사하겠다는 정책 전환이었다. 이는 세계 경제의 주도권은 돈의 흐름, 즉 금융에 있다는 것을 뜻한다.

이후 이 전략은 세계화·자유화라는 신자유주의 사조와 맞물려 착실히 진행되었고 대성공을 거두게 된다. 새로운 금융상품과 금융기법이 쏟아져 나왔다. 선물(futures), 옵션(option) 등 각종 파생상품, 사모펀드(Private equity fund)와 헤지펀드(Hedge fund) 등이 그 예다. 또 미국의 글로벌 투자은행(IB; Investment Bank)들이 금융에 의한 세계지배 전략의 전면에 나섰다. 그 결과 미국의 상업금융기관들이 몰려 있는 뉴욕은 영국 런던을 제치고 세계 금융시장의 중심으로 우뚝 서게 되었다.

특히 당시 미국 연방준비제도이사회(FRB) 의장이던 앨런 그린스펀은 이러한 추세를 적극적으로 뒷받침했다. 그는 연이어 금리를 인하하고 돈을 풀었다. 다행히 당시 중국이 생필품들을 값싸게 공급했기에 인플레 걱정도 없었다. 이른바 저물가 속 고성장이라는 '골디락스(goldilocks)' 경제를 즐기고 있었다.

이처럼 금융지배 전략의 성공으로 미국 금융산업은 막강한 경쟁력을 갖추고 발전하게 된다. 아울러 막강한 자본력의 뒷받침으로 IT

기업들의 급속한 성장 발판까지 조성되었다. 이 과정에서 미국 달러는 다시금 안정적으로 기축통화 지위를 유지할 수 있게 된다. 세계 경제 또한 금융과 실물의 통합성이 높아지는 등 긍정적 효과를 거두게 된다.

🏛 금융자본주의의 부작용과 글로벌 금융위기

그러나 시간이 흐를수록 여러 가지 탐욕적인 부작용이 더 두드러지게 나타나기 시작했다. 첫째, 금융 부문의 과도한 팽창이 자본주의의 불안정성을 높이는 요인으로 작용하고 있다는 점이다. 특히 급격한 자본이동과 환율 변동성의 증대는 국제금융 질서를 더욱 불안정하게 하고 균형을 흐트려놓았다.

이제 전 세계는 시시각각 변하는 환위험에 노출되어 있으며, 이러한 리스크를 헤징하고자 선물이나 옵션 등 수많은 파생상품이 만들어져 나오게 되었다. 그리고 단기차익의 극대화를 노린 헤지펀드나 사모펀드는 극심한 투기성을 추구했다. 하루가 멀다고 쏟아져 나오는 이러한 신종 금융상품들로 자본의 이동성은 한층 더 커졌고, 이로써 1990년대 후반 아시아 지역에서 발생한 외환위기가 세계적 위기로 확산했다.

암호화폐의 등장도 금융위기를 초래할 가능성을 증폭하고 있다. 새로운 글로벌 화폐인 암호화폐는 기존의 금융체제를 송두리째 부정하며 탄생했다. 은행이 더는 필요하지 않으며 중앙은행의 발권력도 인정하지 않는다. 이제 스마트폰만 있으면 은행을 통하지 않고도 송금과 결제를 할 수 있다. 이로써 기존은행 시스템은 붕괴할 우려에 직면했다.

둘째, 투기적 금융자본이 거두는 막대한 이익이 국제사회에서 부의 양극화를 더욱 심화하고 경제사회의 불안정성을 높이는 요인이 되고 있다는 것이다. 즉 이 시절에 확산·누적된 대기업과 부자의 탐욕, 승자독식 메커니즘 등은 심각한 양극화 현상과 각종 사회 부조리를 양산하는 후유증을 낳았다. 나아가 외환이나 선물시장의 유동성을 높여 원자재가격의 폭등이나 외환 가치의 변동 등으로 산업생산에도 심각한 영향을 미치고 있다.

이런 상황에서 2008년에는 또다시 글로벌 금융위기가 터진다. 이번 위기는 과거처럼 이머징 마켓(Emerging Market)이 아니라 달러라는 기축통화를 무기로 금융자본주의를 주도해나가던 미국이 그 진원지가 되었다. 당시 금융권 지배세력에 불만을 품은 군중은 '월가를 점령하라!(Occupy Wall Street!)'는 기치를 내걸고 봉기했다. 그들은 대기업과 금융자본의 탐욕, 사회 부조리를 시정하려고 가진 자들이 솔선수범할 것을 강력히 요구했다. 또 시장 논리에 근거해 고삐가 풀렸던 금융산업에 대한 규제를 강화하고 대기업의 탐욕을 억제하는 적극적인 정책을 펴라고 요구했다.

셋째, 실물경제의 뒷받침이 없는 지나친 금융만의 성장도 위기를 키운다는 점이다. 금융시장이 아무리 활성화해도 실물시장에서 그

것을 받쳐주지 못한다면 이는 거품에 지나지 않는다. 즉 실물경제의 성장 없는 금융 부문만의 확장은 언제 터질지 모르는 폭탄이라는 것이다. 이를 의식해 글로벌 금융위기 이후 미국 정부는 제조업의 경쟁력을 강화하는 다양한 시책을 마련해 추진 중이다. 해외에 나가 있던 자국 기업을 다시 불러들이는 리쇼어링, 전기차와 반도체 산업 등 자국 제조업에 세금지원을 강화하는 법안인 'IRA'와 'CHIPS' 등이 바로 그것들이다.

🏛 국제통화 질서와 체제 개편

이후 국제사회에서는 국제통화 질서와 체제 개편 문제를 광범위하게 논의하고 있다. 논의의 핵심은 달러 기축통화체제의 불안정성을 줄이는 방안을 도출하는 것이다. 이를 위해 급격한 자본이동의 방지와 단기 외환시장의 변동성을 줄이려는 노력을 강화하고 있다. 아울러 금융기관의 자본 건전성을 높이는 등 국제금융 시스템의 안전망을 강화하는 노력도 기울여 나가고 있다.

　그런데 이보다 더 중요한 것은 금융기관 스스로 일상의 업무추진 과정에서 사고가 나지 않도록 내부통제 기능을 강화해야 한다는 점이다. 즉 위기 요인들을 항상 모니터링하고 문제의 소지가 있으면 즉시 치유해야 한다. 이는 금융의 가장 중요한 키워드가 다름 아닌 '신뢰(Trust)'이기 때문이다. 날이 갈수록 금융회사의 평판은 더욱 중요해지고 있다. 따라서 금융기관은 잘못된 정보가 퍼져가는 상황에서도 안전하다는 인식을 고객들에게 남겨야 할 책무가 있다. 이것이 그동안 겪은 여러 차례 금융위기 과정에서 배운 중요한 교훈이다.

끝으로 금융과 실물경제의 균형 있는 발전을 기하는데도 더 많은 정책적 노력을 기울여야 한다. 양 부문이 균형 있게 발전해야만 지속적인 경제발전을 기할 수 있을 뿐 아니라 양극화 문제 완화에도 도움을 줄 수 있기 때문이다. 그렇지 못하면 경제사회의 불확실성을 키워 또 다른 큰 위기를 초래할 수 있다.

기축통화로서 달러, 그 혜택과 어려움

기축통화는 세계적으로 통화 신뢰성이 높으면서 유통량이 충분해야 한다. 이 조건을 가장 잘 충족하는 통화가 현재로서는 미국의 달러다. 기축통화국은 여러 혜택을 누리지만 어려움 또한 크다. 무엇보다 무역적자를 감수해야만 그 역할을 수행할 수 있다. 이것이 '트리핀의 딜레마'다.

🏛 기축통화의 개념과 역할

2008년 글로벌 금융위기 이후 미국은 경제회복을 위해 6년 동안 '양적완화'라는 이름 아래 약 4조 5천억 달러의 자금을 살포했다. 경제 논리에 따르면, 양적완화 시책으로 달러가 증발하면 달러 가치가 하락하게 되지만 현실은 그렇지 않았다. 오히려 위기의 순간에는 안전자산을 선호하는 심리가 확산해 달러 가치가 안정되거나 오르기까지 했다. 또 2014년 10월 양적완화를 종료하자 신흥국 시장들은 출렁거렸다. 즉 그동안 신흥국 시장에 유입되었던 외국인 투자자금들이 썰물처럼 빠져나가기 시작한 것이다. 왜 그랬을까? 그 이유는 바로 미국 달러가 기축통화이기 때문에 그렇다.

'기축통화(key currency)'는 국제결제나 금융거래의 기본이 되며, 금과 동격으로 국제사회에서 널리 사용되는 통화를 뜻한다. 이 기축통화의 가장 큰 역할은 무엇보다 세계무역을 촉진하는 데서 찾을 수 있다. 이는 국제무역의 결제는 대부분 기축통화로 이뤄지기 때문이다. 그러나 기축통화는 단순히 무역거래에서 쓰이는 것만을 말하는 게 아니다.

세계적으로 통화 신뢰성이 높으면서 유통량이 충분해야 기축통화라 할 수 있다. 또 기축통화는 전 세계 중앙은행의 준비금으로 사용되어 글로벌 금융시스템에 안정성과 보안을 제공한다. 아울러 기축통화는 개인과 기업의 가치 저장소 역할도 한다. 즉 이들 각 경제 주체는 자신이 보유한 자산이 인플레이션과 기타 경제적 위험에 노출되는 것을 억제하려고 포트폴리오 차원에서 안전한 기축통화를 보유한다는 것이다.

그러면 기축통화가 되는 조건은 무엇일까? 기축통화는 전 세계 어디서도 거래할 수 있어야 하고, 많은 금을 보유해 높은 가치 담보성을 지녀야 하며, 전 세계에서 일어나는 모든 경제활동을 원활히 뒷받침하는 풍부한 유동성을 공급할 수 있어야 한다는 조건들을 동시에 충족해야 한다.

좀더 구체적으로는 첫째, 통화가 자유 교환성(free convertibility) 내지 광범한 자유 대체성(free transferability)을 보유해야 한다. 둘째, 통화가치의 안정이 보장되고 국제적 신뢰가 두터워야 한다. 셋째, 국제결제통화로서 수요량과 공급량이 충분해야 한다. 넷째, 금융시장이 국제금융 중심지(financial hub)의 기능과 조직을 충분히 갖추어야 한다. 다섯째, 해당 통화 발행 국가의 군사력과 외교적 영향력이 커야 한다.

이러한 조건들을 가장 잘 충족하는 통화가 현재로서는 미국의 달러다. 또한 전 세계 어느 국가에서나 가치를 인정받는 금도 기축통화로 간주되고 있다. 아울러 유로화, 엔화, 파운드화를 준기축통화로 보기도 한다. 최근에는 중국 위안화도 기축통화의 지위를 노리고 있다. 그러나 이들은 아직 기축통화로 간주되기보다는 주요 무역 결제 통화로 보는 시각이 많다.

한편 기축통화가 되면 누리는 혜택과 함께 어려움도 겪게 된다. 우선 기축통화국이 누리는 장점과 혜택은 다음과 같다.

첫째, 대외균형에 얽매이지 않고 국내의 경제정책 목표를 추구할 수 있다. 이는 아무리 무역적자가 나더라도 우리나라가 IMF 외환위기를 겪었던 것과 같은 외환 부도를 걱정할 필요가 없다는 논리다. 이는 앞에서 기술한 양적완화 조치에서 잘 나타난다.

둘째, 기축통화 국가는 국제시장에서 낮은 차입 비용을 누리게 된다. 기축통화인 달러는 안정적 자산이기에 투자수요가 크다. 세계 대다수 국가는 달러를 보유하려고 한다. 특히 세계 2위와 3위의 경제대국들인 중국과 일본은 각기 7,674억 달러와 1조 1,878억 달러의 미국 국채를 보유하고 있다. 만일 기축통화인 달러화 가치가 폭락하면 이들은 엄청난 타격을 입게 될 것이다. 그래서 달러를 많이 보유한 달러 채권국들은 달러 가치의 폭락을 원하지 않는다.

이와 함께 세계경제에 위기가 닥치면 그나마 미국이 상대적으로 가장 빨리 위기를 타개할 것이라는 막연한 기대심리 그리고 달러의 위상이 흔들리면 국제금융 질서가 마비될 것이라는 우려 등도 달러 보유 수요를 높이고 있다. 이러한 달러에 대한 높은 수요는 결국 미국 국채에 대한 수요 증대로 이어진다. 높은 국채 수요는 국채 가격을 상승시키고 금리를 낮추게 된다. 이에 따라 미국의 정부와 기업, 가계 모두가 저금리로 자금차입이 가능하다는 것이다.

셋째, 기축통화국이 세계적 금융중심지로 부상하는 데도 도움이 된다. 즉 달러에 대한 수요가 대폭 늘어나면서 뉴욕은 런던을 제치고 세계 최대 금융중심지가 될 수 있었다. 이제 뉴욕 월가에는 완비된 은행조직과 어음 할인시장 그리고 세계 최대 증권거래소 NYSE(New York Stock Exchange)와 기술주 중심 거래소 나스닥이 존재하기에 세계의 자금들이 이곳으로 몰려들어 거래되고 있다.

넷째, 논란의 여지가 있지만 전 세계를 상대로 '시뇨리지'를 누릴 수도 있다. 국가권력은 화폐를 찍어내는 발권력을 가지고 있다. 이때 화폐의 액면 가치와 실제로 화폐를 만드는 데 들어가는 비용의 차액을 '시뇨리지(seigniorage)'라고 한다. 이는 결국 국가가 화폐를 찍어냄으로써 얻게 되는 이익을 뜻한다. 개별국가의 정부가 그 나라 국민에게서 시뇨리지를 거두는 것처럼, 기축통화는 세계경제 전체를 대상으로 시뇨리지를 거둘 수 있게 된다.

중국의 싱크탱크인 중국과학원은 2013년 발표한 「국가건강보고(國家健康報告)」라는 연구보고서에서, 미국이 전 세계 패권적 이익을 싹쓸이하며 이에 따른 최대 피해국이 중국이라고 주장했다. 그리고 패권적 이익이란 패권국이 세계적으로 짜놓은 패권구조에서 얻는 독점적이고 약탈적인 초과이익이라고 정의했다.

결과적으로 미국은 별반 노동 없이 이득을 취하는 반면 중국은 제조를 열심히 하지만 막상 노동자들이 손에 쥐는 것은 별로 없다는 것이다. 물론 이 보고서 내용에는 과장된 부분이 없지 않을 것이다. 그러나 달러가 세계의 기축통화로 운용됨에 따라 미국이 큰 이득을 챙기고 있다는 점만큼은 틀림이 없는 것 같다.

🏛 기축통화국의 혜택과 감내 비용

이처럼 기축통화국은 여러 가지 혜택을 누리지만 감수해야 하는 어려움 또한 만만치 않다. 무엇보다 기축통화는 무역적자를 감수해야만 그 역할을 수행할 수 있다는 점이다. 미국의 화폐인 달러가 세계의 기축통화로 사용되려면, 세계 각국에 달러가 충분히 공급되어야한다. 그러나 이 경우 미국의 무역적자가 불가피하게 된다. 이를 '트리핀의 딜레마(Triffin's dilemma)'라고 하는데, 한 국가의 통화를 기축통화로 채택했을 때 필연적으로 생겨날 수밖에 없는 진퇴양난의 상황을 뜻한다.

이는 미국 예일대학교의 로버트 트리핀(Robert Triffin) 교수가 제시한 이론으로 주요 내용은 이렇다. 미국이 경상수지 적자를 허용하지 않고 국제유동성 공급을 줄이면 세계경제는 크게 위축된다. 따라서 미국은 경상수지 적자를 감내하며 달러 유동성을 공급할 필요가 있다. 하지만 미국의 적자 상태가 지속하면 달러화 가치가 하락해 준비자산으로서 신뢰도가 추락하게 되고, 결국 고정환율제도의 붕괴로 이어진다는 것이다.

달러가 기축통화가 된 역사적 배경과 추이는 다음과 같다. 제1차 세계대전 전까지만 해도 금과 금에 가치가 연동된 영국의 파운드화가 세계의 기축통화 역할을 해왔다. 그러나 이후 영국의 경제력이 점차 쇠퇴하면서 기축통화로서 파운드화는 그 운명을 마감하게 된다. 그 대신 미국 달러화가 부상하기 시작했다. 제2차 세계대전 종전 직후 미국은 슈퍼 파워(super power)가 되었다. 당시 미국은 전 세계 GDP의 50%와 전 세계 금의 70% 정도를 보유하고 있었다.

이러한 경제력을 바탕으로 미국의 달러가 힘을 발휘할 수 있었다. 더욱이 강력한 군사력도 뒷받침되었다. 여기에 뉴욕은 이미 국제금융의 중심지 역할과 기능을 수행하고 있었다. 즉 완비된 은행조직과 어음 할인시장이 존재했기에 세계의 자금이 이곳에 몰려들어 거래되었다. 이러한 배경 아래 미국 달러화는 영국 파운드화를 밀어내고 새로운 기축통화로 등장하게 된다. 이를 확실하게 시스템적으로 뒷받침한 것이 '브레턴우즈 체제'다.

'브레턴우즈 체제'의 탄생과 붕괴

브레턴우즈 체제는 세계 각국의 통화가치를 달러를 기준으로 일정하게 유지하는 것이다. 기축통화인 달러의 가치는 금 1온스당 35달러로 정했다. 그러나 이 체제는 1971년 '닉슨 쇼크'를 계기로 끝나게 된다. 이후 금값을 자유화하고 금의 통화기능도 줄였다. 그 대신 특별인출권인 SDR을 창출했다.

🏛 달러의 기축통화를 공식화한 브레턴우즈 체제

제2차 세계대전이 끝나갈 무렵인 1944년, 주요 연합국 대표들은 전쟁 이후 세계경제 질서의 회복과 국제통화제도 재편 방향을 논의하려고 미국 뉴햄프셔의 브레턴우즈에서 회담하게 된다. 여기서 국제금융시스템을 유지하려는 체제인 '브레턴우즈 체제(Bretton Woods system)'가 출범했다. 또 세계 금융안정을 위해 브레턴우즈 체제 출범 직후 세계은행과 IMF가 설립되었다.

한편 무역장벽 제거·보호주의 방지를 위해 1948년부터 GATT(관세 및 무역에 관한 일반협정) 체제가 가동된다. 그리고 이 GATT가 더욱 확대되어 기존의 상품뿐 아니라 서비스, 지식재산권 등 모든 교역

분야에서 자유무역질서를 확립하려고 1995년 1월 새로이 WTO(세계무역기구)가 출범하게 된다.

브레턴우즈 체제 출범 당시 화이트 안과 케인스 안이 대립했다. 미국의 해리 화이트(Harry White)는 연합국 안정기금(United Nations Stabilization Fund)을 구상하고 있었고, 영국의 존 케인스(John Keynes)는 영국과 미국 중심의 국제청산동맹(International Clearing Union) 설립안을 마련하고 있었다. 이 두 안은 자유무역을 촉진하고 외환거래에 대한 각국 정부의 규제를 제한할 수 있는 국제기구를 설치해야 한다는 데는 의견을 같이했으나 그 구체적 방안은 당시 영국과 미국의 상충하는 이해관계를 반영해 적지 않은 차이를 내포하고 있었다.

다시 말해 케인스 안의 핵심은 새로운 국제통화를 발행해 달러의 지배적 위치를 견제하고 국제유동성의 탄력적인 공급을 도모함과 동시에 국제수지 불균형 조정책임을 적자국뿐 아니라 흑자국에도 부과한다는 내용으로, 당시 채무국인 영국의 처지를 반영한 것이었다. 반면 화이트 안의 핵심은 달러 본위제를 채택하는 한편 국제수지 불균형 조정책임을 적자국에 지운다는 내용으로, 채권국인 미국의 처지를 대변했다.

양안을 중심으로 2년간 논의한 끝에 1944년 4월, 화이트 안을 기본으로 케인스 안의 내용을 일부 반영한 '국제통화기금 설립에 관한 전문가의 공동성명(Joint Statement by Experts on the Establishment of an International Monetary Fund)'을 채택했다. 이어 같은 해 7월, 브레턴우즈에서 열린 연합국 통화금융회의에 참석한 45개 연합국 대표는 위 공동성명의 내용이 거의 그대로 반영된 국제통화기금 협정문(Articles of Agreement of the IMF)을 결의했다. 이후 1945년 12월 27일까지 동 협정의 발효 요건인 총쿼터의 80%를 넘는 29개국이 이를 비준함으로써 IMF가 정식으로 발족해 1946년 5월부터 업무를 개시했다.

이 브레턴우즈 체제의 핵심 내용은 세계 각국의 통화가치를 달러를 기준으로 일정하게 유지하는 것이었다. 그리고 기축통화인 달러의 가치는 금 1온스당 35달러로 정해졌다. 금을 기준으로 만들어졌으므로 변형금본위제이며, 미국 달러를 기준으로 한 고정환율제도이기도 하다. 아울러 이 체제를 안정적으로 운영해나갈 국제금융기관으로 세계은행(World Bank)과 국제통화기금(IMF)이 설립되었다.

🏛 브레턴우즈 체제의 붕괴 과정

브레턴우즈 체제의 출범으로 미국 달러는 기축통화의 지위를 지니게 되었고, 이를 바탕으로 세계경제는 비교적 순조롭게 흘러가게 되었다. 이에 미국의 리더십 아래 세상이 태평성대를 누린다는 이른바 '팍스 아메리카나'의 기치가 탄력을 받았다. 그러나 20여 년이 흐르는 가운데 체제가 지닌 태생적 한계의 허점이 적나라하게 드러났다.

무엇보다 고정환율제와 기축통화의 태생적 한계인 '트리핀의 딜레마'에서 비롯한 문제점이었다. 미국은 세계경제에 기축통화인 달러를 안정적으로 공급하는 과정에서 경상수지 적자가 눈덩이처럼 불어나게 되었다. 그래도 환율변경은 제대로 이뤄지지 않았다. 게다가 미국은 베트남전쟁에 필요한 돈을 충당하려고 달러를 계속 찍어냈다. 이로써 미국이 보유한 금의 4배나 되는 달러가 시중에 돌아다니게 되었다.

이런 상황에서 미국을 불신하게 된 프랑스를 비롯한 몇몇 국가에서는 달러를 금으로 바꿔달라고 요구했다. 그러나 그만한 금을 갖고 있지 않던 미국은 달러를 금으로 바꿔주지 않겠다는 금 태환 정지 선언을 하게 된다. 이것이 1971년에 있었던 '닉슨 쇼크'이다. 여기에 미국의 정치·경제적 사정까지 어려워지면서 브레턴우즈 체제는 1971년 '닉슨 쇼크'를 계기로 마침내 생을 마감하게 된다. 그리고 달러 가치는 폭락하게 된다.

이후 수차례에 걸쳐 브레턴우즈 체제에 대한 수정이 가해진다. 가장 먼저 도입된 '스미소니언 체제(Smithonian system)'는 금에 대한 미국 달러의 가치를 순금 1온스당 35달러에서 38달러로 평가절하하고, 환율체제는 고정환율제를 유지하되 ±2.25%의 환율변동을 허용한 일종의 관리변동환율제도였다. 1973년 2월에는 또다시 금 1온스당 38달러에서 42.23달러로, 10% 달러의 평가절하를 단행했다.

그러나 1973년 3월 19일 유럽공동체(EC) 6개국 등이 변동환율제를 시행함에 따라 스미소니언 체제도 출범한 지 1년 반이 못 되어 무너지고 말았다. 이후 달러와 금의 관계를 단절하면서 통화로서 금의 역할을 축소해나갔다. 그 대신 대외준비자산으로 특별인출권인 SDR(special drawing rights)을 창출했다. SDR은 국제통화 시스템의 보완 자산으로, 외환 부족 사태 시 회원국들이 보유 외환을 보충할 수 있도록 도와주는 역할을 한다.

이런 과정을 거치면서 브레턴우즈 체제는 붕괴했지만, 이후에도 달러는 기축통화 지위를 유지하게 된다. 미국은 금 태환을 대체하면 서도 자국 달러의 교환가치를 안정적으로 보장할 각종 국제정치·경 제의 시스템을 성공적으로 구축한 것이다. 우선 1974년 미국과 사 우디아라비아는 원유 결제 대금을 달러로 사용하는 협약을 체결하 면서 달러의 위상을 견고히 만들었다. 이는 기존의 '금-달러 본위제 (gold dollar system)'에서 '석유-달러 본위제(Petro dollar system)'로 전 환되는 것을 의미했다.

이후 미국은 플라자합의(Plaza Agreement)로 달러 약세를 유도했 다. 이는 1980년대 차순위 기축통화국 역할을 했던 일본, 독일 등과 다자간 환율 안정 협력을 추진해 브레턴우즈 체제의 태생적 한계이 던 트리핀의 딜레마를 해소하려고 시도한 것이다. 그러나 이것으로 도 미국의 무역수지는 개선되지 않고 오히려 외국인 투자에 방해가 되었다. 이에 미국은 플라자합의 10년 만인 1995년, 강달러를 근간 으로 하는 금융자본주의 전략을 추진하게 된다. 이는 무역수지의 개 선은 포기하고, 그 대신 강달러로 국제 자본의 유입과 자본수지 개 선을 도모하는 전략이다. 이 정책 노선은 성공을 거두어 지금까지도 유지되고 있다.

이러한 우여곡절을 거치면서 달러는 그동안 기축통화로서 역할과 위상을 굳건히 지켜왔다. 그러나 2020년대 들어서면서 달러의 위상이 크게 흔들리고 있다는 평가가 계속 나오고 있다. 물론 이에 대한 반론도 많다. 다만 이런 논의가 계속 나오는 것 자체가 달러의 위상이 예전과 달리 많이 약해졌다는 사실을 반영한 것이라 하겠다.

'페트로 달러' 체제의 구축과 위기

미국이 1974년 사우디아라비아와 국제원유거래 대금을 미국 달러로만 결제하게 하는 약속을 하면서 '페트로 달러' 체제가 구축되었다. 그러나 2010년대 중반 미국에서 셰일(shale)이 개발되면서 이에 금이 가기 시작했다. 더욱이 2020년대 양국 관계가 악화하면서 심각한 위협에 처해 있다.

🏛 '페트로 달러' 체제 구축과 달러 위상 강화

1971년 닉슨 쇼크 이후 흔들리던 달러의 기축통화 지위는 '페트로 달러(petro dollar) 체제'가 구축되면서 다시 안착하게 된다. 여태껏 공개시장에서 국제 원유는 오로지 미국 달러로만 거래되고 있다. 이는 1974년 사우디아라비아의 파이살(Faisal) 국왕과 미국의 헨리 키신저(Henry Kissinger) 국무장관이 제4차 중동전쟁으로 인한 오일쇼크를 해소하려고 비밀리에 맺은 비공식 계약에 근거한다.

닉슨 쇼크 이후 미국 달러의 가치는 바닥으로 추락했다. 금과 교환할 수 없게 되었을 뿐 아니라 미국 달러의 통화량은 정치·경제적 요인으로 계속 늘어날 수밖에 없는 구조였기 때문이다. 미국 달러화가 과잉 공급되면 미국 달러 가치가 하락해 구매력이 폭락하므로 기축통화 지위가 위협받을 수 있다. 미국은 닉슨 쇼크 이후 달러의 기축통화 지위를 지키려고 중동 오일쇼크를 계기로 세계 최대 산유국인 사우디아라비아와 거래해 달러의 가치를 다시 상승시키고자 했다.

미국의 강력한 군사력을 제공해주는 대신 오로지 미국 달러로만 원유를 결제하도록 하는 약속을 사우디아라비아로부터 받아낸 것이다. 이로써 국제 원유 거래대금을 오직 미국 달러로만 결제하도록 한 시스템, 즉 '페트로 달러' 체제가 안착된 것이다. 그 이전에는 세계 원유거래가 영국 파운드, 프랑스 프랑 등 다양한 통화로 이루어졌다.

사실 '페트로 달러' 체제는 사우디아라비아로서도 좋은 조건의 거래였다. 당시 미국은 세계 1위의 원유 수입국이었다. 또 달러화는 각국 중앙은행들의 외환보유고에서 70% 이상을 차지하는 기축통화로서 신뢰성을 여전히 보유하고 있었다. 더욱이 미국 덕분에 안보문제도 해결할 수 있었다.

'페트로 달러' 체제를 확실히 구축하려고 미국은 1975년 12월 '에너지 정책 및 절약법(Energy Policy and Conservation Act)'을 만들었다. 이로써 미국의 원유 수출을 금지해 국제원유시장에서 아예 미국산 원유를 빼버렸다. 그렇게 사우디아라비아에 막대한 원유 수출 이익을 몰아준 미국은 페트로 달러로 세계 원유시장을 통제하는 것은 물론, 세계 기축통화로서 달러 가치를 유지하는 효과를 얻었다.

이는 석유가 달러로만 거래되므로 석유 수입국들은 항상 거액의 달러를 비축해야 했기 때문이다. 또 석유는 지속해서 생산과 소비가 일어나는 구조이므로, 달러 통화량의 증가에도 불구하고 달러 가치가 어느 정도 유지될 수 있었다. 이에 따라 미국 달러는 기축통화 지위를 계속 유지할 수 있었다. 나아가 국제경제 질서에서 미국 달러 의존도를 획기적으로 높임으로써 아예 대체 불가능한 결제 수단에까지 이르게 되었다.

오랜 세월 국제 원유시장은 달러 독주체제였다. 뉴욕상업거래소(NYMEX)를 비롯해 런던선물거래소(ICE), 싱가포르상품거래소(SMX), 두바이상업거래소(DME) 등 주요 원유 선물시장은 모두 '배럴(barrel, bbl)당 달러'를 기준으로 가격을 책정한다. 결제도 당연히 달러로 한다. 달러가 아닌 다른 통화로 원유를 구매하는 나라는 2022년의 우크라이나 사태 이전까지는 베네수엘라, 이란 등 미국의 금융제재를 받아서 달러를 쓸 수 없는 나라뿐이었다. 그 결과 지금도 일반 상품 거래 결제에서 달러가 차지하는 비중은 60~70% 정도이지만, 원유 결제에서는 90% 이상에 달한다.

미국이 '페트로 달러' 체제를 구축하면서 얻게 된 또 다른 혜택은 외국인 투자 수입으로 재정적자를 충당하고 자본수지를 개선할 수 있었다는 것이다. 즉 산유국들은 석유를 팔아 축적한 많은 양의 달러, 즉 오일 달러나 오일머니로 불리는 자금을 미국 국채와 기타 금융자산에 투자했다. 이것은 미국 정부의 재정지출에 자금을 지원하는 것으로, 결국 미국 경제성장에 기여했다. 이 과정에서 달러패권을 유지하는 데 크게 이바지하게 된 것이다.

🏛 '페트로 달러' 체제의 균열

이처럼 미국은 사우디아라비아와 '페트로 달러' 시스템을 바탕으로 세계 금융패권을 손에 쥐는 등 유일의 초강대국이 되었다. 또 사우디아라비아는 미국이 제공하는 세계 최강의 안보력으로 왕조가 안정되고 지역을 넘어 세계 강국으로 성장해나갔다. 그러나 '페트로 달러' 체제는 2010년대 중반에 미국에서 셰일가스(shale gas)와 셰일오일(shale oil)이 개발되면서 금이 가기 시작했다. 더욱이 2020년대로 접어들면서 미국과 사우디아라비아의 관계에 균열이 생기면서부터는 심각한 위협에 빠져든 상황에 놓이게 된다.

2010년대 중반 무렵 미국의 셰일(shale)에서 석유와 천연가스를 생산하는 업체들이 막대한 양의 셰일가스와 셰일오일을 생산해 중동산 석유를 밀어내고 미국 국내시장을 빠르게 점유하기 시작했다. 석유 최대 소비국이었던 미국이 더는 중동산 석유에 의존하지 않게 된 것이다. 거기다가 셰일로 석유를 생산하는 미국 기업들이 그동안 금지되었던 석유 수출을 허용해달라고 요구하고 나섰다.

이 경우 미국은 석유를 수입하지 않는 것을 넘어 역으로 석유를 수출해버리는 상황이 발생하게 된다. 이렇게 되면 중동이 독점해오던 석유 시장의 질서가 깨지게 된다. 그러나 미국은 '페트로 달러' 체제의 붕괴를 원하지 않았다. 또 복잡한 공정이 필요하고 환경파괴 논란도 큰 셰일오일보다는 석유를 외국에서 수입해서 사용하는 것이 더 싸고 마음이 편했다. 그러기에 미국은 아직도 자국에서 생산된 석유의 양 이상으로 중동에서 석유를 수입해서 사용하고 있다.

한편 셰일오일의 출현으로 석유 가격이 하락할 조짐을 보이자 OPEC는 가격을 방어하려고 석유 생산의 감산을 결의했다. 그러나 최대산유국인 사우디아라비아가 OPEC의 합의를 깨고 석유를 대량으로 풀어버리는 맞불을 놓아서 치킨 게임(chicken game)이 벌어지게 되었다. 그 결과 석유 가격은 바닥을 향해 달리기 시작했다. 사우디아라비아의 목적은 미국 셰일업체의 붕괴였다. 셰일은 그 자체로는 가치가 없고 여러 생산과정을 거쳐야 하기에 생산원가가 비싸다. 따라서 석유 가격이 일정 수준 이하로 떨어지면 셰일오일업체들은 원가를 맞추지 못해 문을 닫아야만 한다. 사우디아라비아는 이를 노렸다.

당시 미국이 셰일오일을 개발하고 석유를 수입하지 않자 배럴당 100달러에 가까웠던 석유 가격이 2016년 초에는 20달러대까지 떨어졌다. 그 결과 산유국들 대부분이 큰 위기를 경험했다. 특히 나이지리아와 베네수엘라는 파산에 이를 정도로 경제위기를 겪기도 했다. 사우디아라비아나 러시아도 이때 타격을 심하게 입었다. 수입이 80%나 감소했기 때문이다.

이런 상황이 벌어지는 이유는 석유를 가장 많이 소비하는 미국의 수요에 따라 세계 석유가격이 사실상 결정되기 때문이다. 미국 역시 사우디아라비아와 함께 세계 1위를 다투는 산유국이지만, 미국은 세계 최대 소비국답게 자국 내에서 생산하는 원유로는 원유 수요를 맞출 수 없다. 거기에 비축량까지 고려한다면 미국은 전 세계 석유의

20%에 가까운 물량을 소비하고 있다. 그 결과 미국의 수요가 줄어들면 유가가 폭락하는 것이다.

이처럼 미국이 셰일가스 혁명으로 대표되는 에너지 독립을 강력히 추진하자 사우디아라비아도 그에 대응해 러시아, 중국 등 다른 강대국 파트너를 찾으려고 나서면서 양국 관계는 한층 더 소원해졌다. 그런데 이보다 더 구체적으로 양국 관계가 뒤틀리게 된 계기는 2018년 10월에 일어난 사우디아라비아의 반체제 언론인 자말 카슈끄지(Jamal Khashoggi) 암살사건이었다. 미국 중앙정보국(CIA)은 카슈끄지 암살의 배후로 사우디아라비아 왕세자 무하마드 빈살만(Mohammed bin Salman)을 지목했다.

특히 바이든 미국 대통령은 사우디아라비아를 아예 반인권 국가라고 낙인찍어버렸다. 예멘 내전에서 사우디아라비아에 큰 위협인 후티 반군의 미사일 공격에 직면했을 때도 사우디아라비아에서 패트리어트 지대공 미사일을 철수했다. 이후 2021년 8월 아프가니스탄에서 미군을 철수하며 중동과 거리 두기를 본격화했고, 사우디아라비아의 안전보장도 약화되었다.

🏚 커지는 '페트로 위안'의 영향력

최근 들어 중국이 중동 파고들기 전략을 추진하면서부터는 양국 관계가 한층 더 소원해지는 양상이다. 사우디아라비아는 러시아의 우크라이나 침공 이후 치솟는 유가와 물가를 잡으려고 총력전에 나선 미국을 아랑곳하지 않고 OPEC+의 석유 감산을 주도하고 있다. 더욱이 이제는 사우디아라비아가 중국 위안화 표시 원유거래를 대대적으로 허용하려는 움직임까지 보이면서 '페트로 달러' 시스템의 균열이 표면화되고 있다.

중국은 사우디아라비아와 미국 관계가 악화한 틈을 파고들어 중동 국가들과 손잡으며 '페트로 위안(Petro yuan)'의 영향력을 넓히고 있다. 중국 시진핑 주석은 2022년 12월 사우디아라비아를 방문해 원유거래 시 위안화로 결제하는 비중을 늘릴 것을 제안했고, 사우디아라비아는 이를 수용했다.

사실 중국은 세계 최대 석유 수입국이다. 1990년대까지만 해도 미국이 사우디아라비아의 최대 석유 수입국이었지만, 이제는 중국이 최대 수입국이 되어 있다. 즉 사우디아라비아 석유의 25%가 중국으로 수출되고 있다. 더욱이 중국은 2023년 4월, 사우디아라비아와 이란 간의 외교 복원을 성공적으로 중재함으로써 중동지역에서 영향력을 넓혀나가고 있다.

만약 앞으로 사우디아라비아와 중국 간 석유거래마저 위안화로 결제된다면 '페트로 달러' 체제에 심각한 균열이 초래될 것으로 보인다. 다만 미국도 문제의 심각성을 깨닫고 사우디아라비아와 관계를 회복하려는 노력을 강화하고 있다. 사우디아라비아 국부펀드(PIF)가 후원하는 리브(LIV) 골프와 미국 스포츠의 자존심인 미국프로골프(PGA) 투어의 합병도 이런 연장선에서 이루어졌다.

도전받고 있는
달러화의 위상 그러나…

달러화의 위상은 미국경제의 위축 과정에서 약해지고 있다. 급속한 금리인상이 유발한 킹달러와 자국 우선주의 정책 노선 등은 '탈(脫)달러' 현상을 심화했다. '페트로 달러' 체제마저 흔들리면서 달러패권이 끝났다는 시각도 있다. 그러나 달러는 여전히 기축통화로 신뢰받고 있으며, 대체재도 없다.

🏛 달러의 시대는 저무는가?

한 나라의 통화가치는 기본적으로 자국 경제의 기초체력, 즉 펀더멘털을 반영한다. 따라서 경제 펀더멘털이 좋으면 통화가치가 상승하고, 펀더멘털이 약해지면 통화가치도 떨어지게 되는 것이다. 특히 다른 나라의 경제력과 상대적 비교와 그 차이로 자국 통화가치의 수준이 결정되고 있다. 그 결과 통화 강세는 자국의 경제력이 강화되었음을 그리고 통화 약세는 그만큼 경제력이 약화했다는 의미이기도 하다.

기축통화인 달러화의 위상은 미국경제가 세계경제에서 차지하는 비중이 점차 줄어드는 과정에서 점점 약해지고 있다. 이를 좀더

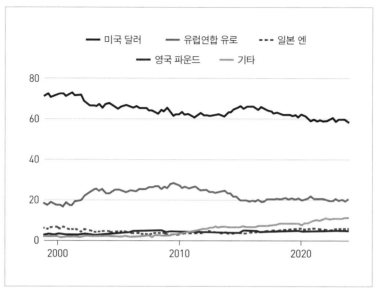

전 세계 중앙은행 외환보유고 통화별 비중 추이(%)

미국 달러 ─── 유럽연합 유로 ─── 일본 엔 ·····
영국 파운드 ─── 기타 ───

자료: IMF.

구체적으로 알아보자. 우선, 국제결제와 외환보유고 구성비에서 달러 비중 감소다. 물론 세계 중앙은행의 외환보유고에서 달러가 차지하는 비중이 여전히 50%를 웃돌며 1위를 유지하지만, 20년 동안 10%p 이상 축소되었다.

즉 2001년 71.5%에 달하던 달러 비중이 2008년 글로벌 금융위기를 겪으면서 65% 아래로 떨어졌고, 2020년 4분기 이후부터는 60% 밑으로 하락하더니 2024년 1/4분기에는 58.8%로 줄어들었다. 반면 같은 기간 유로화는 19.2%→19.7%, 엔화는 5%→5.7%로 각각 상승했다. 특히 중국 위안화는 0%→2.2%로 대폭 상승했다.

다음은 세계 외환시장에서 달러 결제 비중이 점차 하락하고 있다는 사실이다. 국제결제은행(BIS) 통계에 따른 2022년 말 기준 통화별 외환거래 규모 비중은 미국 달러가 1위를 고수하고 있으나 절반에 못 미치는 44%에 불과했다. 달러에 이어 유로 16%, 엔화 9%, 파운드 7%, 위안화 4% 순이며, 원화는 1%를 차지했다. 달러 결제 비중 하락의 주요인이 1999년 유로화의 출범이기는 하지만, 달러패권 약화 요인들이 점차 증대하는 것은 숨길 수 없는 사실이다.

이와 함께 스위프트(SWIFT) 결제망에서 사용된 달러화 비중 또한 50% 이하를 맴돌고 있다. 물론 2023년 4월 기준 42.7%로 1위를 고수하고 있으나, 2위 유로화와 격차는 11%p에 불과했다. 2위인 유로화 31.7%, 파운드화 6.7%, 엔화 3.5%, 위안화 2.3%를 각각 나타냈다.

달러 인덱스로 본 '킹달러' 현상

한편 코로나 팬데믹 이후 강달러 또는 '킹달러(King dollar)' 현상이 이어지고 있다. 미국은 팬데믹 기간에 늘어난 과잉유동성을 흡수하려고 2022년부터 기준금리를 대폭 인상해왔다. 이 과정에서 강달러를 넘어 '킹달러'가 되었다. 대부분 나라의 통화에 비해 달러 가치가 폭등했다. 특히 일본 엔화의 가치가 38년 만에 최저 수준으로 떨어진 가운데 환율은 달러당 160엔마저 무너지기도 했다. 이처럼 달러 가치가 20년 만에 최고 수준으로 올랐지만, 미국은 인플레이션으로

달러 인덱스 추이

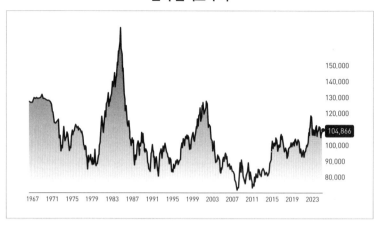

인한 고물가를 잡으려고 킹달러 현상을 어느 정도 묵인했다.

이는 달러 인덱스(USDX; US Dollar Index) 변동 추이에서 잘 나타나고 있다. 달러 인덱스는 미국 달러 가치의 상대적 높낮이를 측정하는 지표로, 세계 주요 6개 통화인 유로(57.6%), 엔(13.6%), 영국 파운드(11.9%), 캐나다 달러(9.1%), 스웨덴 크로나(4.2%), 스위스 프랑(3.6%)의 가치에 경제 규모 비중을 적용해 산출한 값을 미국 달러와 비교한 수치다.

지수는 '1973년 3월 값=100'으로 해 미국 연방준비제도이사회에서 발표하고 있다. 통상 지수가 100보다 높으면 미국 달러 강세, 100보다 낮으면 미국 달러 약세를 의미한다. 이는 또 달러 강세는 미국 경제력의 강화 그리고 달러 약세는 그만큼 미국의 경제력이 약해졌다는 의미이기도 하다. 1973년 이후 지수 최고치는 남미 부채위기 발생 시기인 1985년 1월의 164.72였고, 최저치는 글로벌 금융위기 발생 시기인 2008년 3월의 70.69였다.

최근 10년 동안의 달러 인덱스 변동치를 보면 최저치는 2015년 5월 9일의 79.12였고, 최고치는 2022년 9월 27일의 114.04였다. 2022년 9~10월 무렵 달러는 2022년 3월 시작해 2023년 7월까지 불과 1년 4개월 동안에 5.25%p(0.0~0.25%→5.25~5.50%)에 이르는 급격한 금리인상 덕분에 '킹달러'의 위용을 과시하고 있었다.

그 당시 달러 최고치는 달러당 150엔, 1,442.5원, 7.4위안이었다. 또 1유로당 0.962달러, 1파운드당 1.075달러까지 상승했다. 결과적으로 주요국들의 모든 통화가치를 수십 년 만에 최저로 끌어내렸다. 이후 다른 통화들도 금리인상 대열에 동참하면서 '킹달러' 현상은 다소 주춤해졌다. 그러나 트럼프 재집권이 확정된 이후 다시 달러가 강세를 보이면서 2024년 11월의 달러 인덱스는 105선에 이르고 있다.

🏛 고조되는 '탈(脫)달러' 현상

역설적이지만 강달러 현상은 기축통화로서 미 달러화의 위상이 줄어드는 '탈(脫)달러(de-dollarization)' 현상을 고조해놓았다. 강달러는 신흥개도국들의 수입 물가 상승으로 이어지면서 무역수지 적자와 외환보유고 감소를 초래했다. 또 높은 금리를 찾아 그동안 유입되었던 핫머니들이 다시 미국으로 빠져나가면서 자본이탈 현상도 벌어졌다. 달러에만 의존할 수 없다는 분위기가 형성되면서 위안화를 대체통화로 선호하는 국가들이 점차 늘기 시작한 것이다.

탈달러 현상의 기폭점은 우크라이나 전쟁이다. 2022년 2월, 러시아가 우크라이나를 침공했을 때 미국은 러시아를 침략자로 규정하고 국제지급결제망인 SWIFT에서 배제해버렸다. SWIFT(Society for Worldwide Interbank Financial Telecommunication)는 전 세계 200여 개국에서 1만 1천여 개 금융기관이 참여하는 세계에서 가장 널리 통용되는 결제망이다.

그 후유증으로 러시아 은행에서 예금 인출이 몰리고, 달러화 환전이 많아지면서 루블(Ruble)화 가치가 폭락했다. 사실 러시아는 300개가 넘는 은행이 SWIFT에 가입해 있고, 미국 다음으로 SWIFT 결제 건수가 많은 나라다. 이후 다수의 국가, 특히 반미성향 국가들이 이런 상황이 자신들에게도 닥칠 수 있다고 판단하면서 탈달러 분위기는 한층 더 고조되었다.

더욱이 탈달러 현상은 비단 반미성향 국가에서만 나타나는 것이 아니라는 점에서 그 심각성이 더하다. 한 예로 미국 최우방국인 이스라엘마저 2022년부터 외환보유고 중 미국 달러의 비중을 줄이고 중국 위안화를 최초로 편입했다. 이런 상황을 이용해 중국 위안화가 그 빈자리를 빠르게 파고들면서 위안화의 부상과 국제화가 가속화하는 분위기다.

2022년부터 러시아와 브라질, 사우디아라비아 등 미국과 등을 지고 있는 국가들은 대외 거래에 위안화 사용을 늘리고 있다. 러시아는 우크라이나 침공으로 서방의 금융제재를 받게 되자 달러와 유로 대신 위안화를 선택했다. 푸틴 러시아 대통령은 "러시아, 아시아, 아프리카, 라틴아메리카 국가 간 거래에서 위안화 사용을 지지한다"라고 하면서 위안화 사용량을 늘려나갔다.

브라질도 위안화와 헤알화를 이용한 거래를 늘리기로 했다. 룰라 브라질 대통령은 "왜 우리는 자국 통화로 무역할 수 없는가? 달러가 세계무역을 지배하는 상황을 끝내야 한다"라고 말했다. 두 나라는 양국 간 교역과 금융거래에서 달러 대신 위안화와 헤알화를 이용하고, 달러 결제망인 'SWIFT' 대신 중국이 만든 금융결제망인 'CIPS'를 사용하기로 합의했다.

또 최근 사우디아라비아를 비롯한 중동 국가들에 대한 미국의 영향력이 많이 줄어들었다. 반면 중동 국가들과 각종 경제협력을 앞세운 중국의 영향력은 조금씩 커지고 있다. 특히 중국은 사우디아라비아가 미국과 관계가 소원해지는 틈을 파고들면서 기존의 원유거래 결제 달러 독점 공식을 균열시키고 있다. 그 대신 양국은 위안화 거래를 늘려나가기로 합의했다. 이는 '페트로 위안'의 영향력이 커지고 있음을 방증한다.

최근 달러패권의 위세가 과거보다 상당 부분 약해진 모습을 보이면서 달러패권의 시대가 저물고 있다는 지적이 나오고 있다. 이런 우려가 전혀 근거가 없는 것은 아닐 것이다. 미국의 세계경제 위상이 과거보다는 많이 못 미칠 뿐 아니라 달러의 글로벌 무역결제와 외환보유고에서 차지하는 비중도 하락 추세를 보이기 때문이다. 더욱이 급속한 금리인상이 유발한 킹달러 현상과 미국의 자국 우선주의 정책 노선 등은 탈달러 현상을 심화했다. 특히 페트로 달러의 독점적 체제가 흔들리는 것은 달러패권의 시대가 끝나가는 신호라고 보는 시각도 있다.

🏔 여전히 건재하는 기축통화로서 달러의 위상

그러나 아직은 달러가 기축통화의 지위를 잃을 정도는 아니라는 것이 일반적 견해다. 외환보유고 달러 비중이 2024년 1/4분기 기준 58.8%로 여전히 과반이다. 외환시장 거래 비중도 유로화, 엔화, 파운드화 등 주요 통화들의 영향력이 쇠퇴하는 과정에서 44.2%의 압도적 1위를 유지하고 있다. 달러 연동(peg)을 채택하는 중동 산유국들이 페트로 달러를 쉽게 깨뜨릴지도 의문이다. 아울러 여전히 국제통화로서 풍부한 유동성, 환금의 안정성과 신뢰성을 보여주고 있다.

더욱이 달러를 대체할 통화는 아직 잘 보이지를 않는다. 우선, 2위 기축통화인 유로는 2010년 전후로 유럽연합의 경제 상황이 악화하면서 기축통화로 발돋움하기에 역부족이라는 사실이 여실히 드러났다. 무엇보다도 유럽중앙은행(ECB)이라는 단일 통화당국은 있지만, 단일 재정당국이 없다는 태생적 한계가 있다. 특히 엄격한 재정준칙은 정부 부채비율이 높은 남유럽 국가들이 독자적 재정정책을 펴기 어렵게 하면서 회원국 간 정치적 갈등을 증폭시키고 있다. 이외에 유럽의 부채위기, 남유럽과 북서유럽 간 빈부격차 확대, 브렉시트가 촉발한 공동체 와해 우려 등은 유로화가 기축통화로 발전하는 데 걸림돌이 되고 있다.

엔화의 경우 오랜 디플레이션에서 벗어나려고 제로 금리와 양적완화를 지속해서 펼치다 보니 엔화 약세가 고착되어 있다. 더욱이 1%가 채 되지 않는 저성장률이 지속되다 보니 경제의 기초체력이 급속히 약해져버렸다. 위안화 역시 최근 국제거래에서 사용량이 증가하고 있지만, 여전히 무역거래와 외환시장에서 위안화 결제 비중은 3~4%에 불과하다.

금 또한 한정된 공급량으로 날로 커지는 세계경제 규모를 원활히 뒷받침하기 어려운 상황이다. 비트코인을 비롯한 암호화폐도 기존 법정화폐를 대체하는 데는 한계가 있다. 내재가치가 없어 가격이 급등락하는 롤러코스터 현상을 나타내고 있다. 또 투기 붐 등의 부작용을 우려한 각국의 규제강화 조치로 성장에 제약이 있다. 여기에 장점으로 여겨진 발행량 제한도 이제는 금처럼 오히려 제약요인으로 작용하고 있다.

암호화폐의 대안으로 탄생한 중앙은행 디지털 화폐 CBDC(Central Bank Digital Currency)의 영향력은 기본적으로 그 원천이 되는 법정화폐가 어떤 위상을 지니느냐에 좌우된다. 다시 말해 위안화의 위상이 높아져야만 디지털 위안화(e-CNY)의 위상도 높아진다는 뜻이다. 더욱이 CBDC는 사생활 보호 문제와 감시에 악용될 수 있다는 부작용이 있어 미래를 장담하기 어렵다.

결론적으로 달러패권이 흔들린다는 우려는 많이 과장되었다는 시각이 우세하다. 기축통화가 되려면 거래하기가 쉽고, 세계경제에 충분한 통화 유동성을 공급해줄 수 있어야 하며, 해당 국가의 금융정책이 투명하고 예측 가능해야 한다. 그런데 이런 요건을 모두 갖춘 국제통화는 아직 달러가 유일하다.

여기에 미국은 달러라는 기축통화뿐 아니라 영어라는 기축언어도 지녀서 시너지를 발휘하고 있다. 미국과 영국의 모국어인 영어는 현실 세계에서도 그렇지만 컴퓨터와 IT를 기반으로 하는 디지털 세계에서도 세계 공용어가 되어 있다. 영어는 세계에서 통용 범위가 가장 넓은 언어이자 가장 강력한 영향력을 발휘하는 언어라 할 수 있다. 이공계 자연과학은 물론이고 경제학과 경영학 등의 사회과학 그리고 인문학에 이르기까지 논문 같은 고급 정보들의 상당수는 영어로 되어 있다. 또 모든 국제 상거래에 필요한 계약서와 이행보증서는 한결같이 영어로 작성되고 있다.

여기에 정보화 시대가 도래하면서 온갖 정보가 국경선을 넘어 영어로 표기된 인터넷을 통해 쏟아져 나오고 있다. 따라서 영어를 모르면 인터넷에서 얻을 수 있는 정보가 크게 제한될 수밖에 없다. 그러니 세계 다수 사람이 영어 구사 능력을 향상시키고자 시간과 비용을 지불하며, 미국은 이 과정에서도 적지 않은 이득을 챙기고 있다.

위안화의 부상과
현실적인 한계

위안화가 커진 경제력을 바탕으로 국제통화로서 위상이 높아지고 있다. 특히 국제결제망 CIPS의 발족과 위안화 SDR 편입은 큰 성과다. 그러나 기축통화가 되기는 어렵다. 중국의 환율과 금융시스템이 불투명하고 자의적이기 때문이다. 또한 '트리핀의 딜레마'를 감수하기 어려운 현실적 한계도 있다.

🏛 국제통화로 위상이 높아진 위안화

2008년 글로벌 금융위기가 발생하자 미국 달러화의 기축통화 역할에 대한 회의적 시각이 부상했다. 이때부터 중국은 자국 통화인 위안화의 국제화에 적극적인 관심을 표명하게 된다. 중국 정부는 위안화의 국제화가 이뤄지면 무역거래 비용 감소, 환리스크 축소, 자금조달 효율성 증대 등이 가능해질 것으로 보았다. 게다가 위안화로 표시된 상품의 거래 증가는 자국의 경제적 위상을 높일 수 있을 것으로 기대했다.

이에 중국은 2009년부터 위안화 무역결제를 시작했고, 2014년 3월에는 달러화 대비 위안화 환율의 하루 변동 폭을 1%에서 2%로 확대했다.

이 과정에서 중국의 위안화가 국제통화로 위상이 높아지고 있다. 우선, 세계 중앙은행의 외환보유고에서 위안화가 차지하는 비중이 커지고 있다. 이 비중이 2000년까지는 제로였으나 2024년 1/4분기에는 2.2%를 기록해 달러-유로화-엔화-파운드 다음으로 5위를 차지했다. 위안화가 세계 외환시장에서 차지하는 비중도 2001년 0%에서 2022년에는 4%에 육박하는 수준으로 올라섰고, 앞으로는 더 늘어날 것으로 보인다.

아울러 위안화로 무역결제를 하는 국가 수가 100여 개에 달한다. 더욱이 앞으로는 위안화로 무역결제를 하는 국가 수와 사용 금액 규모가 더 많이 늘어날 것으로 보인다. 이는 중국이 세계 최대의 수출국이며, 수입은 미국에 이어 세계 2위를 차지하는 무역대국이기 때문이다. 이에 따라 중국의 국경 간 거래에서 위안화 사용 총액도 2017년 9조 2천억 위안(약 1,800조 원)에서 2022년 42조 1천억 위안(약 8,100조 원)으로 매년 큰 폭으로 늘어나고 있다.

중국의 중앙은행인 인민은행이 세계 40여 개국과 통화스와프(currency swap) 협정을 체결한 것도 위안화의 위상 제고에 이바지하고 있다. 이는 협정을 체결한 나라가 외환위기 상황에 직면할 때, 중국이 위안화를 제공함으로써 위안화가 국제 소방수 역할을 할 수 있다는 긍정적 측면이 부각된 것이다.

🏛 CIPS 발족과 위안화의 SDR 편입

2015년 10월 상하이에 본사를 둔 국제위안화결제시스템(CIPS)의 출범도 위안화 위상 강화에 크게 이바지했다. 'CIPS(Cross Border Interbank Payment System)'는 미국 주도의 '스위프트(SWIFT)'에 대응해 만든 독자적 국제결제망이다. CIPS 결제 규모와 참여기관 수는 빠르게 증가하고 있다. 중국 인민은행 자료에 따르면 2022년 CIPS를 활용한 위안화 결제 건수가 440만 건이 넘어 전년 대비 31.7% 증가했고, 결제금액은 96조 7천억 위안(약 1경 9천조 원)으로 전년 대비 21.5% 증가했다. 참여기관 수도 큰 폭의 증가세를 보인다. 2022년에도 100여 개가 넘는 금융기관이 동참해 약 180개 국가 1,400여개 금융기관이 직간접적인 구성원으로 되어 있다.

CIPS는 미국 주도의 SWIFT와 다음과 같은 차이가 있다. 첫째, 통화 면에서 SWIFT는 다양한 통화로 거래하나 CIPS는 주로 위안화 거래에 중점을 둔다. 이에 따라 중국 또한 달러화로 거래해야만 할 상황에서는 SWIFT를 통한 결제가 불가피하다. 둘째, SWIFT는 회원 은행이 소유한 협동조합으로 운영이 정부로부터 독립적이나 CIPS는 중국 중앙은행인 인민은행이 직접 통제하고 있다.

셋째, SWIFT는 200여 개국 1만 1천여 개 기관이 참여하는 대규모 네트워크를 보유하나 CIPS는 주로 중국은행과 위안화 비즈니스가 많은 국제은행으로 구성된 소규모 네트워크다. 이에 연간 거래금액이 SWIFT가 150조 달러 이상인 데 비해 CIPS는 14조 달러에 그친다. 넷째, 미국과 유럽이 주도하는 SWIFT는 이란과 러시아 같은 적성 국가에 대한 경제제재에 활용되기에 CIPS는 이런 제재를 우회하려는 국가들의 잠재적 대안으로 부상하고 있다.

이 과정에서 위안화의 국제화 노력은 어느 정도 결실을 보고 있다. 무엇보다 중요한 성과는 위안화의 특별인출권(SDR) 통화바스켓 편입에서 이뤄진다. IMF는 2016년 10월부터 위안화가 SDR 통화바스켓에 편입된다고 2015년 11월 발표했다. SDR(special drawing rights)은 IMF 회원국이 외환위기를 겪을 때 담보 없이 필요한 만큼 외화를 IMF로부터 인출할 수 있는 권리를 의미한다. SDR 편입은 국제적으로 통용되는 통화를 의미하며, 위안화도 그 지위를 IMF로부터 인정받은 것을 의미한다.

당시 SDR은 달러화, 유로화, 엔화, 파운드화 4개 통화바스켓으로 구성되어 있었는데, 중국 위안화가 신흥국 최초로 편입된 것이다. 그것도 위안화 편입 비중이 10.92%로, 엔화 8.33%와 파운드화 8.09%를 제치고 미국 달러화 41.73%와 유로화 30.93%에 이어 세 번째였다.

더욱이 2022년 5월에는 새로이 바스켓을 조정하면서 위안화 비중을 기존의 10.92%에서 12.28%로 상향 조정했다. 이는 위안화 위상이 더 커진 것을 반영한 것이다. 당시 달러의 비중도 41.73%에서 43.38%로 상향 조정했다. 반면 유로화, 엔화, 파운드화는 각각 29.31%, 7.59%, 7.44%로 하향 조정되었다.

🏛 위안화가 기축통화로 되기 어려운 이유

이처럼 위안화가 최근 들어 국제통화로서 그 위상이 높아지고는 있다. 그러나 꽤 오랜 시간이 지나도 위안화가 기축통화로 자리하기는 어려울 것이라는 게 대다수 전문가의 견해다. 한 나라의 통화가 기축통화가 되려면 거래가 쉽고 거래량이 많아야 한다. 또 해당 국가의 금융정책이 투명하고 예측 가능해야 한다. 위안화는 이런 조건을 만족하지 못한다. 트리핀의 딜레마도 감수하기 어려울 것이다. 이를 좀더 구체적으로 알아보자.

무엇보다 중국은 아직도 정부가 경제활동과 금융거래를 자의적으로 규제한다는 점이 최대 걸림돌이 되고 있다. 다시 말해 시장 논리에 따른 자유로운 거래와 법의 지배라는 원칙이 정착되어 있지 않다는 것이다. 이를 개선하려면 정보 공개를 확대하고 정부 시스템과 금융시장의 투명성을 확보해야 하지만, 중국의 정책상 그런 변화를 기대하기는 쉽지 않을 것이다.

환율 결정 시스템이 투명하지 않다. 아직도 환율 결정에 정부가 개입하는 정도가 커서 앞으로도 환율조작국으로 지정될 우려가 계속되고 있다. 또 금리나 환율, 주가 등 시세 변동에 따른 위험에 대비할 수 있는 다양한 파생상품이 제대로 갖춰져 있지 않다. 자본시장에 대한 정부 통제는 더 심하다. 더욱이 자본유입은 느슨하게, 자본유출은 엄격하게 제한하는 비대칭적 통제를 하고 있다. 이런 상황에서는 위안화가 기축통화는 물론 국제통화로도 발돋움하기가 어렵다. 이는 중국이 야심 차게 개발 중인 디지털 위안화 e-CNY라고 해서 다를 여지가 없다.

이와 함께 중국은 '트리핀의 딜레마'도 수용하기 어려운 실정이다. 트리핀의 딜레마는 기축통화의 태생적 모순이자 기축통화국의 고통이다. 위안화가 기축통화가 되려면 중국은 지속적인 경상수지 적자를 감수하면서 국제사회에 위안화라는 유동성을 널리 공급해야 한다. 그러나 제조업 비중이 크고 수출의존도가 높은 중국이 전 세계 국가들에 필요한 만큼 위안화를 공급할 정도로 막대한 경상수지 적자를 감내할 수 있을지는 의문이다. 현실적으로 이를 감당하기는 거의 불가능할 것이다.

위상이 많이 위축된
유로화와 파운드

달러를 위협할 경쟁 기축통화를 꿈꾸며 출범한 유로화는 유럽연합 내의 정치·경제적 불안, 중국 위안화의 부상 등으로 위상이 많이 약해지고 있다. 여기에 '브렉시트'는 영국과 유럽연합 모두에 커다란 상처를 입혔다. 특히 파운드의 위상은 불투명한 영국 경제의 미래와 더불어 암울한 상황이다.

유로화와 유럽중앙은행(ECB)의 탄생

유럽연합은 유럽의 정치 경제통합을 실현하려고 1993년 11월 1일 발효된 마스트리흐트(Maastricht Treaty) 조약에 따라 유럽 12개국이 참가해 출범한 연합 기구다. 2024년 8월 기준 가입국은 27개국이다. 27개국을 모두 합치면 인구는 약 4억 5천만 명, 경제 규모는 중국과 맞먹는 거대한 집단이다.

유로(Euro, €)는 유럽연합의 화폐다. 이전 유럽 각국에서 사용하던 화폐를 대체했다. 유럽연합의 헌법과 같은 마스트리흐트 조약에는 유로화를 유럽연합의 단일화폐로 규정하고 있으며, 영국과 덴마크를 제외한 유럽연합 회원국들이 쓰는 자체 화폐들은 한동안 통용을 인정하되, 최종적으로 유로화를 사용해야 한다고 규정했다. 유로가 통용되는 지역을 유로존이라고 한다.

유럽연합의 공식 화폐인 유로화는 1999년 1월부터 화폐 실물은 없이 가상화폐로 처음 등장했다. 그러다 2002년 1월 1일부터는 독일·프랑스·이탈리아 등 유럽연합 12개국에 화폐실물이 공급되면서 일반 상거래 수단으로 통용되기 시작했다. 다만 유럽연합 회원국이라고 해서 다 유로화를 사용하는 것은 아니며, 총 27개 회원국 중 현재 유로화를 사용하는 나라는 20개국에 달한다.

2024년 11월 기준, 20개국은 벨기에, 네덜란드, 룩셈부르크, 프랑스, 독일, 스페인, 이탈리아, 포르투갈, 아일랜드, 오스트리아, 핀란드, 그리스, 슬로베니아, 키프로스, 몰타, 슬로바키아, 에스토니아, 라트비아, 리투아니아, 크로아티아 등이다. 나머지 스웨덴·덴마크·폴란드·헝가리·체코·루마니아·불가리아 등 7개 회원국은 자국 화폐를 사용하고 있다.

유로존 가입을 원하는 국가는 2년간 유럽의 환율변동을 조정하고 통화 안정성을 확보한다는 목적 아래 유럽환율메커니즘(ERM Ⅱ)에 참여해야 한다. 이에 따라 재정적자와 정부 부채, 이자율, 환율, 인플레이션 수준 등의 거시경제 변수를 고려한 네 가지 조건을 충족해야만 유로존에 가입할 수 있다.

이 유로화가 통용되면서 적어도 유로 지역 내에서는 환위험이 없어짐과 함께 각종 거래비용 감소 등의 긍정적 효과가 생기게 되었다. 반면 개별국가로서는 자국 고유의 통화정책 포기라는 부담스러운 기회비용도 초래되었다. 즉 개별국가들은 자국 중앙은행이 있지만, 자국의 경제 상황에 맞는 통화정책을 임의로 수행할 수 없게 된 것이다. 반드시 유럽중앙은행의 통화정책 방향을 따라야 하는 제약을 받게 되었다.

1998년 탄생한 유럽중앙은행(ECB; European Central Bank)은 유럽연합의 통화정책을 총괄하는 기능을 하고 있다. ECB의 주요 목적은 금리조절 등으로 유로화를 사용하는 20개 유럽국가, 즉 유로존의 경제를 안정시키는 일이다. 또 유럽 단일통화인 유로화 발행의 독점적 권한을 갖고 있다. 그러나 ECB의 기능은 유로존의 전체적 금융정책 방향을 설정하는 것이며, 실제 각 나라의 통화정책은 각국의 중앙은행이 책임을 지는 구조다. 특히 독일의 중앙은행인 분데스방크(Bundesbank)는 ECB 못지않게 그 역할과 비중이 매우 크다. 유럽의 최대 경제대국인 독일은 ECB에서도 가장 큰 지분을 가지고 있다.

🏛 존재감 약한 2위 기축통화인 유로화

유로화는 20여 년 전 달러를 위협할 경쟁 기축통화를 꿈꾸며 본격 발행되었지만, 아직 달러를 완전히 대체하는 수준까지는 이르지 못해 사실상 2인자로 자리하고 있다. 유로화는 특별인출권(SDR)에서도 미국 달러 다음으로 2위의 비율을 차지하고 있다. 곡물 시장에서는 달러 위주로 결제가 이뤄지고, 석유 시장에서는 달러와 파운드로 결제가 진행되는 게 아직 유로의 영향력을 제약하는 중요한 원인으로 작용한다. 그래도 주식시장이나 채권시장에서는 미국 달러에 버금가는 큰 시장을 형성하고 있다.

그런데 최근 들어 유로화의 입지가 더욱 불안해지고 있다. 유럽연합 내의 정치·경제적 불안과 여전히 강력한 달러의 위상 등으로 입지가 더 위축되고 있다는 평가가 나온다. 여기에 달러패권에 도전하는 중국 위안화의 부상도 유로에 위협이 되고 있다. 중국은 개도국의 국제무역에서 위안 결제를 확대하고, 달러로 이뤄지는 원유 결제 시장에서도 위안 거래를 조금씩 늘려가고 있다.

사실 여러 면에서 유럽연합의 공식 화폐인 유로의 위상은 갈수록 낮아지고 있다. 유로는 1999년 1월, 1유로당 1.18달러($1.18/€)로 달러를 능가하는 강세통화로 출범했다. 이후 등락을 보이다가 2002년 7월 15일 미국 달러화와 동등한 비율에 도달한 이후부터는 계속 미국 달러화를 능가하는 가치를 보였다. 미국에서 금융위기가 한창 진행 중이던 2008년 4월 23일에는 유로화 가치가 치솟아 유로화 대비 달러 환율이 사상 최고치인 1유로=1.5940달러, 즉 $1.5940/€(€0.6273/$)를 나타냈다.

그러나 이후 미국경제는 호조를 보인 반면 유럽경제는 정체 국면에 빠져 유로화는 약세로 전환했다. 특히 미국 금리가 급속한 상승기에 있던 2022년 9월에는 유로화 대비 달러 환율이 최저치인 1유로=0.9535달러, 즉 $0.9535/€(€1.0488/$)까지 떨어졌다. 이는 유로화 가치가 달러를 밑돈다는 뜻이었다. 다만 이후 유로화 가치가 회

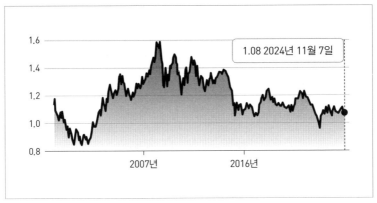

달러/유로 환율 추이

1.08 2024년 11월 7일

2007년   2016년

* 달러의 유로화 대비 환율.

복하면서 2024년 11월 기준 유로화 대비 달러 환율은 1유로=1.10 달러, 즉 $1.10/€(€0.90/$) 선에서 등락하고 있다.

국제 결제통화 시장에서 유로 비중도 계속 하락하고 있다. 국제 은행간통신협회(SWIFT)에 따르면 2023년 4월 기준, 유로의 국제 결제통화 비중은 31.7%를 기록했다. 1위인 달러 다음으로 높지만, 그 비중은 점차 줄어들고 있다. 국제 결제통화 시장에서 유로 비중은 2013년 37.5%, 2018년 34.3%에서 2023년 31%대로 하락했다. 같은 기간 달러 비중은 35.6%→39.2%→42.7%로 상승세다. 이로 인한 달러와 유로의 결제 비중 차이도 10년 전 마이너스(△) 1.9%p에서 플러스(+) 11%p로 확대되었다.

글로벌 외환보유액 비중으로 봐도 유로는 달러에 한참 못 미친다. IMF가 발표한 세계 각국의 외환보유고 중 통화별 구성 비중에 따르면 2024년 1/4분기 유로는 19.7%로 달러 58.8%의 3분의 1에 그친다. 외환거래 시장에서도 유로의 비중은 16%로, 달러 44%를 크게 밑돌았다.

특히 2010년 전후로 경제 상황이 악화하면서 기축통화로서 한계가 여실히 드러나고 있다. 유럽의 부채위기, 독일·프랑스의 리더십 약화, 브렉시트, 남유럽과 북서유럽 간 빈부격차 확대 등이 걸림돌이다. 특히 엄격한 재정준칙으로 정부 부채비율이 높은 남유럽 국가들이 독자적인 재정정책을 펴기 어려워 회원국 간 정치적 갈등이 심화하고 있다. 통화정책의 탄력적 운용 또한 역내 경제적 불균형이 큰 상황에서 소폭의 금리인상도 부채가 많은 남유럽 국가를 침체에 빠뜨릴 수 있기에 어려움이 있다. 여기에 코로나 사태와 우크라이나 전쟁으로 인한 에너지 가격 변동성도 큰 리스크로 작용했다.

🏛 '브렉시트'와 파운드화 추락

한편 '브렉시트(Brexit)'는 영국과 유럽연합 모두에 커다란 상처를 입혔다. 영국은 20세기 초까지 세계를 지배한 초강대국 대영제국이었다. 그리고 브렉시트가 진행 중이었던 2020년에도 세계 6위의 경제 대국이며, 독일·프랑스와 함께 유럽연합의 리더였기 때문이다. 영국은 브렉시트 이전에도 유로존에는 가입하지 않았다. 자국 통화인 파운드화를 지키고 싶기도 했지만, 정치적 이유가 더 컸다. 유로존은 독일과 프랑스가 주도하기에 영국은 자칫 들러리로 전락할 우려를 느꼈기 때문이다. 2020년에는 브렉시트를 단행함으로써 아예 유럽연합에서도 탈퇴했다.

영국이 브렉시트를 단행한 이유는 크게 두 가지다. 우선, 2008년 글로벌 경제위기로 촉발된 유럽 재정위기가 계기가 되었다. 유럽연합의 재정 악화가 심화하자 영국이 내야 할 유럽연합 분담금 부담이 커졌고, 이에 영국 보수당을 중심으로 유럽연합 잔류 반대 움직임이 확산한 것이다.

여기에 영국으로 들어오는 취업 목적의 이민자가 대폭 증가하고, 특히 2015년 말 시리아 등으로부터 난민 유입이 계속되자 유럽연합 탈퇴를 요구하는 움직임이 가속화했다. 사실 유럽통합 이후 국가 간 이주가 자유로워지면서 동구권 국가에서 많은 부랑자와 난민이 영국을 비롯한 서부와 북부유럽 국가로 쏟아져 들어왔다. 그 결과 이들 국가에서는 불법 이주자들로 인한 사회적 혼란을 우려하는 부정적 여론이 제기되었다.

브렉시트 이후 영국 경제의 추락과 함께 파운드화(pound, GBF, £)의 가치도 하락했다. 그 이유는 무엇보다 '금융허브(financial hub)'로서 지위를 상실했기 때문이다. 금융은 영국 경제의 사실상 중심산업이다. 특히 런던은 제3세계에 대한 달러 공급의 축이며, 미국과 유럽 금융시장의 완충지대 겸 창구로서 역할을 담당해왔다. 그런데 브렉시트로 유럽연합을 탈퇴하는 순간 금융계의 '패스포팅' 권리를 상실했다. '패스포팅(Passporting)'은 금융기관이 유럽연합 회원국 중 어느 한곳에서만 인가를 받으면 다른 회원국에서도 상품과 서비스를 팔 권리를 지칭한다. 그러나 더는 이런 지위를 누릴 수 없게 되자 다수의 글로벌 금융기관은 서둘러 영국을 떠나게 되었다.

이에 영국은 2023년부터 과거 자신의 식민지였던 인도에 세계 제5대 경제대국 지위를 빼앗기고 6위로 떨어졌다. 파운드화 가치도 하락하면서 2022년 9월 말에는 사상 최저치로 폭락했다. 과거 통상 1파운드당 1.5달러 선을 웃돌던 달러/파운드 환율이 1파운드당 1.03달러까지 추락한 것이다. 1파운드와 1달러의 가치가 같아지는 '패리티(parity)'가 나타날 것이라는 전망마저 나오기도 했다. 다만 이후 다소 회복하면서 2024년 11월 기준 1파운드당 1.30달러 선을 나타내고 있다.

더욱 암울한 것은, 앞으로 영국 경제전망 또한 그리 밝지 못하다는 것이다. 이와 같은 전망은 브렉시트의 부정적 영향이 점차 본격적으로 나타날 것으로 예견되며, 제조업 기반이 매우 취약하다는 점 등에서 비롯한다. 아울러 미국과 중국의 갈등과정에서 야기된 국제사회에서의 위상 하락도 이를 뒷받침하고 있다. 일각에서는 일본처럼 영국 또한 '잃어버린 30년'을 맞이할 수 있다는 경고마저 나오고 있다. 이에 파운드의 위상도 덩달아 암울한 상황이다.

오랜 바닥에서
벗어나는 엔화

아베노믹스의 핵심은 디플레이션과 엔고 탈출을 위한 무제한의 양적완화, 마이너스 금리정책이었다. 이후 니케이 지수가 최고치를 경신하는 등 경기가 살아나기 시작했다. 그러나 혁신 부족 등 구조적 문제에서 벗어난 것은 아니다. 또 과도한 엔저 지속이 장기적으로 바람직한 것만은 아니다.

엔고가 불러온 잃어버린 30년

일본경제의 역사는 '엔고(円高)와의 싸움'이라고 해도 지나친 말이 아니다. 1985년 9월의 플라자합의는 일본경제에 대전환점이 되었다. 이후 2년 동안 달러 가치는 30% 이상 급락했다. 반면 일본 엔화 가치는 급격히 상승했다. 엔화 가치는 1985년 2월 당시 달러당 260엔에서 3년 만인 1987년 말 120엔대로, 1995년 중반에는 80엔까지 올랐다. 10년 만에 통화가치가 3배나 오른 셈이다. 일본의 '잃어버린 30년'이 시작된 것이다.

일본으로서는 미국의 요구를 받아들이지 않을 수 없었다. 당시 일본의 수출라인은 대부분이 미국 시장이었다. 여타 다른 국가들에 대한 수출의존도는 상대적으로 낮았다. 따라서 만약 미국이 무역장벽을 높여 일본의 수출에 압박을 가하면 스스로 환율을 상승시키는 것보다 더 큰 직접적 위험이 될 수 있었다. 또 일본이 외환보유고로 가지고 있던 달러의 가치가 폭락하면 어차피 큰 타격을 입게 되었기에 어쩔 수 없는 선택이기도 했다. 그래서 일본은 결국 미국의 엔화 가치 상승, 즉 '엔고(円高)' 압박을 받아들이게 된 것이다.

그 이후에도 엔화는 계속 상승해 2012년 9월에는 77엔을 기록했다. 이는 결국 일본 기업의 수출경쟁력 약화를 가져왔다. 여기에 내수 부진까지 가세하면서 일본의 실질 국내총생산 성장률이 1980년대 평균 4.7%에서 1990년대 이후 1%대로 급락했다. 일본 정부는 수출 경기 부양을 위해 금리를 인하했다. 이로써 주식과 부동산에 거품이 발생했다.

이를 극복하려고 금리를 인상하자 이번에는 주식과 부동산 거품이 터지고 자산가치가 폭락하면서 심각한 소비와 내수 위축이 초래되었다. 또 기업투자 부진, 기업과 금융기관의 동반 부실 현상도 발생했다. 이후 일본 정부는 또다시 재정지출 확대와 제로 금리를 선택한다. 이처럼 냉탕과 온탕을 오가는 금리정책으로 일본경제는 장기침체에 빠지고 물가마저 하락하는 '스태그플레이션(stagflation)' 현상을 겪게 된 것이다.

2011년 9월 출범한 노다 요시히코(野田佳彦) 내각 정부는 이런 문제를 해결하려고 노력했다. 그러나 취약한 재정과 장기간 시행중인 제로 금리정책으로 동원할 수 있는 정책 수단이 바닥나면서 한계에 봉착했다. 이 때문에 정부는 일본 기업의 해외 진출 억제와 경기부양 차원에서 엔고 저지를 위한 외환시장 개입에 주력했다. 그러나 이 역시 별다른 효과를 거두지 못했다.

🏛 '엔저'를 위한 '아베노믹스' 추진

다만 아베 신조(安倍晋三)가 총리가 되면서부터는 상황이 조금씩 변하기 시작한다. 아베는 2012년 총리가 된 이후 과감한 경기부양책을 쓰기 시작하는데, 이를 흔히 '아베노믹스(Abenomics)'라고 한다. 그는 취임 후 지난 약 20년간 계속된 경기침체를 해소하려고 연간 물가상승률을 2~3%로 정하고 과감한 금융완화와 인프라 투자 확대를 위한 확장적 재정정책 등 적극적인 경제성장 정책을 펼쳤다.

우선, 취임 후 앞으로 10년간 약 200조 엔을 각종 토목공사에 투입하는 과감한 재정정책의 추진을 선언했다. 또 아베는 당시 미국이 주도했던 환태평양경제동반자협정(TPP) 출범에도 적극적으로 참여했다. 이는 '아베노믹스'가 공격적인 엔저 정책과 양적완화에 이어 무역협상도 적극적으로 추진하겠다는 의미였다. 수출기업의 실적회복으로 경기부양을 노린 아베 정권의 경제정책이 엔저 정책에 이어 관세 철폐로 더 힘을 받게 되기 때문이다.

그런데 무엇보다 중요한 아베노믹스의 핵심은 통화정책이었다. 디플레이션과 엔고 탈출을 위해서는 무제한의 양적완화, 마이너스 금리 등 모든 정책 수단을 동원하겠다고 선언했다.

미국이 2009년부터 양적완화를 단행하자 일본도 이에 동조해 양적완화에 나섰다. 2010년 11월, 일본은행은 기준금리를 0~0.1%로 동결하는 한편 금융자산 매입기금을 활용해 국채와 주식·펀드, 부동산 신탁 등의 매입에 착수했다. 이후 일본은 자금의 공급 규모와 매입자산 대상을 지속적으로 늘려왔다.

2013년 4월, 일본은행은 아베노믹스의 전도사로 알려진 구로다 하루히코(黑田東彦) 총재가 취임하면서 양적완화가 더욱 탄력을 받으며 가속화했다. 그는 물가상승률 2% 목표 달성을 위해 앞으로 본격적으로 질적·양적 면에서 금융완화 시책을 추진하겠다고 선언했다. 이후 금리를 추가로 인하해 기존의 제로 금리에서 2016년부터는 아예 -0.1%의 마이너스 금리를 도입했다.

이와 아울러 양적완화 시책도 오히려 미국보다 더 과감하게 추진해나갔다. 우선, 양적완화의 총액 한도를 제거하면서 연간 소비자물가 상승률이 2%에 이를 때까지 무기한으로 통화를 공급할 수 있게 되었다. 매입대상 국채도 장기화하는 한편 위험자산까지 확대했다. 이를 위해 일본은행은 40년 만기 국채를 포함해 모든 종류의 국채를 매입대상으로 확대하는 한편 주식과 부동산 관련 위험자산 매입도 늘렸다. 국채매입 방식 또한 자산매입기금을 따로 설정해, 이로써 매입하는 간접 방식이 아닌 일본은행이 직접 국채를 매입하는 일반 방식으로 일원화했다.

🏛 '아베노믹스'의 명암

아베노믹스는 시행 즉시 상당한 효과를 나타냈다. 엔/달러 환율이 2012년 9월 13일 1달러당 77.49엔이었으나 아베가 총리가 된 2012년 12월 16일 83.70엔, 2013년 1월 들어서는 90엔을 웃돌기 시작했다. 더욱이 G20 재무장관 회의가 개최된 2013년 4월 중순을 고비로 마침내 달러당 100엔 선에 이르게 되었다. 그만큼 엔화 가치가 떨어졌다는 의미다. 같은 기간 니케이(日經, Nikkei) 평균주가도 약 40% 상승했다.

아베노믹스 시행 이후 일본이 변하기 시작했다. 경쟁력이 회복되고 있고 무엇보다 중요한 것은 오랫동안 잃었던 자신감을 회복하고 있다는 사실이다. 과거 20여 년 동안 일본은 경제가 나락에 빠지면서 이제는 세계 이류 국가그룹으로 밀려나고 있다는 패배 의식에 사로잡혀 있었다고 해도 지나친 말이 아니다. 그런데 아베노믹스 이후 뭔가 확연히 달라지고 있다. 어쩌면 새로운 희망을 보았다는 것이 가장 큰 성과가 아닌가 한다.

그러나 이러한 적지 않은 성과에도 아베노믹스에 대한 국내외 비판이 제기되었다. 첫째, 일본경제의 구조적 문제점에 대한 근본 대책이 없는 단기처방이라는 비판이 제기되었다. 이를테면 그간 일본 장기침체의 원인으로 지적되어온 인구 고령화와 인구 감소로 인한 내수시장 축소, 기업의 과당 경쟁, 혁신 능력 상실 같은 문제에 대한 대책이 빠져 있다는 것이다.

둘째, 아베노믹스는 그러지 않아도 감당하기 어려운 국가부채 규모를 더욱 늘릴 가능성이 크다는 점이다. 아베노믹스에는 재정지출 확대 계획만 있고 세수 증대 계획은 없었기 때문이다. 아베 총리는 취임 후 10년간 200조 엔의 토목공사를 공언했는데, 정작 재정확보를 위한 소비세 인상에는 소극적이었다.

셋째, 과도한 엔저 지속은 장기적 관점에서는 오히려 일본경제에 마이너스로 작용할 가능성이 있다는 우려도 있다. 이는 일본 제조업체들이 장기간 지속된 엔고로 생산기반을 아시아 등 해외로 이전해버려 엔저가 가져올 이득이 크게 떨어졌기 때문이다. 일본 제조업의 해외 생산 비율은 1990년 6.0%에서 2010년 18.1%로 높아졌고 2020년 24%로 늘었다. 그리고 엔저로 수혜가 기대되는 제조업의 비중은 1990년 26%에서 2020년 20.5%로 떨어졌다. 반면 엔화 가치가 급격하게 떨어지면서 휘발유 등 수입 물품 가격이 크게 올라 소비자 부담이 가중되었다.

아베노믹스의 정책 기조는 기시다(岸田文雄) 내각을 거쳐 2024년 10월 새로 들어선 이시바(石破茂) 내각에서도 이어지고 있다. 2022년부터 전 세계는 41년 만의 인플레이션을 타개하려고 초고속으로 금리를 올렸지만, 일본은 마이너스 금리를 고수했다. 양적완화 시책도 지속하고 있다. 2023년 4월 취임한 우에다 가즈오(植田和男) 일본은행 신임 총재는 기존의 대규모 금융 완화정책을 유지하겠다고 밝혔다. 2024년에는 금리를 플러스로 전환하기는 했지만, 0.25%의 초저금리 상태를 유지하고 있다. 이에 엔화 약세 현상이 이어지고 있다.

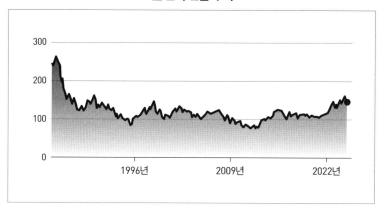

엔/달러 환율 추이

300
200
100
0

1996년　　　2009년　　　2022년

* 엔화의 달러 대비 환율.

　그 결과 일본경제는 2023년으로 들어서면서 뚜렷한 회복 조짐을 나타내고 있다. 2023년 경제성장률이 1.9%를 나타내 그동안 익숙해져 있던 제로 성장에서 탈출했다. 더욱이 우리나라의 1.4%보다도 높았다. 니케이지수도 2023년부터 상승하기 시작해 2024년에는 4만 선을 넘어서기도 하면서 사상 최고치를 경신했다. 1990년대 이후 줄곧 1% 안팎에 머물던 소비자물가상승률 또한 3~4%대에 달한다. 아베노믹스가 드디어 결실을 보고 있다는 낙관론이 나온다.

　그러나 아직 낙관하기는 이르다는 게 다수 전문가의 지적이다. 가장 큰 외견상 문제는 국가부채가 너무 크다는 점이다. GDP 대비 국가부채 비율이 259%로 선진국 중 가장 높다. 경기부양을 위해 재정지출을 늘리는 과정에서 국채 발행량이 증가한 데 기인한다. 그 결과 금리인상이 어려운 점 등 통화정책 운신의 폭이 크게 줄었다.

지속되는 엔저 현상도 꼭 바람직하지만은 않다. 미국과의 금리 격차 등으로 엔화는 달러당 160엔을 웃돌기도 했다. 다만 2024년 들어 단행된 두 번의 금리인상으로 엔화 가치가 다소 상승하기는 했지만 여전히 11월 기준 달러당 150엔 선을 웃돌고 있다. 그러나 이러한 엔저에도 무역수지는 2021년 이후 계속 적자를 나타내고 있다.

더욱이 통화가치가 한 나라의 기초체력, 즉 펀더멘털을 반영한다는 점을 감안할 때, 통화 약세는 그만큼 국력이 약해졌다는 의미이기도 하다. 그동안 미국과 중국에 이어 3위를 지켜오던 국내총생산 규모가 2023년부터는 독일에 밀려 4위로 내려앉았다. 또 1인당 국민총소득(GNI)도 대만에는 이미 수년 전부터 밀린 상태이며 2023년에는 우리나라보다 낮았다.

그런데 이러한 외형상 문제보다 더 치명적인 것은 아직도 여전히 구조적 문제에서 벗어나지 못하고 있다는 점이다. 2023년 UN 글로벌 혁신지수에서 일본은 스위스와 미국은 물론이고 싱가포르, 한국, 중국에도 뒤처져 13위에 그쳤다. 도전과 변화보다는 체제에 순응하는 데 익숙하다는 것을 의미하는 대목이다. 그리고 세계 1위 고령화지수에서 엿볼 수 있는 것처럼 경제사회의 활력과 역동성이 크게 약해지고 있다. 그러기에 일본의 장밋빛 미래 청사진에 대해서는 여전히 의문의 여지가 남아 있다.

약진하고 있는
금과 암호화폐

금은 달러와 대체 관계를 보이며 통화의 기능을 한다. 그러나 한정된 보유량으로 커가는 경제를 원활히 뒷받침하기 어려운 한계가 있다. 암호화폐도 내재가치가 없어 가격이 급등락하고, 투기와 돈세탁 우려에 대한 규제강화로 성장에 제약이 있다. 발행량 제한도 금처럼 오히려 제약요인이 되고 있다.

🏛 금과 달러의 대체·보완관계

브레턴우즈 체제에서는 달러 가치가 금으로 보장되어 달러와 국제 금값이 같은 방향으로 움직였다. 당시 금 가치는 1트로이온스당 35달러였다. 금 1트로이온스(Troy Ounce. ozt)는 31.1034768g, 1돈은 3.75g에 해당한다. 따라서 금은 달러와 보완관계로 가장 안전한 자산으로서 역할을 담당했다. 그러나 브레턴우즈 체제가 붕괴해 환율이 시장에서 결정되고 달러를 더는 금으로 바꾸어주는 금 태환제도가 시행되지 않자 달러와 금은 대체 관계로 변화하게 되었다. 즉 달러가 강세를 보이면 금값은 하락하고, 달러가 약세를 보이면 국제 금값이 상승하는 추세를 보여왔다.

금 시세 자유화 이후 국제 금 가격은 달러불안 등으로 상승을 계속해 1979년에는 한때 1온스당 1,800달러를 넘은 일도 있었다. 그러나 미국 경기가 살아나면서 달러가 강세를 보이던 1981~2000년 기간에는 300~400달러 선을 유지하다가 2001년 2월에는 255달러로 사상 최저치를 기록했다. 이후 닷컴버블(dot-com bubble) 붕괴로 달러가 약세로 전환하면서 금값은 다시 온스당 900~1,000달러 수준으로 상승했다.

　이러한 대체 관계가 특히 2008년 글로벌 금융위기 이후 극명하게 나타나고 있다. 금융위기가 진행되기 전에도 달러는 약세를 보였지만, 당시 금값은 온스당 900~1,000달러 수준이었다. 그러다 한창 금융위기가 진행되던 2011년 8월 22일에는 온스당 1,918달러(장중 최고 기준으로 종가는 1,889달러)로까지 치솟았다. 그러나 2015년부터 미국경제가 점차 회복되고 달러가 강세를 보이기 시작하자 금 시세는 다시 하락하기 시작했다. 특히 2015년 12월 18일에는 2008년 이후 최저치인 1,050.8달러를 기록했다.

　1,200~1,300달러 선에서 등락을 보이던 국제 금 시세는 2019년부터는 다시 가파른 상승세를 나타내고 있다. 코로나 사태, 금융 불안 사태와 경기침체에 대한 우려가 겹치면서 안전자산인 금값이 온스당 2,000달러를 돌파한 것이다. 특히 2022년 이후 우크라이나 전쟁, 실리콘 밸리 은행(SVB: Silicon Valley Bank) 파산 등 금융 불안 사태를 거치면서 2024년 10월 30일에는 사상 최고치인 2,783달러까지 치솟았다. 다만 트럼프 전 대통령의 재집권이 확정되면서 달러가

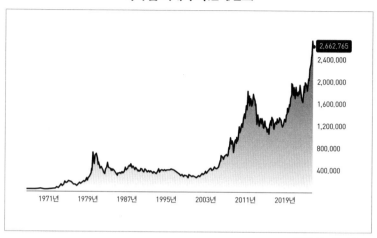

국제 금 시세 추이(달러/온스)

2,662.765

2,400.000

2,000.000

1,600.000

1,200.000

800.000

400.000

1971년   1979년   1987년   1995년   2003년   2011년   2019년

자료: TradingView.

강세를 보이자, 고공행진하던 국제 금 시세는 다소 진정세를 나타내고 있다.

한편 국제 금 시세가 상승하는 시기는 통상 세 가지 변수에 좌우되고 있다. 금은 이자도 배당도 없기에 달러 가치가 떨어질 때, 채권 수익률이 하락할 때 오를 수 있는 여건이 조성된다. 또 리스크 회피 성향이 커질 때 금은 가치를 저장할 수 있는 최고 수단으로 인기가 상승한다. 앞으로 금 시세도 이처럼 달러화 시세에 맞물려 등락을 보일 것으로 예견된다.

이처럼 금은 달러와 대체 관계를 보이며 통화의 기능을 한다. 그러나 보유량이 한정되어 있어 커가는 경제를 원활히 뒷받침하기 어려운 한계가 있다. 브레턴우즈 체제 당시와 비교할 때 세계 금 보유량은 크게 변하지 않았으나 경제 규모는 10배 이상 커졌다. 즉 세계 GDP 규모가 1980년에는 약 15조 달러였으나 2024년에는 109조 달러를 기록했다.

금을 많이 보유한 나라는 단연 미국이다. 이어 독일, 이탈리아, 프랑스 등 유럽 국가들이 금을 많이 보유한 것으로 나타나 있다. 이들은 외환보유고에서 금이 차지하는 비중도 큰 편이다. 반면 우리나라, 일본, 중국 등 아시아 국가들은 금 보유량 자체뿐 아니라 외환보유고에서 금이 차지하는 비중도 매우 낮은 편이다. 중국이 금 보유량을 늘리고 있지만 4.6%에 불과하고 우리나라는 1.2%가 채 되지 않는다.

2023년 말 기준 세계 중앙은행 금 보유량 순위는 미국이 8,133톤으로 가장 많았다. 그 뒤로 독일(3,352톤)과 이탈리아(2,451톤), 프랑스(2,436톤), 러시아(2,332톤), 중국(2,226톤), 스위스(1,040톤), 일본(846톤), 인도(803톤), 네덜란드(615톤) 등이 상위 10위 안에 들었으며, 우리나라는 104톤으로 34위였다. 그리고 상위 5개국이 전 세계 중앙은행 금 보유량 절반 이상을 차지했다.

🏦 암호화폐의 기축통화 가능성과 미래

'암호화폐(crypto currency)'는 보안을 위해 암호를 사용해 새로운 코인을 생성하고 거래 내역을 검증하는 디지털 화폐의 한 종류다. 이에는 2009년에 개발된 비트코인(BTC; Bitcoin)을 비롯해 이더리움(ETH; Ethereum), 테드(Tether). 라이트코인(Litecoin) 등 수많은 알트코인(Altcoin; Alternative coin)이 존재한다.

암호화폐 투자자들 사이에서는 이들을 그냥 코인(coin)으로 부르는 경우가 많다. 또 실물화폐와는 달리 실체가 없다고 해서 '가상화폐' '가상통화'라는 명칭을 사용했다. 그러나 2019년 2월 OECD의 국제자금세탁방지기구(FATF)에서 '가상자산(Virtual Assets)'으로 통일하면서 우리 정부도 바꾸어가는 중이다.

암호화폐는 2009년 세상에 선을 보인 이후 10여 년 만에 빠른 속도로 인기를 얻었다. 이는 암호화폐가 기존 법정화폐(fiat money)가 지닌 인플레 우려, 휴대의 불편성, 적지 않은 환전 수수료 등의 한계를 해소해주는 측면이 있기 때문이다. 여기에 투자가치와 장래 발전 가능성 또한 큰 편이다. 이런 이유로 암호화폐가 한창 인기를 끌 무렵인 2010년대 중후반에는 금이나 달러를 대체하는 기축통화가 될 것이라는 기대를 모으기도 했다. 특히 대장 격인 비트코인에 대해서는 '디지털 골드(digital gold)'라고들 불렀다.

비트코인이 탄생하고 각광을 받게 된 것은 2008년 글로벌 금융위기에서 비롯한다. 금융위기를 겪으면서 정부나 거대한 은행도 무너질 수 있다는 불안감에서 시작된 것이다. 당시 견고하다고 믿었던 미국 달러화에 대한 불신이 확산했고, 더욱이 미국 정부는 이 금융위기를 막으려고 달러를 마구 찍어내는 상황이었다.

이런 불안감을 배경으로 태어난 비트코인은 여러 가지 장점으로 차세대 통화로 기대를 받아왔다. 우선 전체 규모가 일정하기에 일반적 화폐와 달리 인플레이션 우려가 없다. 특히 금융시장 불확실성이 확대될 때마다 암호화폐 가격은 크게 상승하는 경향을 보여왔다. 또 은행을 통하는 것이 아니기에 거래시 수수료가 저렴하고 세계 어느 나라에서도 사용할 수 있다. 그리고 국가와 같은 중앙통제기관이 발행하는 것이 아니어서 거래가 자유롭다는 점도 장점으로 꼽힌다. 비트코인 이외의 다른 암호화폐들도 이와 유사한 성격을 지니고 있다.

사실 암호화폐의 대표 격인 비트코인은 급격한 가치등락을 보였지만 추세적으로는 꾸준히 상승해왔다. 비트코인은 2011년 초 개당 1달러에 불과했다. 그러나 2021년 11월에는 그때까지 최고점인 6만 9천 달러에 이르렀다. 이후 2022년 5월 '테라-루나' 사태 이후 혹한기를 맞으면서 2022년 말에는 1만 6천 달러 이하를 기록했다. 그러나 2023년 3월에 발생한 실리콘 밸리 은행(SVB, Silicon Valley Bank) 파산사태 이후 은행 시스템에 대한 불안감 등으로 다시 상승세를 이어가고 있다. 2024년 3월에는 7만 3천 달러를 찍으며 기존 최고치를 경신하기도 했다.

이후 다소 조정기를 거치다가 트럼프 전 대통령의 2024 대선 승리 소식이 전해지자 암호화폐 가격이 전반적으로 폭등하면서 비트코인은 개당 9만 달러도 넘어서며 최고치를 계속 경신하고 있다. 트럼프는 암호화폐에 우호적 태도를 견지해왔다. 그는 '비트코인 대통령'을 표방하며 비트코인을 전략자산화하고 미국을 세계 암호화폐 수도로 만들겠다고 공언해왔다.

그러나 여전히 암호화폐가 기존 법정통화를 대체할지에 대한 의구심은 물론이고 암호화폐가 지닌 부정적 문제에 대해서도 우려가 적지 않다. 이에는 여러 가지 요인이 있다. 첫째, 아직도 사용에 여러 가지 불편이 따르고 있다. 얼마 안 되는 결제업소, 거래소마다 다른 환율, 긴 결제 시간 등이 문제점으로 지적되고 있다. 둘째, 급격한 가격 변동성을 나타내 가치저장 수단으로서도 불안정하다.

셋째, 역설적이지만 국가기관 등의 통제를 받지 않아서 존립이 불투명하다는 문제점이 있다. 만약 유통에 문제가 발생하면 하루아침에 그 존재가 사라질 수도 있다. 넷째, 익명성이라는 특성으로 비자금 축적, 돈세탁, 무기 거래, 마약 구입 등 불법적 행위에 악용될 소지도 있다. 이런 인식을 바탕으로 국제사회에서는 암호화폐에 대한 규제를 강화해나가고 있다.

🏛 중앙은행 디지털 화폐의 기능과 역할

한편 이러한 기존의 암호화폐가 지닌 부작용을 해소한다는 차원에서 중국 등 세계 주요국들은 중앙은행 디지털 화폐(CBDC) 도입 문제를 적극 검토 중이다. 'CBDC(Central Bank Digital Currency)'는 암호화폐와 같이 블록체인 기술에 기반을 두고 있다. 그러나 중앙은행이 발행하는 만큼 가치가 고정되어 있을 뿐 아니라, 거래 내역도 추적할 수 있다. 이에 기존 암호화폐가 지닌 문제점인 탈세나 자금세탁 등 검은돈 이슈를 해소할 것으로 기대되고 있다.

하지만 CBDC 활용에 따른 우려와 문제도 있다. 무엇보다도 큰 문제는 CBDC가 개인의 사생활을 통제하는 이른바 '빅브라더(Big Brother)' 도구로 전락할 위험이 있다는 것이다. 중앙은행이 CBDC를 매개로 개인의 자금 흐름을 추적하며 국민경제 활동 전반을 감시할 수 있다. 또 개인의 거래 내역을 다 들여다볼 수 있기에 개인정보 침해의 위험성이 따른다. 이에 민주주의 국가조차 영장이 없는 계좌조회 같은 위법을 저지르지 않는다는 보장이 없고, 중국처럼 감시가 일반화된 나라에서는 마음대로 들여다볼 수 있다.

그러나 이러한 우려에도 CBDC가 지닌 여러 장점에 더해 디지털 시대로 전환하는 추세에 부응하고자 세계 각국은 CBDC 연구와 도입에 힘을 쏟고 있다. 주요 국가 중에서는 중국이 앞서가고 미국, 유럽연합, 일본 등 선진국이 뒤쫓아가는 형국이다. 우리나라도 2018년 한국은행이 CBDC 공동연구 태스크포스(TF)를 발족하면서 연구를 진행중이다.

이렇게 볼 때 암호화폐는 달러를 대체할 수 있는 새로운 글로벌 통화로 가장 주목받고 가장 이상적이지만 역설적으로 가장 불안한 화폐이기도 하다. 그래서 그 미래를 장담하기가 매우 어렵다. 그럼에도 암호화폐가 가져올 시장혁신, 분권화와 민주화 등은 분명히 제고해야 할 부분이다. 더욱이 블록체인 기술발전 가능성은 무궁무진해 다가온 인공지능 시대를 열어나갈 핵심기술로 기대되고 있다.

원화의 국제화를 위한 우리의 추진전략

원화를 국제화하려면 기본적으로는 원화의 내재가치인 우리의 경제력을 키워야 한다. 또 금융 부문의 경쟁력을 적어도 실물경제 수준으로는 강화해야 한다. 아울러 금과 외환보유고 확충, 통화스와프 확대, 원화의 SDR 통화바스켓 편입 노력을 강화해야 한다.

🏛 경제의 펀더멘털 강화가 기본

향후 기축통화를 두고 확산할 미국과 중국 간 패권전쟁에서 한국은 자유롭지 못하다. 이는 양국이 세계 최대 경제강국들이고, 또 우리나라 1~2위의 대외 거래 파트너이기 때문이다. 이들 양국의 통화가치 변동은 자연히 우리나라 환율과 수출에 영향을 미칠 테고, 외환보유고 구성 등 외환 정책 그리고 해외투자와 외국인 투자유치 등 자본수지에도 영향을 주게 된다. 이와 함께 최근 위상이 커지고 있는 금과 암호화폐, 디지털 화폐의 향방 또한 우리 경제와 원화의 앞날에 커다란 영향을 미치게 될 것이다. 그러면 과연 이러한 소용돌이 속에서 살아남으려는 우리의 전략적 대처방안은 무엇일까?

기본적으로는 원화의 내재가치인 우리의 경제력을 키워야 한다. 다시 말해 경제의 기초체력인 펀더멘털을 튼튼히 해야 한다는 것이다. 한 나라의 통화가치는 기본적으로 자국 경제의 펀더멘털을 반영하기 때문이다. 그 예로 위안화가 국제통화로서 위상이 강화된 것은 중국의 경제력이 커진 데 기인하며, 반면 유로화와 엔화의 위상이 약화한 것은 이들의 경제력이 위축된 데 기인한다.

🏛 금융 부문의 경쟁력 강화

다음으로는 금융의 경쟁력을 한층 더 강화해야 한다. 우리나라는 실물경제의 경우 제조업 경쟁력 세계 5위, GDP 규모 세계 14위의 위상을 지니고 있다. 그러나 금융 경쟁력은 매우 취약한 결과 국제 금융시장에서 원화가 결제되는 비율이 0.1%로 30위권에 머무르고 있다. 이러한 금융 취약성은 스위스 국제경영개발대학원(IMD)이 발표하는 국가경쟁력 평가에서도 잘 나타난다. IMD의 '2024 국가경쟁력 평가' 자료에 따르면 우리나라의 전체 경쟁력 순위는 67개국 중 20위였다. 반면 금융 부문 순위는 29위에 불과했다.

그러면 우리나라 금융산업의 국제경쟁력을 강화하는 데 필요한 과제는 무엇일까? 무엇보다 어떤 위기에도 흔들리지 않는 안정적인 금융시스템이 전제되어야 한다. 아울러 글로벌 표준에 부합하는 회계제도, 법적·제도적 투명성이 확보되어야 한다. 사실 우리나라는 1998년 금융위기에 이어 2003년 카드 사태, 2008년 금융위기까지 전 세계 주요 선진국 중 금융위기를 가장 많이 겪었다. 자본시장도 불안정해 작은 외부 충격에도 유동성 위기가 일어나고 있다. 이런 이유로 주식시장에서 공매도를 제한할 수밖에 없고, 원화의 국제화 추진에도 제약요인이 되고 있다.

이와 함께 금융기관의 영업행태와 관행을 과감히 혁신해야 한다. 우리나라 은행들의 수익원 중 예대금리차에 따른 이자 비중이 지나치게 높다. 영업이익이 떨어져도 비용이 감소하지 않는 경직적인 비용구조로 외부 충격에 취약하다. 또 부동산투기를 조장하는 주택담보대출 등 안전자산 쏠림현상으로 모험자본이 부족한 실정이다.

이를 시정하려고 은행들은 성장 가능성이 큰 스타트업 투자를 확대하는 등 수익구조의 다변화 노력을 강화해야 한다. 또 여신심사 관행을 담보 위주에서 상환능력 위주로 변경하는 한편 원리금 상환 방식도 이자만 갚다가 원금을 한꺼번에 갚는 거치식(据置式)에서 처음부터 원리금을 분할상환(分割償還)하는 방식으로 점차 전환해야 한다. 대출자금에 대한 금리적용 방식도 금리인상에 취약한 변동금리부 상품을 줄이는 대신 금리변동에 비교적 안정적인 고정금리부 상품을 늘려나가야 한다.

자본시장도 건전한 투자 문화가 뿌리내릴 수 있도록 건전하게 육성해야 한다. 그러려면 시장감시 기능을 강화하고 법 집행도 엄정하게 할 필요가 있다. 특히 주가조작 등 사기 범죄를 처벌하는 수위를 선진국 수준으로 대폭 강화할 필요가 있다. 즉 우리나라도 사기를 치면 패가망신한다는 걸 분명히 보여주어야 한다. 우리는 그동안 사기죄에 대한 솜방망이 처벌이 일상화되어 있었다. 반면 미국의 경우 금융 사기죄에는 사실상 종신형까지 선고할 만큼 엄벌주의와 무관용 원칙을 고수한다.

⛰ 금과 외환보유고 확충, 통화스와프 확대

이와 함께 원화의 국제화도 우리 경제력의 위상에 맞춰 전향적으로 추진해야 한다. 우리나라는 지금껏 국제협력, 국내 제도 개혁 등으로 원화의 국제화를 적극적으로 추진해왔다. 특히 역외 외환시장 허용, 국내 외환시장 개장 시간 연장, 국내 외환시장 거래 참여자 범위 확대 등으로 원화 거래의 시장 접근성을 높였다. 그래서 이제는 원화가 국제통화로 인정받게끔 해야 할 단계에 와 있다.

이를 위해 한국은행은 외환보유고에서 금이 차지하는 비중 확대 문제를 긍정적으로 검토할 필요가 있다. 최근 금 가격상승이 일시적 현상이 아니라 장기적 추세일 가능성이 크기 때문이다. 특히 우리나라의 금 보유 비중은 외환보유고의 1.2%에 불과해 미국을 비롯한 대다수 서방 선진국이 60% 이상에 달하는 것과 크게 비교된다. 아울러 최근 중국과 일본 등 아시아 국가들이 금 비중을 높이고 있는 점도 타산지석이 될 것이다.

외환보유고 자체를 확충하는 문제도 전향적으로 검토할 필요가 있다. 우리나라 외환보유고 규모는 2024년 9월 기준 4,200억 달러다. 이를 두고 IMF에서는 적정한 수준으로 평가하고 있다. 그러나 수출의존도가 높은 우리의 경제구조 특성상 언제 외환이 더 필요할지 모른다. 더구나 2021년 이후 우리의 외환보유고 규모는 계속 줄어들고 있다. 최고치를 보인 2021년 11월의 4,692억 달러와 비교하면 무려 492억 달러나 급감했다. GDP 대비 외환보유고 비율도 23%로 OECD 평균치 17.5%를 웃돈다고 하지만 실제로 들여다보면 우리보다 비율이 낮은 국가는 미국·중국·인도·독일 등밖에 없다. 이런 사실은 추가적으로 외환보유고 확충이 필요하다는 논거가 될 것이다.

외환보유고 확충과 함께 통화스와프도 확대해야 한다. '통화스와프(currency swap)'는 서로 다른 통화를 미리 약정된 환율에 따라 일정한 시점에 상호 교환하는 외환거래다. 환율과 금리변동에 따른 위험을 헤징하거나 외화 유동성을 확충해 외환시장 안정을 기하는 데 사용한다. 우리나라는 현재 중국, 스위스, 캐나다, 호주, 인도네시아, 말레이시아, 튀르키예, 아랍에미리트, 일본 등 9개국과 협정을 맺고 있다. 그러나 미국과는 협정이 종료된 상태다. 따라서 미국과의 협정 체결 노력을 강화할 필요가 있다.

암호화폐와 중앙은행 디지털 화폐(CBDC)에 관한 연구와 활용에도 더 전향적이어야 한다. 이의 한 방편으로 한국은행도 국제결제은행(BIS)이 주도하는 디지털 화폐 연구팀에 합류할 수 있도록 해야 한다. 이들이 기존 법정화폐를 완전히 대체하기는 어렵겠지만, 보완적 역할은 충분히 할 수 있기 때문이다. 아울러 달러를 비롯한 주요 기축통화국 지위를 가진 나라들이 CBDC 체제로 급속하게 전환할 가능성에 대비하기 위해서도 그러하다. 특히 암호화폐가 가져올 시장 혁신, 분권화와 민주화 등은 분명히 제고해야 할 부분이다. 더욱이 블록체인 기술은 인공지능 시대를 열어나갈 핵심기술로 기대되는 만큼 블록체인 생태계 활성화에 더 많은 힘을 기울여야 한다.

끝으로 원화의 SDR 통화바스켓 편입도 적극적으로 추진해야 한다. 사실 우리나라는 세계 7대 수출국이자 세계 14대 GDP 규모를 지닌 경제 위상, 자유무역을 바탕으로 최빈국서 경제대국으로 발전한 개발 경험, 꾸준한 원화 국제화 노력과 외환시장에서 원화 거래 비중 증대 등 SDR 편입을 위한 여건이 무르익었다. 원화가 SDR 통화바스켓에 편입되어 기축통화로 인정받을 경우 우리 경제는 환율 안정에 따른 수출증대, 국공채금리 하락에 따른 이자 부담 경감, 시뇨리지 효과 등으로 큰 경제적 이득을 볼 수 있을 것이다.

AN ECONOMIC WAR

세계 각국은 4차 산업혁명 시대의 리더가 되고자 전쟁을 방불케 할 정도
로 치열한 기술 패권 경쟁을 벌이고 있다. 그런데 첨단기술은 '승자독식
(winner takes all)'의 성향이 매우 강하다. 선두는 자신에게 유리한 표준과
규범을 만들기 마련이어서 후발주자들은 이를 역전하기가 거의 불가능해
진다. 더욱이 기술개발의 주기가 급속히 짧아지고 있다. 이에 따라 기술혁
신에서 뒤처지면 기존 패권국가나 선도기업도 순식간에 존폐를 위협받게
될 공산이 커졌다.

4장

기술 패권:
세계 패권은 기술이 결정

기술이 게임 체인저이자
패권인 시대

과거처럼 미래의 세계 패권을 가늠하는 가장 중요한 '게임 체인저(game changer)' 역시 기술혁신에서 나올 것이다. 인공지능과 반도체, 6G 통신기술, 우주기술, 양자 컴퓨팅, 바이오와 생명공학 기술들이다. 이 기술들을 선점하려는 국가 간 경쟁이 치열하다.

🏛 시대와 역사를 변화시키는 기술과 혁신능력

역사적으로 세계 패권 경쟁의 승패는 시대를 변화시킬 혁신능력 확보에 달려 있었다. 석탄·철의 활용과 총포의 발달, 석유산업의 발전, 핵 시대의 개막, 정보화 시대의 등장 등을 선도한 국가가 패권국이 되었다.

18세기 증기기관을 통한 기계화의 1차 산업혁명, 전기의 힘을 이용해 대량생산을 가능케 한 19세기에서 20세기에 걸친 2차 산업혁명, 컴퓨터와 IT 기술을 기반으로 자동화·정보화 시대를 연 3차 산업혁명은 모두 영국과 미국에서 시작되었다. 그리고 이들은 현재 국제사회를 이끄는 패권국이 되었다.

사회 변혁 시기마다 변화를 주도한 패권국들은 특히 20세기 후반 부터는 새로운 국제질서를 만들어나갔다. 이들은 신기술이 특허로 보호받을 수 있게 했고, 또한 기술표준을 만들어 독점적인 개발 이 익이 보장될 수 있도록 했다. 아울러 자유로운 시장경쟁이 가능한 국제무역 질서도 확립했다. 현재 전 세계에 통용되는 규범과 표준은 대부분 이러한 과정을 거쳐 정착되었다. 다만 개발도상국들은 선진 국으로부터 어느 정도 보편화된 기술은 이전받을 수 있었다. 그리고 이 과정에서 주요 생산기지가 된 국가들은 일정 부분 경제성장을 이 룰 수 있었다.

한편 현대사회를 눈부시게 변화시키고 있는 이 첨단기술은 '승자 독식(winner takes all)'의 성향이 매우 강하다. 선두는 자신에게 유리 한 표준과 규범을 만들기 마련이어서 후발주자들은 이를 역전하기 가 더더욱 어려워지게 된다. 더욱이 기술개발의 주기가 급속히 짧아 지고 있다.

그 결과 선진국의 첨단기술 관련 연구개발(R&D) 비용은 급증하나 그로부터 창출되는 이익의 영역이 축소되었다. 이에 따라 기술패권 경쟁이 치열해지고, 기술혁신에서 뒤질 때 기존 패권국가나 선도기 업도 순식간에 존폐를 위협받게 될 공산이 커졌다.

몇 가지 사례를 들어보자. 먼저, 비디오 시장에서 일본의 베타 (Betamax) 방식이 미국의 VHS(Video Home System) 방식에 밀려 생 산이 중단된 사례다. 베타 방식은 일본 소니사가 1975년에 개발한 VTR로, 고밀도 녹화를 특징으로 한다. 1cm 정도 테이프에 VHS 방식보다 훨씬 많은 분량의 화상을 녹화할 수 있는 장점이 있었다. 그러나 곧이어 개발된, 장시간 녹화를 특징으로 하는 VHS 방식에 밀려 1988년 생산이 중단되었다. 이는 VHS의 절반 정도에 불과한 짧은 녹화시간, VHS와 호환되지 않는 폐쇄적인 라이선스(license) 정책 등으로 시장에서 외면당하게 되었기 때문이다.

또 컴퓨터 경쟁에서 애플이 IBM에 백기를 든 사례가 있다. 애플사는 IBM보다 5년 앞서 개인용 컴퓨터(PC)를 출시했지만, 현재 전세계 사람들 대다수는 IBM PC 호환 기종을 쓴다. 1981년 처음 출시된 IBM PC는 컬러 화면에 그래픽 인터페이스를 갖춘 애플 PC와는 비교하기 힘들 만큼 초라했지만, 값이 매우 저렴했다.

그리고 PC 내부를 공개함으로써 많은 업체가 PC와 관련된 하드웨어와 소프트웨어를 개발할 수 있게 했다. 이의 한 방편으로 PC를 움직이는 운영체제(OS)로 마이크로소프트사의 도스(DOS)와 윈도(Windows)를 선택했다. 이에 반해 애플사의 PC는 값이 비쌌으며 내부를 공개하지 않았다. 결과적으로 애플은 시장의 외면을 받게 된 것이다. 이후 애플사는 매킨토시(Macintosh)를 개발해 만회를 시도했으나, 이미 기울어진 시장을 되돌리기는 어려웠다.

또 전기차와 수소차가 미래차의 표준을 두고 현재 치열한 경쟁을 벌이고 있다. 둘은 모두 석유를 연료로 쓰지 않는다. 자동차의 핵심인 내연기관, 엔진도 필요 없다. 전기를 원동력으로 삼아 모터를 구동한다는 공통점도 있다. 하지만 원료와 전기를 만드는 방식에서는 크게 갈린다. 일반적으로 전기차는 리튬이온전지, 수소차는 연료전지를 사용해 전기를 생산한다. 전기차는 배터리에 저장된 전기를 사용하고, 수소차는 고압 수소탱크에 충전된 수소와 공기 중 산소를 화학반응시켜 발생한 전기로 모터를 돌린다. 또 전기차는 부품 구조가 단순해 진입 장벽이 낮지만, 수소차는 제작에 상당한 자동차 기술이 필요하다.

두 차종 모두 기술적으로 장단점이 있어 앞으로 어떤 차종이 주류가 될지 예측하기는 힘들다. 지금까지는 전기차가 한 발 앞서는 양상이다. 그러나 미래에는 수소차가 전기차를 앞설 것이라는 주장도 만만치 않다. 전기차보다 더 친환경적일 뿐 아니라 충전 시간이 짧고 한 번 충전으로 훨씬 먼 거리를 주행할 수 있어 전기차의 불편함과 한계를 뛰어넘을 수 있다는 것이다. 더욱이 앞으로 기술개발이 가속화하면 차량 가격도 크게 떨어질 가능성이 있다.

🏛 미래의 세계 패권을 담보할 첨단기술은?

과거 그러했던 바와 같이 미래의 세계 패권을 가늠하는 가장 중요한 '게임 체인저' 역시 기술혁신에서 나올 가능성이 크다. 더욱이 4차 산업혁명 시대의 기술표준은 제품의 기술표준으로 시장을 보호하던 이전 상황과는 너무나 다를 것이다. 4차 산업혁명은 전 세계가 네트워크(network)와 플랫폼(platform)으로 얽히고, 이를 기반으로 데이터가 새로운 자원으로 등장하면서 기존의 시장과 산업구조를 급속하게 변화시키고 국제질서의 재편까지 유도하고 있기 때문이다.

그렇다면 과연 향후 산업과 국제질서를 재편할 기술 분야는 무엇일까? 이로는 인공지능(AI)과 반도체, 5~6G를 비롯한 통신기술, 통신의 기반이 되는 우주기술, 컴퓨팅의 차원을 바꿔줄 양자컴퓨팅 기술, 그리고 바이오와 생명공학 기술들을 거론할 수 있다.

양자컴퓨터는 슈퍼컴퓨터 대비 처리 속도가 수억 배 이상 빠른 신개념 컴퓨터를 말한다. 양자물리학의 원리를 적용해 정보처리 속도를 획기적으로 향상한다. 아직 상용화하기는 어려운 상태지만 물량이 방대한 데이터를 처리해야 하는 신약 개발, 물류 시스템 혁신, 자율주행, AI 등의 신산업 분야 모두 양자컴퓨터에 기대를 걸고 있다.

전 세계 글로벌 IT 기업들은 이 기술을 선점하고자 노력하고 있다. 양자컴퓨터의 개념은 1980년대 초 미국에서 발표되었으며, 구글과 IBM 등 IT 기업들이 앞다투어 기술을 개발 중이다. 2019년 10월 구글은 양자컴퓨터를 이용해 슈퍼컴퓨터로 1만 년이 걸리는 연산을 200초에 달성했다고 발표했다.

미국 정부도 투자를 늘리고 있다. 미 국가안보국(NSA)은 2015년 사이버 보안 강화 전략의 일환으로 양자 컴퓨터 개발에 7,970만 달러를 투자하기로 했다. 또 2018년에는 '국가 양자 이니셔티브법(National Quantum Initiative Act)'을 제정해 양자컴퓨터 개발 연구를 지원하고 있다.

중국도 2016년 세계 최초로 양자통신위성을 발사하는 등 적극적으로 기술개발을 추진중이다. 2018년부터 5년 동안 1천억 위안(약

19조 원)을 투입해 '양자 정보과학 국가연구소'를 설립하고 원거리 양자 통신망 구축과 양자 컴퓨터 개발에 집중하기로 했다. 그리고 이 기술을 활용해 2030년까지 인공지능 분야의 최고 기술 보유국이 되고자 하는 목표를 가지고 있다. 중국은 특히 양자통신 분야에서 두각을 나타내고 있다. 양자통신은 양자역학을 응용해 생성된 암호 키를 전달하는 방식이며, 도청과 감청을 원천적으로 차단한다. 이에 군사 암호를 송수신하거나, 개인 신용 정보를 주고받는 금융망 구축 등에 활용할 수 있다.

이처럼 기술혁신이 미래 경제사회의 게임 체인저가 될 공산이 커짐에 따라 기술패권을 놓고 국가 간 경쟁이 치열해지고 있다. 이중 가장 선두에 서서 경쟁을 벌이는 국가는 미국과 중국이다. 미국을 중심으로 유지되던 기존시장의 주도권이 거대한 인구와 생산력을 지닌 중국의 맹렬한 기술추격과 대규모 물량 공세로 크게 흔들리고 있는 형국이다.

이는 미국의 대중 무역수지 적자가 첨단기술 품목에서까지 큰 폭으로 증가하는 사실에서 잘 나타나고 있다. 이런 상황에서 미국은 기술이전, 지식재산권 분야에서 중국을 강하게 압박하고 있다. 미국은 중국이 지식재산권을 침해하고 있을 뿐 아니라 자국 기업에 보조금을 지급하고 세제 혜택을 주는 한편 국외 파트너들에는 기술이전을 강요한다면서 이의 시정을 강력히 요구하고 있다. 그리고 이를 실현하고자 고관세 부과 등 강력한 대응조치를 취하고 있다.

🏛 중국의 '기술굴기'와 미국의 견제

중국은 21세기 패권국이 되려는 전략으로 '기술굴기'를 선언한 상태다. 중국의 제조기술은 그동안 실제로는 '메이드 인 차이나(Made in China)'가 아니라 글로벌 가치사슬에서 조립만을 담당하는 '어셈블드 인 차이나(Assembled in China)'에 불과했다. 그러나 2020년 중국은 컴퓨터 약 2억 5천만 대, 자동차 2,500만 대, 스마트폰 15억 대를 제조하며 미국을 제치고 글로벌 최대 하이테크(high tech) 제품 생산 기지로 성장했다.

더욱이 그동안 일취월장한 경제력과 이에서 비롯한 자신감을 바탕으로 4차 산업혁명 시대에는 세계패권국으로 우뚝 서겠다는 욕심을 품게 되었다. 이를 위해 산업고도화를 추진하는 '중국제조 2025'와 '인터넷 플러스' 전략을 수립하고 국가 역량과 자원을 집중하고 있다. 중국은 이미 국가 주도 산업정책으로 바이두, 알리바바, 텐센트 등 대규모 IT 기업들을 키워냈다. 그리고 5G, 드론, 인공지능, 전기자동차 등의 영역에서는 이미 기술적으로 세계를 선도할 역량을 갖추게 되었다.

이뿐 아니라 중국은 무역 갈등으로 미국이 제재를 강화하자 오히려 이를 기회로 삼았다. 정부를 중심으로 산업계, 학계가 하나로 뭉쳐 첨단산업 기술력을 끌어올리는 데 힘을 쏟았다. 그 덕분에 전기차와 배터리, 디스플레이(display) 등 주요 제조업에서 중국 독주 시대가 열렸고, 로봇·자율주행·인공지능 등 미래산업에서도 중국은 미국 못지않은 강대국으로 올라섰다.

미래의 기술혁신 역량 또한 매우 크다. 이는 미국과 중국의 총 연구개발 투자 규모를 보면 그대로 드러난다. 구매력평가지수 기준 2000년 미국의 총 연구개발 투자 규모는 2,700억 달러에 달했지만, 중국은 330억 달러에 불과했다. 하지만 2020년에는 미국 6,400억 달러의 약 90% 수준인 5,800억 달러까지 따라왔다. 특히 국제특허 출원 건수는 미국을 앞질렀다. UN 산하 세계지식재산기구(WIPO)에 따르면 국제특허 출원 건수는 2019년 중국이 5만 8,990건으로 미국을 앞지르며 1위를 차지했다. 중국은 5년 동안 국제특허 출원 건수를 2배 이상 늘리며 일본과 미국을 차례로 추월했다.

물론 이러한 중국의 기술굴기가 한계가 없는 것은 아니다. 아직은 전반적인 기술 수준이 미국이나 다른 선진국에 비해 많이 뒤쳐져 있다. 이는 중국 스스로도 인정하고 있다. 중국은 '중국제조 2025' 장기계획에서 첨단산업을 육성해 2025년에는 경제대국의 반열에 진입하고 2049년까지는 최강국을 실현한다는 목표를 설정했다.

우리나라 과학기술정보통신부가 정보통신기술(ICT)·소프트웨어, 인공지능·로봇, 우주·항공, 바이오 등 11대 분야 136개 기술을 대상으로 조사한 '기술 수준 평가 결과(2022년 기준)'에 따르면 국가별 기술 수준 1위는 미국이다. 그리고 미국을 100%로 봤을 때 유럽연합 94.7%, 일본 86.4% 순으로 나타났다. 중국은 이들 국가에 한참 밀리는 82.6%로 우리나라 81.5%를 살짝 웃도는 수준이다.

또한 중국은 아직 다른 나라와의 기술협력이나 상업적 교류 측면에서도 한계가 많다. 중국을 대표하는 IT 기업들이 빅데이터와 AI 등 새로운 기술을 적극적으로 수용하면서 단기간에 극적으로 성장하고 있지만, 중국 국내의 거대한 시장에 국한된 상황이기도 하다. 더욱이 최근에는 미국이 동맹국과 함께 공동으로 중국을 견제하고 있다.

이처럼 미국과 중국의 기술패권 경쟁이 치열해지면서 이제는 첨단기술 보유 여부가 산업구조와 통상 문제를 넘어 국가안보와 동맹 관계에도 핵심적 영향을 미치는 시대가 되었다. 기술패권 경쟁은 미국과 중국의 국가 간 경쟁을 넘어 기술동맹 차원으로 확대되고 있기 때문이다. 다시 말해 기술 냉전의 양상으로 진행되고 있다는 것이다. 기술냉전 시대가 도래함에 따라 기술패권을 중심으로 블록화가 진행될 가능성도 있다.

패권도전에 나선 중국은 기존의 '일대일로' 전략에서 인터넷 인프라를 강화하면서 기술 중심으로 확장한 '디지털 실크로드(digital silk road)' 전략으로 전환해 추진하고 있다. 한마디로 기술동맹을 강화하겠다는 의지의 표현이다. 이에 맞서 미국 또한 자유주의 동맹 파트너 국가들과 함께 기술동맹을 구축해 대응하고 있다. 기술 냉전은 직접적인 군사적 충돌을 하지 않지만, 기술의 절대 우위로 경쟁력을 가지려고 다양한 경제적·비경제적 수단을 동원해 글로벌 정치경제 질서를 주도하는 것을 목표로 한다. 이렇게 볼 때 앞으로의 세상은 기술패권 국가를 중심으로 시장이 재편되고, 그 영향력에 따라 새로운 국제질서가 만들어질 것으로 전망된다.

점입가경으로 치닫는 인공지능 패권전쟁

중국은 인공지능 육성에 가장 적극적이다. 물론 아직은 전반적 역량 면에서 미국에 뒤지고 있다. 그러나 데이터의 무제한 활용, 대규모 보조금 지원 등에 힘입어 주민 통제 수단인 안면인식기술 등 일부 분야는 경쟁력이 앞선다. 이에 미국은 동맹국과 함께 반도체 규제 등으로 중국 견제를 강화 중이다.

🏔 미래의 판도를 바꿀 핵심기술은 AI

'인공지능(AI, artificial intelligence)'은 인간의 지적 능력을 컴퓨터로 구현하는 기술이다. 인공지능 기술은 로봇과 인공지능 스피커, 자율주행 자동차와 드론, 가상현실(VR; virtual reality)과 증강현실(AR; Augmented Reality), 웨어러블(wearable) 디바이스 등 새로운 산업과 시장을 만들어내고 있다. 최근에는 오픈(Open) AI가 선보인 챗GPT 같은 생성형 인공지능도 출현해 삶의 패턴을 바꾸어놓았다.

이처럼 인공지능은 그 자체로도 중요하지만 다른 산업과 기술에 지대한 영향을 미친다. 인공지능 기술은 다양한 산업 분야에 혁신을 가져오는 잠재력이 있어 이를 활용하는 기업은 막대한 경제적 이득을 취할 수 있다. 제조업과 유통, 금융과 의료 등 기존 산업을 혁신해 고부가가치를 창출해내고 있다. 한마디로 인공지능은 모든 산업과 기술에 활용되는 범용기술로 미래의 국가경쟁력을 좌우하는 핵심기술이다.

이런 상황에서 인공지능 제품 등 관련 시장도 급속하게 커지고 있다. 글로벌 시장조사기관 '포춘 비즈니스 인사이트(Fortune Business Insights)'에 따르면 글로벌 AI 시장 규모는 2022년 4,280억 달러에서 2030년에는 2조 251억 달러 규모로 연평균 21.6%를 기록해 기하급수적으로 성장할 것으로 전망했다.

초연결·초지능·초산업의 속성을 지닌 인공지능은 기존 산업구조를 더는 의미가 없게 만들고 있다. 이미 제조업의 서비스화가 급속히 진전되고 있으며, 1차 산업으로 알려져 있던 농업은 이제 재배와 가공, 유통의 연계로 6차 산업이 되었다. 나아가 인공지능 기술은 군사기술 발전에도 중요한 역할을 하며 이로써 국가안보를 강화하고 있다. 이에 따라 21세기 핵심기술로 떠오른 AI 기술을 선점하면 경제뿐 아니라 군사적 패권도 유지할 수 있게 되었다.

그래서 지금 세계 각국은 4차 산업혁명과 인공지능 시대의 리더가 되려고 전쟁을 방불케 할 정도로 치열한 기술패권 경쟁을 벌이고 있다. 인공지능 기술은 선점이 매우 중요하기 때문이다. 승자독식의 성향과 기술개발의 주기가 그 어느 기술과 산업보다 크고 빠르다. 따라서 '빠른 추격자(fast follower)'가 아니라 '선도자(first mover)'가 되어야 한다.

🏛 아직은 전반적으로 기술 우위에 있는 미국

자유경제체제의 미국은 이 경쟁의 대열에 기본적으로는 구글, 애플, 아마존, 메타, 마이크로소프트 등 글로벌 IT 기업들을 앞세우고 있다. 미국의 인공지능 기업들은 인공지능 생태계를 선도하겠다는 목표 아래 다양한 전략을 취하고 있다.

첫째, 급속한 기술변화에 대응하고자 고급인재의 확보와 선점에 총력을 기울이고 있다. 이를 위해 대학·연구소와 협력을 적극 추진하거나 아예 기업부설 인공지능 기술 연구소를 발족시키고 있다. 나아가 경쟁사의 AI 부문 최고위 임원까지 거금을 주고 서로 뺏고 빼앗기는 식의 스카우트 경쟁에도 나서고 있다.

둘째, 구글이 딥마인드(DeepMind)를 인수한 사례와 같이 인공지능 스타트업 인수 경쟁에 공격적으로 나서고 있다. 이들이 스타트업들을 인수하는 이유는 자체적으로 기술개발을 하려면 상당히 오랜 시간이 걸리지만, 우수한 기술을 가진 스타트업을 인수할 경우 신기술을 짧은 시간 내에 흡수할 수 있을 뿐 아니라 젊고 혁신적인 인재를 수혈하는 수단도 되기 때문이다.

셋째, 핵심 기술을 상호 공유하는 오픈소스 전략을 추진하고 있다. '오픈소스(open source)'는 소프트웨어의 설계도에 해당하는 소스코드를 인터넷 등을 통해 무상으로 공개해 누구나 그 소프트웨어를 개량하고 재배포할 수 있도록 하는 것을 말한다. 누구나 무료로 이용할 수 있을 뿐 아니라 공개된 코드를 기반으로 프로그램을 마음대로 변형할 수도 있다.

이들이 오픈소스로 공개하는 것은 인공지능처럼 어려운 기술의 발전은 독자적 노력만으론 한계가 있다고 보기 때문이다. 그리고 기술을 공개해 더 많은 개발자 우군을 확보, 인공지능 생태계 진화를 앞당기려는 것이다. 아울러 폐쇄적 시각에서 벗어나 기술 플랫폼을 공개함으로써 우수 인재를 훈련하고 발굴하려는 뜻도 내포되어 있다.

미국이 비록 자유 시장경제 국가이지만, 인공지능 기술이 세계경제 패권과 국가안보를 구축하는 데 핵심 요체가 된다는 인식 아래 정부 차원에서 기업지원 활동도 강화해나가고 있다. 미국 정부가 AI 분야 주도권을 잡으려고 만든 청사진이 바로 2016년의 'AI 국가전략'이다. 2018년에는 기계학습과 관련한 기술발전을 주도한다는 취지에서 '인공지능 국가안전위원회(NSCAI)'를 창설했다. 또 2021년 발효된 '미국 혁신 경쟁법(US Innovation and Competition Act)'은 미국이 중국을 견제하려고 마련한 법으로, 핵심 산업기술 분야에 향후 5년 동안 최소 2천억 달러를 투자하는 것을 목표로 한다.

이러한 글로벌 IT 기업들과 정부의 혁신 노력에 힘입어 미국은 인공지능 기술 역량 면에서 아직은 세계 최고 수준을 나타내고 있지만 중국이 무섭게 추격하고 있다. 세계 제2의 경제대국 중국은 그 어떤 나라보다도 인공지능 기술의 육성에 적극적이다. '인공지능 굴기'로 미국을 기필코 따라잡겠다는 목표 아래 정부와 기업이 힘을 합쳐 인재 양성과 기술투자에 혼신의 노력을 다하고 있다. 물론 아직은 알고리즘과 상용화 등 인공지능 전반의 역량 면에서는 미국에 뒤지는 것으로 평가되고 있다.

우리나라 정보통신기획평가원(IITP)이 조사한 AI 분야의 전반적 기술 수준은 2022년 기준 미국(100%)이 가장 높고, 그다음으로 중국(92.5%), 유럽(92.4%), 한국(88.9%), 일본(86.2%) 순으로 높게 나타났다. 또 중국정보통신기술원이 2024년 조사한 바에 따르면 전 세계에는 총 1,328개 대형 AI 모델이 있는데, 이중 중국의 비중은 36%로 미국(44%)에 이어 두 번째로 많았다.

또한 중국과학기술정보연구소(ISTIC)가 발표한 '2023 글로벌 AI 혁신지수 보고'에서도 중국의 종합적 AI 수준은 미국에 이은 세계 2위를 유지했다. 평가에서 미국은 74.71점, 중국은 52.69점을 각각 기록해 1급 단계 국가에 해당했으며, 2급 단계 국가들과 격차가 더 벌어졌다. 2급 단계에는 영국(37.93점)·일본(34.42점)·싱가포르(33.84점)·한국(33.11점)·캐나다(32.38점)·독일(32.32점)·프랑스(31.73점)·네덜란드(30.70점)·스웨덴(30.46점) 등 9개국이 포함되었다. 미국은 이 지수가 처음 만들어진 뒤 5년 동안 줄곧 1위 자리를 지켰고, 중국은 2020년부터 4년 동안 2위를 기록했다.

미국은 이처럼 중국이 무섭게 추격하자 이를 노골적으로 견제하고 있다. 대표적인 예가 '중국제조 2025' 계획에 포함된 반도체와 인공지능 등 주요 첨단제품에 관세 폭탄을 투하한 것이다. 또 5G 이동통신과 관련해서도 호주·뉴질랜드·영국·이스라엘·일본 등 주요 동맹국에 중국 통신장비업체 화웨이(華爲)를 보이콧하도록 강력히 요청했다. 특히 인공지능 개발에 핵심 요소인 반도체를 동맹국과 더불어 규제함으로써 중국에 결정적 타격을 가하고 있다. 다시 말해 미국과 중국은 미래의 핵심 먹거리인 인공지능의 개발전략을 두고 총성 없는 전쟁을 이미 시작했다.

🏛 정부의 전폭 지원으로 발전중인 중국 AI 기술

이처럼 아직은 인공지능 발전 면에서 미국이 앞서는 것이 사실이다. 그러나 중국이 무서운 기세로 추격하는 상황이 주목된다. 우선, 중국은 미국과 달리 기업에 대해 정부의 강력한 지원시책이 펼쳐지고 있다. 중국은 바이두(Baidu, 百度), 알리바바(Alibaba, 阿里巴巴), 텐센트(Tencent, 腾讯) 등 이른바 'BAT'라 불리는 3대 인터넷 기업이 인공지능 산업을 이끌고 있다. 중국 정부는 이들에 막대한 보조금 지급과 세금 감면 등 지원시책을 펼치고 있다.

바이두는 중국에서 검색시장 1위 기업으로 미국의 구글에 대적하고 있다. 알리바바는 '알리바바닷컴'을 비롯해 개인 간 온라인장터 '타오바오', 전자결제 서비스 '알리페이' 등을 운영하는 세계 최대규모의 전자상거래업체다. 텐센트는 모바일 메신저 위챗 등 유무선 메신저와 게임 분야의 강자로, 중국 시가총액 1위의 기업이다.

중국은 정부 차원에서도 강력한 AI 육성책을 펼치고 있다. 2017년 수립된 '차세대 인공지능 발전계획'은 '중국제조 2025' 프로젝트와 연계해 착실히 추진해왔다. 이후 2023년 10월 '글로벌 인공지능 거버넌스 이니셔티브'를 발표했고, 2024년 3월에는 '인공지능 플러스(AI+) 이니셔티브'라는 이름의 AI 산업 육성책을 내놓았다.

이로써 2030년까지 AI 핵심산업 규모를 1조 위안(약 190조 원)까지 키우고 관련 산업 전체 규모를 10조 위안 이상으로 확대해 세계 최대 AI 혁신센터가 되겠다는 목표를 내세웠다. 또 2035년까지는 중국의 AI 핵심 산업 규모를 1조 7,300억 위안(약 330조 원)까지 키워 글로벌 점유율을 30% 이상으로 높이겠다는 목표를 설정했다.

또다시 2024년 7월에는 '국가 AI 산업의 종합 표준화 시스템 건설 지침'에서 2026년까지 최소 50개 AI 분야 국가표준을 확립하겠다는 계획을 밝혔다. 그러면서 표준 제정 계획이 국가 경제 내에서 AI 통합을 가속화해 산업생산과 경제발전 패턴을 근본적으로 변화시킬 것으로 전망했다.

중국 정부의 개인보호법이 미국보다 약하다는 점도 인공지능 개발에 유리한 점이다. 미국의 데이터베이스(DB; database) 시장을 사실상 독점하고 있는 오라클(Oracle)은 빅데이터(Big data)의 주된 특징으로 V를 3개 얘기했는데, 바로 규모(Volume), 다양성(Variety), 속도(Velocity)다. 중국은 이 세 가지 측면에서 상당한 우위를 가지고 있다. 우선 엄청난 인구가 높은 인터넷 보급률로 만들어내고 있는 거대하고 다양한 규모의 데이터 분량이다. 그리고 이를 세계적으로 우위를 차지하고 있는 5G의 속도로 수집·유통한다는 것이다.

게다가 빅데이터 모형에서는 데이터가 분산되거나 격벽이 있기보다는 중앙에 집중되어야 빅데이터로서 가치나 활용도가 높아진다. 이런 측면에서 사적 재산권이나 프라이버시(privacy) 개념에 대한 사회적 인식이 낮고, 빅브라더(Big Brother)에 가까운 중앙집권적 일당 통치체제를 유지하고 있는 중국은 다른 서구 국가에 비해 많은 비교우위를 가지고 있다. 이에 따라 중국은 인공지능을 개발하는 데 거대한 실험실이라는 평가를 받고 있다.

이러한 정부의 강력한 정책적 지원에 힘입어 일부 분야의 AI 기술은 이미 미국을 능가하고 있다. 특히 안면인식 분야는 중국의 경쟁력이 독보적이다. 세계 최고 수준의 안면인식기술을 자랑하는 중국에서는 아파트나 건물 출입, 교통 위반 감시 등은 물론이고, 지하철과 공중화장실에도 카메라가 등장해 사생활 침해 논란을 키우고 있다. 미국은 개인정보 보호와 기술 남용의 우려 때문에 이 분야의 기술 경쟁을 아예 포기했다. 반면 중국은 주민 통제 수단으로 활용하려고 안면인식기술을 적극적으로 개발해왔다. 그 결과 센스타임(SenseTime), 메그비(Megvii) 등 중국 인공지능업체는 단 몇 초 만에 중국인의 신상정보를 14억 명 중에서 확인할 수 있는 기술력을 갖췄다.

인공지능 기술을 활용해 제작한 드론도 중국산이 독보적이다. 현재 전 세계 드론 시장 1위 기업은 중국 다장이노베이션(DJI)이다. 가격, 가용성, 사용 편의성, 품질 면에서 DJI 제품을 대체할 만한 제품이 없기 때문이다. 2021년 기준 DJI는 미국 시장의 76.1%를 점유했다. 인텔(4.1%)이나 3D 로보틱스(0.6%) 등 미국 기업과는 비교할 수 없는 수준이다. 심지어 2017년 시리아에 파견된 미 특수부대원들이 자국 군용 드론에 DJI 제품을 사용했다는 사실이 드러나기도 했다.

미래의 인공지능 기술 역량을 가늠하는 특허 출원과 논문 발표 면에서도 중국의 위상은 미국을 압도하고 있다. AI 특허 건수 기준으로 중국이 미국을 추월한 것이 2017년이다. 특히 생성형 AI 특허 분야에서 독보적이다. 유엔 세계지식재산권기구(WIPO) 보고서에서 중국은 생성형 AI 관련 특허를 2014년부터 2023년까지 3만 8천 건 이상을 출원하면서 1위에 오른 것으로 파악되었다. 같은 기간 미국은 6,276건을 출원했을 뿐이다.

AI 논문 발표에서도 2013~2023년 3분기까지 전 세계 인공지능 논문 117만 건 가운데 중국은 36만 8천 건으로 독보적인 세계 1위를 차지했다. 권위를 인정받은 국제 상위급 학술지에 실린 AI 논문 점유율은 중국이 36.7%, 미국이 22.6%였다. 젊고 유능한 AI 인재가 많은 것도 강점이다.

🏛 기타 주요국들의 AI 육성 시책

한편 다른 주요 국가들도 인공지능기술과 산업의 육성에 사활을 걸고 있는 것은 마찬가지다. 다만 미국과 중국보다는 그 격차가 갈수록 벌어지는 모습을 나타내고 있다. AI 유니콘(Unicorn) 기업 수에서나 대형 인공지능 모델 보유 수에서 미국과 중국 두 나라가 전 세계의 80%를 점유하는 등 양국의 독주 현상이 더 심화하고 있다.

일본은 한때 로봇 강국으로 통했다. 소니를 비롯한 다수 기업이 다양한 휴머노이드(humanoid) 로봇을 내놓으면서 세계시장을 선도했다. 이런 여세를 몰아 로봇을 비롯해서 센서 디바이스(device), 네트워크 인프라, 데이터, 컴퓨터 개발 능력 등을 활용해 경제·사회혁신을 추진해나가고 있다.

유럽연합은 디지털 단일시장 전략을 수립했다. 범국가적 생태계를 조성하고 유럽 인공지능 전략으로 중장기 인공지능 정책 방향을 꾀하고 있다. 이를 위해 디지털 혁신 허브 네트워크를 만들고 유럽 전략투자기금과 인공지능·블록체인 투자기금을 조성했다. 또 국제사회에서 인공지능 윤리와 규제 분야의 주도권을 확보하려는 전략을 추진하고 있다.

우리나라의 인공지능 환경은 클라우드(Cloud)와 빅데이터, 딥러닝(deep learning) 등 핵심 원천기술은 미국과 중국 등 선도국보다 크게 뒤떨어져 있다. 그리고 타 산업 분야와 협업 등 산업생태계 조성 측면에서도 아직 부족한 부분이 많다. 다만 5G 이동통신과 IT 시설 등 기본 인프라가 그런대로 갖춰져 있어 지금까지는 그럭저럭 버티고 있으나 앞으로가 걱정이다.

국제사회에서는 이처럼 치열한 인공지능 기술개발 경쟁을 하는 가운데 AI 규제론에 대한 논의도 활발히 진행 중이다. 개인정보 문제, 가짜 뉴스 등 인공지능의 부작용에 대한 우려가 커지고 있기 때문이다. 특히 챗GPT 등 생성형 인공지능이 출현하면서 AI 안전성과 신뢰성 확보를 지원하는 표준의 중요성이 높아지고 있다. 이에 UN에서는 최근 AI 발전에 따른 위협을 통제할 필요가 있다며 국제원자력기구(IAEA)급 AI 규제 전문기구 설립 계획을 밝혔고, OECD에서는 'OECD AI 권고안'을 공개한 바 있다.

이런 국제기구의 움직임과는 별도로 미국, 중국, 유럽연합 등도 AI를 포함한 디지털 기술의 활용 방안과 이용자의 행동 양식에 대한 규범을 경쟁적으로 발표하고 있다. 우리나라도 이런 움직임에 적극적이다. 이는 AI 등 기술이 저작권이나 노동 환경과 같은 기존 가치 체계를 뒤흔드는 상황에서 자국의 견해를 글로벌 표준에 더 많이 반영하려는 '규범 패권 경쟁'인 것이다. 또 UN이나 OECD 등이 본격적으로 AI 규범을 논의하기에 앞서 주도권을 잡으려는 전략이기도 하다.

갈수록 심화되고 있는 반도체 패권전쟁

반도체는 4차산업 시대의 필수불가결 소재이며, 국가안보에도 중요하다. 이에 미국은 '반도체법'을 제정해 경쟁력을 강화하고 있다. 반면 중국은 아직 반도체 제조 능력은 취약하다. 미국은 중국의 '기술굴기'를 견제하려고 미세공정 반도체 규제강화와 함께 'CHIP4' 등 반도체 동맹까지 맺고 있다.

🏛 반도체 산업의 구조와 가치사슬 재편 과정 ◀

반도체는 텔레비전, 컴퓨터, 스마트폰, 자동차 등 대다수 전자기기와 인공지능, 사물인터넷, 자율주행 등 4차 산업혁명 기술에 필수적이어서 국가 간 기술 경쟁이 치열하다. 또한 반도체는 재료와 장비, 공정이 각각 수백 개에 달해 누구도 쉽게 장악하기 힘든 첨단 분야다. 재료 한두 개만 빠져도 생산이 멈출 수 있다. 이에 산업의 쌀이라고 불린다. 더욱이 반도체 칩은 이제 국가안보에도 깊숙이 자리 잡고 있다. 이로써 반도체를 국가안보와 경제발전에 커다란 영향을 미치는 전략자산으로 취급하고 있다.

반도체 산업은 칩 가공 공정에 따라 설계(팹리스)→생산(파운드리)

→조립·검사(패키징) 단계로 가치사슬을 이루며, 이런 제조 과정을 지원하는 소재·장비업계가 있다. 현재 부가가치 창출 측면에서 미국·한국·일본·중국·대만·유럽 등 상위 6개국이 전 세계 반도체 산업 총부가가치의 96%를 차지하고 있다. 반면 수요는 중국이 세계 최대 수요국으로 떠올랐다.

반도체 제조사는 설계부터 생산까지 분업화 과정을 거친다. 반도체 산업은 과거 한 기업에서 설계와 제조를 전부 수행하는 IDM이 주류였으나, 현재는 팹리스와 파운드리로 분화되는 추세를 보인다. 설계에 특화된 기업은 팹리스(Fabless), 주문에 따른 생산을 하는 회사는 파운드리(Foundry)라고 한다. 그리고 설계부터 생산까지 하는 기업은 반도체 종합제조사(IDM; Integrated device manufacturer)이다.

반도체 제조를 일괄 생산하는 IDM의 경우 대부분 메모리(memory) 업계이며, 한국이 가장 앞서 있다. 파운드리 업계는 초미세 가공 기술 확보가 경쟁의 관건이 되는데, 대만 TSMC가 가공 기술과 생산 능력을 모두 겸비해 세계를 선도하고 있다. 하지만 한국의 삼성전자가 최근 세계 최초 3나노(nm) 공정기술로 칩 양산을 시작하면서 TSMC와 파운드리 주도권 확보에 치열한 경쟁이 벌어지고 있다. 공정의 선폭이 7nm →5nm →3nm로 한 단계씩 진화할수록 반도체 칩의 효율성이 20%씩 증가하는 것으로 알려져 있다. 그만큼 고도 기술이 필요하다.

미국은 10nm 이하 가공 기술의 제조역량이 부족해 최첨단 로직 칩(logic chip) 제조는 대만에, 일반공정 칩은 대만과 한국에 의존하고 있다. 다만 인텔이 10nm 미만 제조공정의 공장건설을 추진중이다. 그러나 AI 반도체 부분에서는 미국의 엔비디아(NVIDIA)가 압도적인 두각을 나타내고 있다. 특히 엔비디아는 시가총액이 3조 달러에 이르며, 인공지능 시대의 반도체 시장을 이끌 리더로 급부상했다.

사실 세계는 일찍부터 반도체 패권 경쟁을 벌여왔다. 미국은 20세기 중반까지 타의 추종을 불허하는 제조역량으로 황금 성장기를 누렸다. 1970년대까지는 IBM·텍사스 인스트루먼트·모토로라·인텔 등 미국이 절대적인 주도권을 쥐고 있었고, 필립스·지멘스로 대표되는 유럽과 NEC·도시바·히타치 등의 일본 기업들이 2위 그룹을 형성했다.

그러나 1970년대부터는 일본 반도체 산업이 부상하면서 미국은 제조역량 상실에 대한 위기감이 싹트기 시작했다. 더욱이 1980년대로 접어들어서는 일본은 엔저와 압도적 기술력을 바탕으로 전자제품 등을 미국에 수출하면서 엄청난 무역흑자를 기록했다. 일본은 세계경제의 새로운 중심으로 떠올랐으며, 특히 전자제품에 필수품인 반도체 분야에서 눈부신 성장세를 보였다. 이 시기 일본은 높은 기술력과 우수한 노동력을 바탕으로 전체 메모리 반도체 시장에서 차지하는 비중이 80%에 이르는 등 미국은 물론 전 세계시장을 빠르게 장악했다. 특히 현재는 우리나라의 수출 효자 상품으로 되어 있는 D램 분야에서 압도적 경쟁력을 자랑했다.

이처럼 미국은 반도체 제조생태계가 위기에 처하자 범국가적 대응에 나섰다. '제2의 진주만 공습'이라는 표현까지 등장했다. 이후 정부의 지원 아래 설계역량을 키우고 국내 생산기반을 업그레이드 했다. 아울러 1986년에는 '미일 반도체협정'을 체결해 미국 반도체의 시장점유율을 확보해나갔다. 양자 협정문의 골자는 1986년 당시 10% 수준이던 일본 내 미국산 반도체 점유율을 20%까지 높이고, 일본의 덤핑수출 등 저가 공세를 금지하는 것이었다.

이후 1991년과 1996년에도 제2~3의 협정이 이루어짐에 따라 미국과 일본의 반도체 분쟁은 1996년에 이르러서야 공식적으로 종결되었다. 이는 10년 이상의 오랜 기간에 걸쳐 진행된 기술패권 경쟁이었고, 본질은 미국의 핵심 제조업 기반을 지키려는 중장기 전략이었다. 그 결과 1990년대 중반부터는 미국이 다시 반도체 산업의 주도권을 되찾았다. 아울러 한국, 대만이 신흥강자로 떠오르기 시작했다. 특히 한국은 최대 수혜자였다. 삼성전자가 2002년부터 인텔 다음인 점유율 2위를 유지하기 시작했다. 반면 일본 반도체 기업들은 시장점유율을 상실해나갔고, 2010년대 초반부터는 거의 몰락 수준이 되었다.

이후 세계 반도체 시장은 빠르게 재편되어갔다. 즉 반도체 설계 분야인 팹리스와 R&D 분야는 미국, 반도체 생산 분야인 파운드리는 한국과 대만, 부품·소재·장비 등은 일본과 네덜란드 등이 담당하는 공급망이 구축되었다. 생산부문에서도 메모리 반도체는 한국, 비메모리 또는 시스템 반도체는 대만으로 특화되었다. 이로써 각 국가 특성에 따라 반도체 제조에 대한 가치사슬의 분업화가 형성되었고,

글로벌 가치사슬(GVC; Global Value Chain) 거점을 구축해 제조 비용 절감을 도모해왔다.

⛩ 미국의 '반도체 산업 재육성' 배경

그러나 미국은 바이든 정부가 들어서면서부터 반도체 산업의 육성에 진력하고 있다. 그 배경은 다음과 같다. 첫째, 세계 반도체 제조 능력에서 미국의 비중이 대폭 하락했다. 1990년만 해도 미국의 반도체 생산 능력 비중이 37%였으나 2022년에는 12%로 떨어졌다. 더욱이 미국계 기업의 비중은 더 낮은 9%다. 반면 2020년 각각 22%, 15%였던 대만과 중국의 생산 능력 비중은 2030년 21%, 24%로 예상된다.

실제로 미국 빅테크 업체들은 자체 설계한 반도체 제조를 해외 파운드리 업체, 특히 대만의 TSMC에 대부분 의존한다. 더욱이 군사용·우주항공용 반도체 등 국가안보와 직결되는 첨단반도체 제조공정을 미국 내에서 직접 수행하지 못한다. 미국이 공급망에 근본적 위기감을 느낄 수밖에 없는 배경이다.

둘째, 반도체 생산거점과 시장 지배력이 동아시아에 편중되어 지정학적 위험이 크다. 시스템 반도체의 약 90%, 메모리 반도체의 약 75%가 동아시아에서 생산된다. 특히 최첨단 10nm 미만 웨이퍼 가공 공정 반도체 제조 능력은 대만(92%)과 한국(8%)만 갖추고 있어 공급망이 취약하다. 여기에 코로나19 확산, 미국 텍사스 한파, 일본 자동차 반도체 기업 화재, 대만의 대가뭄, 일본의 빈번한 지진과 화산 폭발, 대만과 중국 간 긴장 고조 등으로 공급망 리스크가 계속 커지고 있다. 한두 개 회사 때문에 세계 전체의 산업이 마비될 정도다. 실제로 2021년 차량 반도체 공급 차질은 미국 자동차 공장을 멈추게 해서 공급망의 중요성을 일깨웠다.

셋째, 제조 공정기술 분야의 난이도와 부가가치가 급격히 커졌다. 반도체 제조기술 경쟁은 초미세화·초고속화·초저력화 등으로 가속되는 추세다. 반도체 미세화 공정기술은 EUV 노광장비 도입으로 3nm→2nm→1nm, 나아가 그 이하까지로 진화하고 있다. 이는 인공지능의 시대에는 더욱 소형화하고 미세한 반도체 제품이 소요되기 때문이다. 이에 세계 각국은 최첨단 공정기술의 개발 경쟁에 사활을 걸고 있다.

넷째, 중국의 '반도체 굴기'를 견제하려는 데 있다. 중국은 반도체 산업을 육성하고자 2014년부터 반도체를 전략산업으로 규정했고, 2025년까지 반도체 자급률 70% 달성을 목표로 정했다. 그리고 2014년 1,400억 위안을 시작으로 2019년 2,000억 위안, 2024년 3,440억 위안 등 반도체 투자펀드를 잇달아 조성했다. 나아가 지방정부와 민간은 이보다 더 많은 자금을 반도체에 쏟아부었다. 그 결과 2016년 14nm 공장을 설립함으로써 미국과 한국 등 반도체 선진국들과 기술 격차를 2~3년으로 좁혔다. 2022년에는 중국 최대 반도체 파운드리 업체 SMIC가 초미세 공정 문턱으로 평가받는 7nm 공정 개발에 성공했다는 소문도 흘러나왔다.

반도체는 향후 인공지능 시대에 필수불가결한 핵심 요소다. 그런데 인공지능 기술 면에서는 일정 부분 중국이 미국을 오히려 능가하고 있다. 반면 반도체 기술 면에서는 아직 갈 길이 멀다. 반도체 자급률은 2022년 17%에 그쳤다. 특히 10nm 이하 미세공정 반도체 개발에 어려움을 겪고 있다. SMIC가 7nm 공정 개발에 성공했다고 하나, 성능과 수율 면에서 경쟁국들에 비해 크게 낮은 것으로 평가되고 있다. 이에 미국은 중국의 인공지능 기술발전을 저지하는 핵심 수단으로 중국이 상대적으로 취약한 반도체 기술을 통제하게 된 것이다.

이런 배경 아래 추진하고 있는 미국의 반도체 산업 육성의 궁극적 목표는 반도체 생산 능력을 대폭 키우고, 산업생태계를 완벽하게 복구하는 데 있다. 설계부터 생산과 패키징까지 모든 과정에서 산업 지배력을 확장하고, 차세대 반도체 기술에서도 주도권을 잡는 것이다. 육성 방안은 제조시설을 확대하는 보조금 제공, 연구·개발 지원, 인력양성, 중소기업·국제협력 지원 등을 망라한다.

이를 구체화하고자 통상 '반도체법' 또는 'CHIPS법'이라고 불리는 반도체 칩과 과학법(CHIPS and Science Act)을 제정해 2022년 8월부터 시행하고 있다. 이 법은 반도체와 첨단기술 생태계 육성에 총 2,800억 달러를 투자하는 내용을 골자로 한다. 이로써 미국은 2030년까지 전 세계 최첨단 반도체 생산량의 20% 차지를 목표로 한다.

특히 이 법에서 역점을 둔 것은 미국 내에 반도체 제조기반을 조성하려는 대규모 지원금과 투자 인센티브 조치다. 즉 미국 내 반도체 투자를 장려하려고 생산 보조금 390억 달러와 R&D 지원금 132억 달러 등 5년간 총 527억 달러를 지원하기로 했다. 자국 기업뿐 아니라 글로벌 기업에도 보조금을 지원한다. 또 미국에 반도체 공장을 건설하는 글로벌 기업에 25% 세액공제를 적용하는 방안도 포함되었다.

이에 대만의 TSMC와 한국의 삼성전자는 미국 내 공장 건설 투자를 늘리고 있다. 2024년 미국 상무부는 우리나라 삼성전자에 반도체 보조금 64억 달러를 지원한다고 발표했다. 이에 화답해 삼성전자도 텍사스주에 이미 건설중인 4nm 공정의 파운드리 1공장 외에 추가로 2nm 공정의 제2공장을 건설하고, 첨단 패키징 공장, R&D 센터를 함께 건설하기로 했다. 대만의 TSMC도 미국에 공장 6개를 설립해 생산시설을 이전하기로 했다. 이외에 미국의 인텔이 10nm 미만 제조공정 건설을 추진하는 등 미국 곳곳에서 반도체 생산 클러스터가 건설되고 있다.

다만 차기 행정부를 이끌어나갈 트럼프는 현행 '반도체법'에 따른 반도체 보조금 지원에는 부정적 의견을 밝혀왔다. 이에 반도체법을 폐기하고, 대신 반도체에 높은 관세를 매기겠다는 계획을 밝힌 상태다. 물론, 그 역시 현재 시행중인 '대중국 견제' 정책을 유지하거나 오히려 더 강화할 것은 틀림없다. 그러면서도 트럼프는 동맹국과 협력체제를 구축하기보다는 자국 기업의 반도체 제조와 기술력을 강화하는 전략에 역점을 둘 가능성이 크다.

🏛 미국의 반도체 동맹 결성과 중국의 반격 전략

미국은 반도체의 글로벌 공급망을 강화하려고 동맹국과 협력도 강화하고 있다. 이를 위해 대만, 일본, 한국, 네덜란드와 함께 대중국 제재 협력을 공고히 했다. 또 대만, 한국 등과 반도체 관련 상호 투자를 확대하거나 미국 투자를 독려하고 있다. 대만, 일본, 한국과 함께 결성한 'CHIP4 동맹'이 대표적 사례다. CHIP4 동맹은 전 세계 반도체 장비의 73%, 파운드리의 87%, 설계·생산의 91%를 장악하기에 중국의 반도체 산업을 봉쇄할 수 있는 이른바 '반도체 NATO'가 아시아에서 형성되는 것이다.

더욱이 이런 상황에서 미국은 극자외선(EUV) 노광장비를 비롯한 선단공정 장비의 대중국 장비 수출을 금지했다. 이어 중국산 반도체 관세를 기존 25%에서 50%로 인상했다. 특히 노광장비에 대한 규제 강화는 핵심적 조치다. 트럼프 행정부는 2019년 7nm 이하 미세공정 반도체 장비의 중국 수출을 제한하기 시작했다. 이후 들어선 바이든 행정부는 정권 초기 10nm 이하를 제한하더니 2022년 7월부터는 14nm 이하까지도 제한하기에 이르렀다.

노광기(stepper)가 없으면 반도체를 만들 수 없다. 반도체 생산 공정에서 가장 복잡하고 중요한 공정이 노광(Litho) 공정이기 때문이다. 반도체의 미세한 회로패턴을 웨이퍼 위에 그려 넣는 노광 공정은 웨이퍼 가공 시간의 약 40~60%를 차지하고, 반도체 제조 비용의 3분의 1 이상을 차지한다. 그래서 노광기의 성능이 반도체 제조의 기술 수준과 생산성에 가장 큰 영향을 미친다. 이에 EUV 노광기의 대중국 수출제한은 중국 반도체 제재의 핵심이라고 할 수 있다.

노광기는 독점 구도가 매우 심각하다. 세계 노광장비는 네덜란드 ASML, 일본 캐논(Canon)과 니콘(Nikon)이 93%를 독점하고 있다. 더욱이 7nm 이하 반도체 제조에 쓰이는 EUV 노광기는 개발비가 너무 많이 들어가기에 초기 개발단계에서 캐논과 니콘이 포기를 선언했고, 유일하게 남은 ASML이 세계시장을 완전 독점하고 있다. 이에 미국은 네덜란드로부터 노광기의 대중국 수출 금지 약속을 받아낸 것이다.

이러한 미국의 옥죄기에 대응해 중국은 반도체 자립을 하려고 한국과 대만 등으로부터 기술 탈취와 인력 빼돌리기 등 수단과 방법을 가리지 않고 필사적 노력을 다하고 있다. 급기야 중국이 TSMC를 장악하려고 대만 침공설마저 나오는 형국이다.

다른 한편으로 중국은 범용반도체인 '레거시(legacy) 칩' 시장점유율을 높이는 전략을 구사하고 있다. 반도체는 회로의 폭이 좁을수록 연산 성능과 에너지 효율이 높다. 통상 28nm를 기준으로 이보다 큰 반도체는 범용(legacy) 공정, 이보다 작은 반도체는 첨단 공정으로 분류한다. 중국은 미국의 대중 수출통제 조치로 10nm 이하 미세공정 개발이 좌절되자 상대적으로 진입 장벽이 낮은 범용반도체 시장에서 경쟁력을 갖춘 뒤 점차 첨단기술 제조 능력을 키우겠다는 전략을 구사하고 있다. 시장조사업체 '트렌드포스(TrendForce)'는 2027년 글로벌 레거시 반도체의 42%가 대만, 33%가 중국에서 만들어질 것으로 전망했다. 미국은 5%, 한국은 4%에 불과하다.

 이에 중국이 레거시 반도체를 무기로 오히려 전 세계 반도체 공급
망의 숨통을 조일 수 있다는 우려마저 나오고 있다. 중국산 저가 공
세가 레거시 반도체에서도 재현된다면, 28nm 이상급 반도체 대다
수가 중국산으로 점철되는 것은 시간문제이기 때문이다. 최근 전 세
계적으로 AI 반도체 등 첨단반도체 경쟁이 치열하지만, 여전히 반도
체 수요의 70%는 레거시 반도체에서 나온다. 더욱이 레거시 공정은
방위산업용 반도체의 주류이기에 자칫 안보 위기까지 이어질 수 있
다. 이에 미국과 유럽연합은 첨단 공정뿐 아니라 범용 반도체 공정
기술도 수출통제 조치를 강화할 여지가 없지 않다.

5~6G 주도권을 확보하려는 이동통신 패권전쟁

미국의 '화웨이, 틱톡 때리기'는 중국 미래산업의 핵심 인프라인 5G 장악 차단에 있다. '오픈랜(Open RAN)'의 활성화도 같은 취지다. 2030년경 상용화될 6G 기술은 인공지능 시대를 현실화하고, 지상을 넘어 우주통신까지 가능하게 할 인프라다. 이의 주도권을 확보하려는 각국의 경쟁이 치열하다.

🏛 미래산업의 핵심 인프라로서 이동통신

지금 세계는 5G 이동통신기술의 상용화와 혁신을 두고 거의 전쟁을 치르다시피하고 있다. 모바일이 가능하도록 하는 핵심 인프라인 이동통신은 계속 진화한다. '5G 이동통신'은 5세대(Generation) 이동통신을 의미한다. 여기서 세대는 기술이 획기적으로 달라질 때를 기준으로 구분하는데, 일반적으로 많은 데이터를 빠른 속도로 주고받을 수 있는 기술이 얼마나 발전했는지에 따라 세대 구분을 한다.

그러면 5G 이동통신은 어떤 수준일까? 5G는 기존 3G나 4G와는 질적으로 확연히 다른 통신기술이다. 3G나 4G는 단순히 속도를 더 빠르게 하는 데 주안점이 맞춰져 있었다. 물론 5G도 4G(LTE)보다

속도가 최소한 20배 이상 빨라진다. 하지만 5G는 3G나 4G와는 확연히 다른 초연결성과 초저지연성이라는 특성이 있다.

앞으로 5G 기술이 추구하는 목표가 이뤄지면 모바일 환경이 개선될 뿐 아니라 일상생활과 산업활동도 크게 달라질 것이다. 기존에 단순 모니터링 수준에 그치던 서비스들이 실시간 그리고 지능형 서비스로 업그레이드된다. 지연속도가 없어지면 화상회의는 물론이고 가상현실 등의 가능성이 넓어지게 된다. 또 자율주행 자동차 운행과 인공지능 활용은 물론 촌각을 다투는 원격수술도 5G 기술로 가능하다.

아울러 인간만 온라인에 진입하는 것이 아니다. 5G 네트워크의 성능은 IoT, VR과 AR, 스마트 카(smart car), 지능형 로봇 등과 긴밀하게 연동되어 인류의 생활을 획기적으로 변모시킬 혁신 플랫폼이 될 것으로 전망한다. 이것이 5G가 4차 산업혁명의 신경망으로 불리는 이유다. 더욱이 5G 통신장비는 이런 첨단산업에서 오가는 정보의 고속도로로 군사기술도 혁명적으로 바꿀 수 있다.

이처럼 5G는 우리 생활과 산업 전반의 혁신을 가져올 미래의 산업 인프라로 인식되고 있다. 즉 5G는 디지털 경쟁력이 되는 인프라인 만큼 기술패권과 국가경쟁력을 좌우한다는 것이다. 그런데 공교롭게도 대다수 첨단기술의 선두주자는 미국이지만 이동통신 장비에서만큼은 중국이 우위를 나타내고 있다.

중국은 화웨이, ZTE를 필두로 통신장비 시장 주도권을 가지고 있다. 글로벌 5G 장비 시장점유율은 중국이 화웨이(31.6%)와

ZTE(12.3%)를 중심으로 43.9%를 차지하고 있다. 에릭슨(25.3%), 노키아(17.5%)도 유럽의 주요 장비 업체로 이름을 올리고 있지만 단일 국가로만 본다면 중국이 압도적이다. 5G 특허만 봐도 중국은 상당한 영향력을 갖고 있다. 5G 표준에 반영된 특허 수의 국가별 점유율은 유럽이 37%로 앞서지만, 단일 국가로 본다면 중국이 33.9%로 가장 규모가 크다. 미국은 15.9%, 우리나라는 7.5%에 그친다.

🏛 화웨이와 틱톡에 대한 제재

미국이 중국의 대규모 통신 네트워크 설비업체인 ZTE나 다국적 IT 기업인 '화웨이' 때리기를 계속하는 밑바탕에는 이들이 미래산업의 인프라인 5G를 장악하는 것을 가만히 지켜볼 수 없다는 경계심이 깔려 있다. 중국이 5G와 관련 장비 시장을 잠식하면 미래산업 패권 경쟁에서 밀리게 되는 것은 물론 글로벌 공급망이 각종 리스크에 노출된다는 것을 인식하게 된 것이다. 게다가 국가안보에도 문제가 발생할 수 있다고 판단했다. 나아가 이대로라면 5G에 이어 차세대 이동통신인 6G에서마저 주도권을 놓칠 수 있다고 보고 제동을 건 것이다. 중국 또한 '중국제조 2025'의 목표를 달성하고자 5~6G 기술 선점을 노리고 있다. 결국 세계 패권을 노리는 양국의 충돌이 일어나게 된 것이다.

화웨이는 중국 5~6G 네트워크 구축의 핵심 기업이다. 트럼프 대통령 재임 당시인 2019년 5월 미국 정부는 국가안보를 이유로 화웨이와 114개 계열사를 '거래제한 기업 리스트(blacklist)'에 올리고, 인텔·퀄컴·브로드컴 등 미국 반도체 기업들과 거래를 금지하는 제재 조치를 내렸다. 미국은 화웨이와 ZTE가 외국에 납품하는 통신장비에 인증 없이 망에 침투할 수 있는 수단인 백도어(backdoor)를 마련해둘 가능성이 크다고 우려했다. 이들 중국 기업이 백도어를 활용해 확보한 기밀정보를 중국공산당에 넘기거나 사이버 공격을 가할 수 있다고 보았기 때문이다. 2020년에는 미국 연방통신위원회(FCC)가 화웨이와 ZTE 등을 국가안보 위협기업으로 공식 지정했다.

미국의 제재에 직격탄을 맞은 화웨이의 2021년 매출은 6,369억 위안으로 전년 8,914억 위안 대비 약 30% 감소했다. 그러자 중국 정부는 화웨이 지원에 나섰다. 2022년 지급한 정부 보조금이 65억 5천만 위안(약 1조 2천억 원)에 달했다. 이에 힘입어 화웨이는 2023년 매출 7천억 위안을 기록하면서 2020년 매출의 78.5%까지 회복했다. 화웨이는 2023년 기준 5G 표준 필수특허도 가장 많이 출원했다. 특허 출원 점유율은 15%로 1위를 차지했으며, 2위가 퀄컴(11%), 3위가 삼성전자(8.8%)다.

이후 미국은 동맹국들에도 화웨이와 ZTE 장비 채택을 금지할 것을 강력히 요구했다. 중국 기업의 통신장비를 쓰는 동맹과는 정보를 공유할 수 없다고 압박하기도 했다. 이에 영국을 비롯해 뉴질랜드, 호주, 캐나다도 화웨이와 ZTE를 자국의 5G 사업에서 배제했다. 독일과 프랑스까지 가세했다. 나아가 화웨이 통신장비뿐 아니라 반도체 부품까지 사용 자제를 요청하는 등 공세의 범위를 확대하고 있다.

화웨이에 이어 중국의 동영상 공유 앱 '틱톡(TikTok)'도 타깃이 되었다. 틱톡은 미국 인구의 절반가량인 1억 7천만 명이 구독하는 초강력 플랫폼이다.

미국은 개인정보 보호와 국가안보를 위해 공공기관 기기에서 틱톡의 사용을 금지하는 이른바 '틱톡 금지법'을 2022년 12월 제정했다. 미국 이용자들의 개인정보가 중국에 있는 모회사 바이트댄스(ByteDance)로 흘러 들어가고 있다는 의혹에서 비롯되었다. 이후 유럽연합, 영국, 캐나다, 일본, 뉴질랜드, 호주 등에서도 정보 유출 우려로 공공기관 소속 기기에서 틱톡 사용이 금지되었다. 특히 인도에서는 틱톡을 전면 금지했다.

한 걸음 더 나아가 2024년 3월에는 틱톡의 미국 사업권을 매각하지 않을 경우, 미국 내 서비스를 금지하겠다는 법안을 통과시켰다. 이는 정부기관뿐 아니라 일반인의 틱톡 사용까지도 금지하는 초강경 조치다. 법 제정 취지에는 보안 문제와 함께 대선을 앞두고 가짜뉴스를 차단한다는 것도 포함되어 있다.

다만 트럼프 당선인은 선거 기간 동안 소셜미디어 페이스북(Facebook)을 운영하는 메타(Meta)와 마크 저커버그(Mark Zuckerberg) CEO를 견제하는 장치가 필요하다는 이유로 틱톡을 규제하지 않을 계획을 내비쳤다.

🏢 미국의 새로운 승부수는 오픈랜

이처럼 통신장비 주도권을 두고 미국과 중국의 힘겨루기가 격화되는 가운데 '오픈랜(Open RAN)'이 미국의 승부수로 작용하고 있다. 미국은 아예 이동통신의 기술표준을 원천적으로 바꾸어 새로이 시작할 태세다. 이는 개방형 무선 네트워크 기술을 운용, 다양한 제조사의 통신장비를 상호 연동할 수 있게 함으로써 화웨이 등 중국 장비 기업 종속화에서 벗어나겠다는 복안에서 비롯하고 있다.

기술표준은 장비 공급 체계에서 매우 중요하다. 5G 표준은 국제 표준화 단체에서 개발하는데, 주로 높은 기술력을 갖춘 기업이나 기술을 표준으로 하면서도 특정 국가나 지역이 지배력을 갖지 않도록 하고 있다. 그런데 현재로서는 다수의 특허를 보유한 화웨이와 ZTE가 갖춘 기술이 표준이 될 가능성이 크다. 이러한 상황이 6G로까지 이어진다면 중국산 장비가 글로벌 시장을 잠식할 가능성도 배제하기 어렵다.

이동통신의 주도권을 더는 놓칠 수 없다고 판단한 미국은 개방형 무선접속망인 오픈랜(Open RAN; Open Radio Access Network)을 히든카드로 꺼내 들었다. 오픈랜은 이름 그대로 무선접속망(RAN)을 개방하는 것이다. 오픈랜의 가장 큰 장점은 개방되어 있으면서도 보안에 강하다는 것이다. 특정 장비 기업의 종속에서 벗어나 보안에 유리하면서 기업 간 경쟁도 촉진할 수 있는 까닭이다. 이에 기존에는 동일 제조사 장비만 써야 했다면 오픈랜이 도입되면 다양한 브랜드로 구성할 수 있게 된다. 유지 보수비용 절감 또한 기대할 수 있다. 다만 기존 방식보다 안정성이 떨어질 수 있고, 또 다수국으로부터 호응을 얻어야 하는 과제가 남아 있다.

🏛 6G 기술을 선점하려는 주요국의 경쟁 가속화

세계 주요 기술선진국들은 이제 5G 다음 단계 이동통신기술인 6G 연구개발에도 박차를 가하고 있다. 6G는 데이터전송 최고속도가 1초당 1,000Gbps(기가비트)인 1Tbps(테라비트)에 달한다. 20Gbps인 5G의 50배, 1Gbps인 LTE의 1,000배다. 단말 사이에 신호를 주고받는 데 걸리는 지연시간도 기존 1밀리세컨드(ms, 1/1,000초)의 10분의 1 수준으로 줄어든다. 단위 면적당 연결하는 기기 숫자도 100배 정도 늘어날 전망이다.

이처럼 연결망이 확대되고 실시간 전송이 가능해짐에 따라 6G 통신망에 인공지능이 적용되어 상용화가 된다면 사물인터넷(IoT)을 넘어 모든 환경이 연결되는 만물지능인터넷(AIoE; Ambient Internet of Everything)도 가능해진다. 다시 말해 완전 자율주행차, 도심항공교통(UAM), 초실감 메타버스(Metaverse) 등 미래 기술을 현실로 만들 수 있는 핵심 인프라로 여겨진다.

또 6G 기술은 지상에서의 통신을 넘어 드론 통신, 위성통신 등과 연계해 공중을 포함한 지구상 어디에서든 통신이 되는 기술을 제시하고 있다. 이에 6G 시대에는 무엇보다 저궤도 위성통신산업이 핵심 산업으로 부상할 것으로 보인다. 6G로 저궤도 위성통신 시스템이 구축되면 그동안 일반적인 이동통신의 사각지대로 여겨졌던 해상과 항공에서도 자유로운 통신이 가능해진다. 또 지상 기지국의 물리적 위치에 구애받지 않으므로 로밍이 필요 없어지고, 수중 통신이 가능하게 된다.

이런 상황에서 주요 이동통신기술 선진국들은 다가오는 6G 시대의 주도권을 잡으려고 치열한 경쟁과 협력을 해나가고 있다. 이들은 대략 2025년 표준화, 2026년 기술 시연, 2029년 상용화를 목표로 한다. 2024년 2월에는 미국의 주도로 우리나라와 호주, 캐나다, 체코, 핀란드, 프랑스, 일본, 스웨덴, 영국 등 10개국이 참여한 '6G 원칙 공동선언문'을 발표했다. 공동선언문 발표 배경에는 중국의 6G 표준화 선점을 견제하려는 의도가 깔려 있다.

공동선언문에는 국가안보 보호 능력 촉진, 높은 보안 수준 제공, 개방적이고 투명한 합의에 기반한 의사결정과 기술개발, 지속가능성·상호운용성·개방성 등 글로벌 표준 기반 구축, 국제협력 원칙과 표준 기반의 서로 다른 하드웨어·소프트웨어 간 상호운용 허용, 사회적 지속가능성 고려와 디지털 격차 해소, 안전한 공급망 바탕의 글로벌 시장 경쟁 촉진 등이 담겼다.

한편 주요국의 6G 연구개발과 투자 상황은 다음과 같다. 미국은 6G를 선점하려고 2020년 10월 '넥스트 G 얼라이언스(Next G Alliance)'를 꾸려 연구를 진행중이다. 이에는 AT&T 등 3대 이동통신사, 인텔·퀄컴 등 반도체 기업, 마이크로소프트 등 소프트웨어 기업, 시스코(Cisco) 등 하드웨어 기업 등 IT 기업 대다수가 참여해 있다. 이의 목표는 6G 비전 수립 단계부터 글로벌 주도권을 확보하는 것이다. 이를 위해 6G 국가로드맵 수립, 6G 정책·예산에 대한 정부 우선순위 부여, 글로벌 리더십 등 3대 전략 과제를 제시했다. 아울러 정부와 의회 차원에서도 6G 비전을 담은 백서 및 6G 기술 보고서(National 6G Roadmap)를 발표하고, 6G 경쟁력을 강화하려고 6년간 약 30조 원을 투자하겠다는 법안도 마련했다.

중국은 2019년 11월 과학기술부가 국가 6G 이동통신기술 업무를 개시하면서 6G 기술 연구개발 진흥 실무 그룹과 전문가 그룹을 출범시켰다. 또 세계 최대 통신장비업체인 화웨이는 6G를 '연결된 사물에서 연결된 지능'이라는 비전을 제시하고 연구와 투자를 진행중이다. 그 결과 2021년 말 기준 6G 관련 특허 출원 건은 중국이 40.3%로 가장 많은 것으로 나타났다. 이어서 미국이 35.5%로 2위, 일본 9.9%, 유럽연합 8.9%, 한국 4.2% 순으로 집계되었다.

일본은 5G에서는 뒤졌으나 6G에서는 앞선다는 의미에서 '비욘드(Beyond) 5G 추진전략'을 2020년 4월 발표했다. 2030년 6G 도입을 목표로 6G 기지국 장비 점유율 30%, 6G 필수특허 점유율 10% 등의 목표도 제시했다. 유럽연합 역시 2018년부터 핀란드 주도로 '6G 플래그십(6G Flagship)' 프로젝트를 가동하다가 2020년 12월 이를 더욱 발전시켜 '헥사-X(Hexa-X) 프로젝트'를 출범시켰다. 이에는 노키아·에릭슨 등 통신장비업체와 오렌지·텔레포니카 등 통신사,

핀란드 오울루대학·이탈리아 피사대학 등이 참여했다. 이들은 2030년 6G 상용화를 목표로 6G 표준기술 선점을 전면에 내세웠다.

세계 최초로 5G를 상용화한 우리나라도 열심히 노력중이다. 이를 위해 6G 상용화 시점을 기존보다 2년 앞당겨 2028년을 목표로 'K-네트워크 2030' 전략을 제시했다. 또 자율주행, 6G 등에 적용할 수 있는 저궤도 위성통신 사업 추진을 위한 '6G 소사이어티(Society)'를 2024년 7월 발족시켰다.

중국 독주를 막으려는
전기자동차·배터리 패권전쟁

중국의 BYD가 2023년 4분기부터 테슬라를 제치고 세계 최대 전기차 생산 업체가 되었다. 보조금에 힘입은 중국의 전기차와 배터리 질주를 막으려고 미국과 유럽은 '인플레이션감축법'과 '핵심원자재법'을 각기 제정했다. 관세 폭탄도 투하했다. 미국은 전기차 관세를 25%→100%로 4배 인상했다.

급속히 성장하는 중국 전기차 산업

지금 세계 자동차 업계의 화두는 단연 전기차다. 물론 자율주행 자동차도 많은 주목을 받고 있지만, 이는 전기차로 완전히 이행한 이후에야 가능하기에 상대적으로 시급성이 떨어지는 게 현실이다. 2015년 12월의 '파리기후협약(Paris Climate Change Accord)' 채택 이후 친환경정책이 세계적으로 강화됨에 따라 신규 자동차는 전기차로 전환이 불가피하게 되었다. 그런데 이 전기차에 특히 관심을 많이 두고 있는 나라는 유럽연합과 미국 그리고 중국이다.

환경보전 문제에 가장 적극적인 유럽연합은 2050년 탄소 중립(Net-Zero)을 목표로 삼고 있다. 이를 위해 2030년 신차 판매 35%를 전기차 등 친환경 자동차로 구성하고 2035년부터는 내연기관차 판매 금지, 2050년 이후에는 내연기관차를 퇴출할 계획을 가지고 있다. 중국은 내연기관 자동차는 선진국에 뒤처졌지만, 전기차에서는 두각을 보이겠다는 목표를 내세웠다. 이를 실현하려고 그동안 보조금 지급을 비롯해 다양한 지원정책을 적극적으로 추진해왔다.

미국도 바이든 행정부가 들어서면서 배터리 구동 전기차 전환을 주요 기후·산업정책 중 하나로 삼고 2030년까지 모든 신차 판매의 50%를 전기차로 전환한다는 목표를 세웠다. 그러나 최근 미국 전기차 업계는 불황에 처해 있다. GM과 포드는 전기차 계획을 축소하거나 신차 발표를 연기하고 있다. 이는 전기차 가격이 여전히 높은 수준을 유지하고 있음에도 정부의 보조금 지원 규모가 대폭 줄어들었고, 충전소 등 인프라(Infrastructure) 문제도 있어 수요가 급감하는 추세에 있기 때문이다.

반면 중국 전기차 시장은 폭발적으로 성장하고 있다. 시장조사업체 SNE 리서치(SNE Research)에 따르면 2023년 세계시장에서 전기차 판매량은 1,407만 대에 달했다. 물론 이중 절반 이상인 약 60%가 중국 시장인 것으로 나타났다. 특히 중국 최대 전기차 제조사인 비야디(BYD)의 경우 2020년 17만 대였던 순수전기차(BEV; Battery Electric Vehicle) 판매량이 2021년에는 61만 대로 성장했고, 2023년에는 290만 대를 기록하며 괄목할 만한 성장을 이어갔다.

미국의 테슬라(Tesla)는 그동안 전기차의 대명사였다. 세계에서 전기차를 가장 많이 만들었고, 기술표준을 제시하기도 했다. 그러나

2023년 4분기부터는 중국의 BYD가 테슬라를 제치고 세계 최대 전기차 생산업체로 등장했다. 2024년 1~5월의 시장점유율도 BYD가 20.9%를 달성하며 2위 테슬라 11.1%의 2배 가까운 실적을 보였다. 이런 추세가 유지되면 BYD가 연간 판매량뿐 아니라 매출과 영업이익 등에서도 조만간 테슬라를 넘어 명실상부한 세계 1위 전기차 기업에 등극할 가능성이 있다는 분석도 나왔다.

또 다른 중국 전기차업체인 상하이자동차(SAIC), MG(Morris Garages), 지리(Geely) 등도 유럽을 주 무대로 삼고 준중형급 모델을 선보이며 가파른 성장 곡선을 그리고 있다. 더욱이 2024년 3월에는 그동안 싸구려 스마트폰 등을 제작하는 가전업체로만 알았던 샤오미(小米, Xiaomi)도 첫 전기차 SU7을 출시했다. 가격은 21만 5,900위안으로, 동급인 테슬라 모델3보다 3만 위안(약 550만 원) 저렴하다. 이러한 상황을 고려할 때 2027년경에는 중국이 전 세계 전기차 판매 비중의 50%를 차지할 것으로 전망되고 있다.

🏛 중국 전기차와 배터리가 경쟁력을 갖춘 배경

중국 전기차가 경쟁력을 갖추게 된 요인은 몇 가지로 요약된다. 우선, 원자재부터 배터리, 완성차까지 이어지는 수직계열화다. 세계 최대 전기차 제조사로 등극한 BYD는 배터리를 자체 제작한다. 그 결과 전기차 가격의 40%를 차지하는 배터리의 생산원가를 절감하면서 경쟁력을 확보했다. 희토류, 리튬, 유리, 철강 등 공급망이 받쳐주는 중국 전기차 산업과 시장은 공급과잉이라는 우려 속에서도 빠르게 성장중이다. 원자재부터 배터리, 완성차까지 이어지는 공급망 수직계열화를 이루었고, 기술경쟁력 역시 탄탄하다.

이보다 더 중요한 요인은 정부의 적극적인 보조금 정책에 힘입어 가격이 싸다는 점이다. 그동안 글로벌 전기차는 일반 소비자들로부터 기존 내연기관 자동차보다 상대적으로 비싸다는 평가를 받아왔다. 여기에 경기 부진까지 겹쳐 전기차 수요가 정체되는 현상을 나타내고 있다.

특히 2035년부터 내연기관 신차 판매를 금지하기로 한 유럽에서조차 그러했다. 이를 돌파하기 위해 글로벌 전기차 업계는 중저가 보급형 모델을 내세우는 대중화 전략을 취하고 있다. 그동안 고가전략을 취해오던 테슬라도 2023년부터는 공격적으로 가격을 인하할 방침을 세우고 실행해나가고 있다. 그래도 테슬라의 모델(Model)3, 모델Y는 동급의 중국 BYD 전기차보다 여전히 많이 비싼 게 현실이다.

이는 기본적으로 중국 전기차의 보조금 정책에 기인한다. 중국 정부가 전기차 구매보조금 정책을 도입한 것은 2009년부터다. 물론 2023년부터는 이를 폐지했지만, 그 14년 동안 지급한 보조금 총액은 약 2천억 위안(약 39조 원)에 달하는 것으로 추정되고 있다. 특히 자국산 배터리를 탑재해야 보조금을 주도록 규정을 만들어 전기차 소비가 배터리와 자동차 산업의 동시 성장으로 이어지도록 설계했다. 이는 미국과 유럽연합을 비롯해 다른 전기차 제조국가들로부터 비난을 받는 결정적 요인이 되고 있다.

배터리는 전기차 판매 원가의 40%를 차지하는 핵심부품이다. 이에 소재 수급부터 설계와 양산, 관리 역량 등 배터리 전 영역을 아우르는 밸류체인(Value Chain)을 구축한 자동차 제조사가 향후 전기차 시장을 주도할 것으로 보인다. 그런데 배터리는 중국이 주도하는 산업이다. 중국의 1, 2위 배터리 회사인 CATL과 BYD는 글로벌 전기차 배터리 시장점유율에서도 1, 2위를 차지한다. 2024년 1분기이 두 회사가 세계시장의 절반 이상인 53.1%를 차지했다. 그 뒤를 LG에너지솔루션·삼성SDI·SK온 등 한국 배터리 3사가 차지하고 있다.

이처럼 중국산 배터리가 약진하는 것은 배터리 제작의 필수 요소인 희토류 광물과 리튬을 국내에서 안정적으로 공급받을 수 있고, 또 이들의 압도적 가공 능력에 기인한다. 미국과 호주 등 서방국들의 리튬 매장량도 적지 않지만, 환경오염 문제로 채굴 후 가공 시설에는 투자가 미미했다. 반면 중국은 해외 광물을 사다가 가공하는 시설에 공을 들여 세계 코발트 시장의 80%, 리튬 시장의 60%를 차지하고 있다. 더욱이 중국이 생산하는 리튬이온(LFP) 배터리가 니켈·코발트·망간을 혼합해 만든 삼원계(NCM) 배터리보다 에너지 밀도가 낮고 주행 거리는 짧지만 가격이 저렴하다는 이유로 전기차업체들이 선호하고 있다.

🏛 인플레이션감축법(IRA)과 핵심원자재법(CRMA)

갈수록 전기차와 배터리 시장에서 중국의 독주가 예상되자 미국과 유럽은 강력한 대응 정책을 마련해 추진하고 있다. 미국은 우선 북미산 전기차에만 보조금을 지급하는 것을 골자로 하는 '인플레이션감축법(IRA; Inflation Reduction Act)'을 꺼내 들었다. IRA는 전기차 부품, 배터리, 완성차의 역내 생산을 유도하는 동시에 글로벌 공급망에서 중국이 소외되도록 하는 게 목표다. 즉 미국 현지에 공장을 세워 부가가치와 고용을 창출함으로써 자국의 경제를 활성화하는 한편 세계의 공장이라고 불리는 중국을 견제하려는 법안이다.

법안의 주요 내용은 미국에서 판매되는 전기차가 IRA에 따른 세제 혜택을 받으려면 북미에서 생산되어야 하며, 재료와 부품을 미국과 FTA를 맺은 국가에서 조달해야만 한다. 완성차의 경우 2023년부터 북미에서 최종 조립한 전기차만 최대 7,500달러의 보조금을 받을 수 있다. 중국 밖에서 외국기업과 합작회사를 설립해도 중국 정부와 관련된 합작회사 지분이 25% 이상이면 보조금을 받지 못한다. 그러자 이를 회피하려고 중국을 비롯해 많은 글로벌 자동차 제조업체들이 멕시코에 생산거점을 두게 되었다. 멕시코는 저렴한 노동력, 광범위한 자동차 공급망, 북미자유무역협정(USMCA)에 대한 접근 등을 제공하기 때문이다. 이런 우회 전략을 간파한 미국은 이제 USMCA를 개정할 태세다.

배터리에 대한 규제는 더욱 엄격하다. 중국 배터리는 완제품을 배제할 뿐 아니라, 중국의 부품과 핵심 광물 사용까지 줄이도록 명시했다. 이에 부품과 핵심 광물 2개 요건을 다 충족해야만 보조금 7,500달러를 받게 되며, 하나의 조건만 충족할 경우 절반인 3,750달러씩 각각 받게 된다. 우선, 부품의 경우 2023년부터 북미에서 제조·조립한 배터리 부품을 50% 이상 사용해야만 보조금을 받게 되며 2029년에는 100%까지 확대된다.

또 핵심 광물은 2023년부터 미국 또는 미국과 FTA를 체결한 나라에서 채굴·가공한 것을 40% 이상 사용해야 하며 2027년에는 80%로 높아진다. 핵심 광물에는 리튬·니켈·망간·흑연·코발트 등이 포함되어 있다. 다만 흑연은 논란이 제기되고 있다. 즉 행정부는 중국산 흑연을 대체하기가 현실적으로 어렵다는 이유로 2026년 말까지 2년간 유예하기로 수정했으나, 의회는 이를 거부하고 앞당겨 폐기하는 법안을 통과시켰다.

다만 새로이 행정부를 꾸려나갈 트럼프 대통령은 화석연료 사용 지지와 함께 IRA에 대한 부정적 의견을 피력해왔다. 특히, 파리 기후협정 탈퇴는 물론 전기자동차 의무 해제, 해상 풍력 에너지 개발 중단 등을 공약해왔으므로 IRA 법안의 일부 수정과 보완은 불가피할 것이다. 그렇지만 IRA 폐지 등 급진적 정책변경으로 이어지기는 어려울 것으로 보인다. 공화당 내 하원의원 상당수도 IRA 법안을 지지하고 있기 때문이다.

유럽연합도 유럽판 IRA로 불리는 '핵심원자재법'과 '탄소중립산업법'을 제정해 각각 2024년 5월과 6월부터 시행하고 있다. '핵심원자재법(CRMA, Core Raw Materials Act)'은 특정국에 대한 공급망 의존도를 축소하고 역내투자를 확대해 유럽연합 내 원자재 공급 안정성을 확보하는 것을 목적으로 한다.

이에 따르면 2030년까지 유럽연합 연간 전략 원자재 소비량의 10%를 유럽연합 역내에서 추출하고 40%를 가공하며 재활용 역량을 15% 보유하는 것을 목표로 한다. 또 2030년까지 종류·가공 단계를 불문하고 특정한 제3국이 생산한 전략적 원자재 수입 비율을 역내 전체 소비량의 65% 미만으로 제한하도록 했다. 이는 중국을 겨냥한 것으로 해석된다. 전략적 원자재는 전기차 배터리용 니켈·리튬·천연흑연·망간을 비롯해 구리, 갈륨, 영구자석용 희토류 등 총 17가지 원자재가 분류되었다.

'탄소중립산업법(NZIA; Net-Zero Industry Act)'은 2030년까지 청정기술 제품의 역내 생산 비중을 40%로 끌어올리고, 글로벌 시장 내에서 유럽연합 관련 기업들의 점유율을 15%까지 높이는 것이 목표다. 이를 위해 태양광·배터리·탄소포집·저장 등 8가지를 '전략적 탄소중립 기술'로 규정하고, 청정기술 관련 사업의 허가 절차도 크게 간소화할 예정이다.

다음으로 미국과 유럽이 자국 기업 등을 보호하려고 꺼내든 카드는 '관세 폭탄' 조치다. 미국 바이든 행정부는 중국산 전기차에 대한 관세를 2024년 9월부터 기존 25%에서 100%로 4배 인상함으로써 실제 적용관세율은 102.5%가 되었다. 같은 시기 전기차 배터리 관세도 7.5%에서 25%로 인상되었다. 더욱이 트럼프 당선인은 선거 기간 동안 줄곧 전기 자동차의 환경보전 효과가 없고 중국과 멕시코는 이익을 보지만, 미국 자동차 노동자들에게는 피해를 준다고 주장해왔다. 그리고 전기차 의무화를 폐기해 미국 자동차 산업의 몰락을 막고, 중국 자동차에 100~200%의 관세를 부과해 자동차를 판매할 수 없게 만들 것이라고 말했다.

유럽연합도 8개월에 걸친 반(反)보조금 조사를 바탕으로 2024년 6월, 중국산 전기차에 17.4~38.1%p의 잠정적 추가 관세부과를 결정해 발표했다. 이에 따라 7월부터는 기존 관세율 10%를 더한 27.4~48.1%의 관세가 부과되었다. 인상된 관세율은 조사 협조 여부, 제조업체에 따라 다르다. 비야디(BYD), 지리(Geely), 상하이자동차(SAIC)에는 각각 17.4%p, 20%p, 38.1%p의 추가 관세율을 부과토록 정했다. SAIC 등 조사에 협조하지 않은 업체에는 일괄적으로 38.1%p의 관세율을 더 부과해 최종관세율은 48.1%가 되는 셈이다.

한편 7월부터 3개월여 기간 잠정관세를 부과해오던 유럽연합은 10월 4일, 회원국 투표를 거쳐 중국산 전기차에 최대 45.3%의 관세를 부과하기로 확정했다. 투표 가결로 중국산 전기차의 최종관세율은 기존 일반관세 10%에서 17.8~45.3%로 높아지며, 이 최종관세율은 2024년 10월 말부터 향후 5년간 적용된다. 또 이 조치는 중국 기업이 아니어도 중국 현지에 공장을 두고 유럽연합으로 전기차를 수출하는 기업이면 똑같이 적용된다.

이에 따라 중국산 테슬라는 17.8%, 지리는 28.8%, 상하이자동차는 45.3%의 관세를 물게 된다. 이런 조치가 나오자 중국은 즉각적인 대응조치를 취했다. 즉 중국 상무부는 유럽연합의 조치 4일 만에 유럽연합산 브랜디에 대한 임시 반덤핑 조치를 시행한다고 발표했다.

팬데믹 이후 본격화한 생명공학·바이오 패권전쟁

중국은 복제약을 중심으로 의료시장이 급성장했다. 생명공학도 인체실험과 유전체 정보 확보가 선진국보다 훨씬 수월한 덕분에 크게 발전했다. 이를 저지하려고 2024년 미국은 생물보안법을 제정했다. 이 법의 골자는 미국 정부와 산하기관, 정부 지원 기업이 중국 바이오업체와 거래를 못하게 하는 것이다.

🏛 팬데믹 이후 심화한 바이오산업의 중요성

코로나19 팬데믹 기간에 세계 각국은 마스크·백신·치료제 등이 전략자산으로 작동하게 되자 긴급물자를 비축하거나 수출을 통제하는 모습을 보였다. 미국은 '국방물자생산법(Defense Production Act)'에 따라 마스크, 개인 보호 장비, 호흡기치료설비 완제품, 원재료 등에 대한 수출을 제한했다. 또한 자국 내 백신 생산 물량을 늘리려는 지원을 확대하고, 백신 원자재 수출을 통제하는 행정명령을 발동하기도 했다. 유럽연합 역시 백신 공급이 수요에 미치지 못하면서 2021년 백신의 역외 수출을 규제한 바 있다.

이처럼 글로벌 보건 위기를 겪으면서 생명공학과 바이오산업의 중요성은 한층 더 커지게 되었다. 경제발전과 사회문제 해결의 주요한 수단에 그치지 않고 국민의 건강과 생존을 지키는 방패이며, 나아가 국가안보 차원에서도 매우 중요하다는 인식이 높아졌다. 전 세계 제약 바이오 시장은 최근 몇 년간 급격히 성장하며 1.5조 달러에 달하는 산업으로 자리 잡았다. 전문가에 따르면 향후 5년간 연평균 6~7% 성장률을 기록해 2026년에는 2조 달러를 넘어설 것으로 전망된다. 이는 반도체와 자동차 산업을 합친 규모에 필적한다. 이에 국제사회에서는 생명공학과 바이오산업을 지원하고 육성하는 정책을 강화해나가고 있다.

미국의 바이든 대통령은 2022년 9월, 바이오 혁신을 촉진하고 의료, 농업, 에너지 등 다양한 부문에서 경제성장을 가속화하는 것을 목표로 하는 '국가 생명공학·바이오제조 이니셔티브(National Biotechnology and Biomanufacturing Initiative)' 행정명령에 서명했다. 이 행정명령은 핵심기술 리더십 유지, 자국 내 바이오 제조역량 강화, 인력양성에 중점을 두고 있다. 향후 5년간 바이오 제조 연구개발과 인프라 구축에 20억 달러를 신규 투자하는 계획과 함께 앞으로 25년간 암으로 인한 사망률을 현재의 절반 수준으로 낮추겠다는 목표도 제시했다.

중국은 2022년 5월, '제14차 5개년(2021~2025) 바이오 경제발전 계획'을 발표했다. 이는 중국 최초의 바이오 경제 5개년 계획으로, 바이오산업을 육성하려는 중국 정부의 의지를 담고 있다. 계획의 목표는 2025년까지 바이오 기술과 바이오산업 발전을 가속화하고, 바이오 안보 리스크 관리체계 구축을 강화하는 것이다.

이를 위해 바이오 경제 총량 규모 확대, 바이오산업 연구개발 투입 강화, 고부가가치 발명 특허 보유량 증가, 관건 핵심기술의 획기적 진전 등을 강조했고, 바이오산업 공급망을 더욱 안정화해나갈 계획을 담았다. 그리하여 2025년까지 중국 바이오의 경제 총량은 22조 위안, 핵심 산업의 총량은 7조 5천억 위안을 넘도록 할 예정이다.

유럽연합도 2024년 3월, '생명공학·바이오제조 활성화 이니셔티브'를 발표했다. 유럽연합의 생명공학·바이오 분야가 직면한 문제를 인식하고 도전과제를 타개하려는 향후 방향을 제시한 것이다. 주요 내용의 하나는 규제 완화인데, 그 예로 유럽연합의 생물학적 식물 보호 제품 승인은 미국보다 최대 3배 오래 걸린다는 사실을 지적했다.

생명공학 기술(Biotechnology)은 생물체가 가지는 유전·번식·성장·자기제어·물질대사 등의 기능과 정보를 이용해 인류에게 필요한 물질과 서비스를 가공·생산하는 기술을 말한다. 유전자의 변형과 조작에 대한 실험은 전 세계적으로 꽤 오래전부터 활발히 진행되어왔다. 처음에는 주로 식물에 대해 이루어졌다. 유전자변형 생물(GMO; Genetically Modified Organism)이 대표적 산물이다.

이후 점차 동물에도 성공을 거두고 있다. 세계 최초로 포유류 동물에 유전자 조작으로 체세포 복제를 성공시킨 사례는 1996년 영국에서 탄생한 아기 양 '돌리(clone sheep Dolly)'다. 이후 영장류 복제도 이루어졌다. 대부분 국가는 영장류 복제가 인간 복제로 이어질 수 있다는 우려로 영장류 복제를 금지하고 있다. 그러나 인권의식이 희박한 중국은 이를 어기고 2018년과 2019년 연이어 원숭이 복제에 성공했다.

마침내 인간에 대한 유전자 조작이 이루어졌다. 2018년 11월, 중국의 과학자 허젠쿠이(賀建奎)는 세계 최초로 유전자를 변형한 '유전자편집(genome editing) 아기'를 탄생시켰다. 당연히 생명윤리에 대한 논란이 거세게 일었다. 2019년 3월, 세계 7개국 18명의 생명과학 관련 학자들은 "향후 최소 5년간 인간 배아의 유전자편집과 착상을 전면 중단하고, 이 같은 행위를 관리 감독할 국제기구를 만들어야 한다"라는 성명을 발표했다.

🏛 비약적으로 발전한 중국의 생명공학 기술

지난 20년 동안 중국은 생명공학 기초 연구 분야에서 괄목할 만한 성장을 이루었다. 2020년에는 중국이 저명한 자연과학 학술지 〈네이처〉가 발표하는 연구 경쟁력 지표인 '네이처 인덱스(Nature Index)'에서 독일과 영국을 제치고 미국에 이어 2위에 등극했다. 또 중국은 전 세계적으로 생명공학 기술특허를 가장 많이 보유한 나라다. 2000년 1%에 불과했던 중국의 글로벌 생명공학 기술특허 점유율은 2019년 28%까지 확대되었다. 반면 미국의 점유율은 45%에서 27%까지 크게 줄었다. 특히 중국은 유전자편집 기술 면에서 두각을 나

타내고 있다. 실제로 전 세계 유전자편집 기술(CRISPR) 임상시험의
절반가량이 중국에서 이뤄지고 있다.

이처럼 중국이 유전자 조작 기술 면에서 두각을 나타내는 요인은
정부의 전폭적 지원시책에 기인한다. 미국과 유럽연합 등에서는 유
전체 정보를 민감한 개인정보로 규정해 보호와 규제를 일삼는 사이,
중국은 정부 주도로 논란을 잠재우고 기술발전에 박차를 가하고 있
다. 또 인체실험 면에서도 선진국들은 인권문제로 주저했지만, 중국
은 과감히 진행해나갔다.

의료 약품 시장에서도 중국은 비약적 발전을 기하고 있다. 글로벌
원료의약품(API) 시장에서 20% 점유율을 차지하며 미국과 유럽연합
의 각 35%에 이어 3위에 올랐다. 특히 화학합성 원료의약품 점유율
은 17.0%로 세계 1위이며, 아일랜드(13.0%), 미국(9.0%)이 뒤를 잇고
있다. 물론 그동안 중국 바이오 의약품 성장은 주로 복제약(generic
drugs)이 견인했다. 국가 주도의 의약품 공동구매 정책, 대규모 내수
시장 등을 바탕으로 양적인 성장을 거둔 것이다.

그러나 최근 신약 개발 능력도 크게 향상되고 있다. 지난 10년간
중국이 연구중인 신약후보물질은 3배나 증가했고, 이중 10%는 신
약 허가를 받는 최종 단계인 임상 3상에 있는 것으로 알려졌다. 특
히 표적 암치료제인 CAR-T는 세계 최고로, 전 세계 CAR-T 치료의
4분의 1 이상이 중국에서 진행되고 있다. 이는 정부의 규제 완화와
지원책에 힘입어 중국 기업의 신약 출시 부담이 크게 경감된 것이
주요인으로 작용했다.

물론 아직은 미국이 생명공학과 바이오산업 분야에서 선두를 달리고 있다. 2021년 글로벌 생명공학 시장 규모는 미국이 전 세계시장의 60%를 차지하며 유럽연합 12%와 중국 11%를 크게 앞서고 있다. 또 존슨앤드존슨(J&J), 애보트(Abbott), 화이자(Pfizer), 머크(Merk) 등 세계에서 가장 가치 있는 의료기업 10개 중 7개가 미국 기업이다.

그러나 중국이 생명공학을 '중국제조 2025'의 10대 핵심 성장동력 중 하나로 선정하고 적극적으로 지원시책을 펼치는 만큼 결코 안심할 상황이 아니다. 특히 미국은 인권문제가 임상시험에 결정적 걸림돌이 되지만 중국으로서는 크게 문제가 되지 않기에 신약개발과 유전자 공학 발전에 유리한 환경을 지니고 있다.

🏛 미국의 생물보안법 제정

미국은 중국과 기술패권 경쟁이 고조됨에 따라 중국 바이오 기업에 대한 견제 수위도 한층 더 높이고 있다. 이의 한 방편으로 2024년 '생물보안법(Biosecure Act)'을 제정했다. '생물보안법'은 미국 정부와 산하기관, 정부 예산을 지원받는 기업은 중국의 바이오 기업과 거래할 수 없도록 금지하는 것을 골자로 한다. 법안 제출 당시 생명공학 발전은 중국의 경제적 이익뿐 아니라 군사적 능력과 전략까지도 빠르게 발전시킬 수 있다는 경고 메시지가 담겨 있었다. 이에 일명 '바이오 보안법'이라고도 불린다. 상·하원을 모두 통과한 법안이 대통령 재가를 받아 시행될 경우 법에 명시된 중국 기업들은 미국 의료 기관과 장비와 서비스 계약을 할 수 없게 된다. 바이든 행정부의 주요 산업시책에 대해 비판해왔던 트럼프 당선인도 이에는 별다른 반대의견을 보이지 않고 있다.

규제 대상 중국 바이오 기업으로는 우시바이오로직스(Wuxi Bio-logics), 우시앱텍(Wuxi AppTec), BGI, MGI, 컴플리트지노믹스(Complete Genomics) 등 5개 중국 기업이 포함되었다. 이는 미국 국민의 유전자 분석 정보, 지식재산권 등 안보적 중요성이 커진 바이오 데이터가 중국으로 넘어가 악의적으로 이용되는 것을 막으려는 것이다. 이에 앞서 2023년 3월 미 상무부는 중국 최대의 유전체 업체인 BGI(Beijing Genomics Institute)를 수출 제재 회사로 지정했다. BGI는 2013년 미국 기업 컴플리트지노믹스를 인수했는데, 미국 정부는 이로써 유전체 분석 첨단기술과 민감한 데이터가 중국에 유출된 것으로 의심해왔다.

그러나 중국도 만만치 않다. 중국은 전 세계 제네릭 항생제 재료의 약 90%를 책임지고 있고, 미국의 일부 비타민 제품에 대한 중국 의존도는 75% 이상에 달한다. 이에 따라 미국은 사실상 항생제와 비타민 제조 능력을 상실한 상황이다. 만약 중국이 제약품이나 재료 수출을 중단하면 미국 의료 체계는 수개월 내에 무너질 수도 있다. 즉 중국이 제약품을 무기화할 수 있다는 것이다. 이 때문에 미국과 중국 간 제약 전쟁은 언제든지 수면 위로 올라올 준비가 되어 있는 상태다.

AN ECONOMIC WAR

요즘 세계는 우주 대항해 시대로 불리며 우주 패권 경쟁에도 불이 붙었다. 그동안 지구상에서 선두다툼을 벌이던 나라들이 이제는 지구 밖의 우주공간에서도 패권을 장악하려고 자신에게 유리한 새로운 질서와 표준을 형성해나가고 있다. 특히, 미래의 우주개발은 민간기업이 적극적으로 뛰어드는 등 우주의 상업화가 한층 더 빠르게 진전될 테고, 우주탐사와 우주자원 확보 등 우주개발을 통한 경제적 이득을 확보하려는 움직임이 활발해질 것이다.

5장

우주 패권:
인류의 마지막 투자처는
우주

지구 밖에서 벌이는 각축, 우주 대항해 시대

미국이 우주군을 창설하자 여타 우주 강대국들도 이 대열에 참여하고 있다. 민간 주도의 뉴 스페이스(New Space) 시대가 열리면서부터는 우주개발의 초점이 경제적 관점으로 바뀌면서 스페이스X 등 다수의 우주기업이 나타나고 있다. 투자전문가들은 이제 인류의 마지막 투자처는 우주가 될 것으로 본다.

🏛 지구에서 우주로 확장된 패권전쟁 영역

우주가 인간에게 지니는 의미는 매우 다양하다. 오랜 세월 우주의 중심은 지구이며, 지구 바깥 세상은 신들의 세상으로 간주되어왔다. 그래서 달과 별이 들어차 있는 우주는 숭배 대상이었고, 우주로 나아간다는 것은 상상 속에서나 가능한 일이었다. 인간은 별을 노래하며 찬미했고 자신과 국가의 운명을 물어보고 부탁하기도 했다. 또 농경생활의 동반자로, 캄캄한 밤길을 걷거나 험난한 바다를 항해할 때는 중요한 좌표로 삼아왔다.

그러나 20세기 과학이 발전하면서부터는 도저히 이룰 수 없으리라고 생각했던 그러한 꿈들이 현실이 되고 있다. 즉 인간은 우주의 실체를 파악하는 시도를 진행중이며, 다른 한편으로는 우주를 개발 대상으로까지 여기고 있다.

1957년 소련은 인류 최초의 인공위성인 스푸트니크(Sputnik) 1호 발사에 성공했다. 그리고 미국은 1969년 아폴로(Apollo) 11호를 달에 착륙시켜 마침내 인류의 첫발자국을 달에 남기는 역사를 이뤄냈다. 이후로도 세계 각국은 과학 연구 목적의 인공위성, 방송과 통신, 기상관측, 군사첩보용 인공위성에 이르기까지 다양한 쓰임새의 인공위성을 쏘아 올리고 있다. 그리고 이제는 민간인 우주의 시대, 즉 뉴 스페이스(New Space) 시대가 열리고 있다.

지금은 우주 패권의 시대다. 그동안 지구상에서 선두다툼을 벌이던 나라들이 이제는 지구 밖의 우주공간에서도 패권을 장악하려고 자신에게 유리한 새로운 질서와 표준을 형성해나가고 있다. 이들은 우주공간에 정찰위성을 띄워 상대방의 은밀한 비밀이 담긴 정보를 수집해서 활용하고 있다. 나아가 우주에서 자국의 안보와 경제를 위협하는 행위를 방지한다는 명분으로 우주군을 만들어 마치 우주전쟁이라도 벌일 듯하다.

제2차 세계대전이 끝난 후 냉전시대로 접어들면서 자본주의와 공산주의를 대표하는 미국과 소련은 우주개발 측면에서도 날카롭게 맞섰다. 이는 우주개발에 앞서는 측이 더 우월한 경제력과 기술력을 보유하고 있다는 하나의 증표와 같아 보였기 때문이다. 따라서 양국은 우주개발 경쟁을 마치 전쟁을 치르듯 치열하게 했다. 다만 경쟁의 대상이 된 천체는 넓디넓은 우주 중에서도 지구와 가까이 있는 달에 집중되었다. 처음에는 소련이 앞서 나갔지만, 결과적으로는 미국이 아폴로 계획(Apollo program)을 성공시킴에 따라 승자가 되었다.

이후 한동안 우주개발 경쟁은 잠잠해지게 된다. 이는 물론 소련이 붕괴한 측면도 있지만, 미국 역시 정치와 경제면에서 많이 지쳐 있었기 때문이다. 이후 양국은 국제우주정거장 건설 등 우주개발 협력시대를 열어나갔다. 그러나 제2의 경제대국으로 부상한 중국이 '우주굴기(宇宙崛起)'를 내세우며 우주개발에 적극 나서자 상황이 변하게 되었다. 기존의 우주 강대국들도 각기 새로운 우주개발 프로젝트를 경쟁적으로 내놓게 되면서 세계는 자연히 '제2의 우주전쟁' 국면으로 치닫게 되었다. 더욱이 이제는 우주에서의 군사력 경쟁을 넘어 산업과 경제 측면으로까지 비화하고 있다.

🏛 전쟁터가 된 우주공간, 우주군의 창설

사실 오래전부터 우주공간은 전쟁터가 되어 있었다. 우주는 인간의 손길이 닿지 않는 미지의 공간이 아니라 수많은 인공위성이 날아다니고 있었다. 가령 위치정보시스템(GPS; Global Position System) 인공위성은 군대가 정확히 목표를 타격할 수 있도록 돕는다. 또 다른 인공위성들은 적국의 미사일 발사 탐지 등 정보 수집용으로 활용되고 있다. 실제로 미국과 러시아는 수많은 정찰위성을 쏘아 올려 우주를 무대로 군사첩보 활동을 펼쳐왔다.

그런데 얼마 전 미국은 사상 처음으로 공군에서 독립된 미합중국 우주군(USSF; United States Space Force)을 창설했다. 우주군 또는 항공우주군은 지상의 육군, 바다의 해군, 하늘의 공군에 이어 우주시대에 새로이 생겨난 군대 조직이다. 2018년 6월, 트럼프 미국 대통령은 미국 우주군을 육군, 해군, 공군, 해안경비대, 해병대에 이어 제6군으로 독립시킬 것이라고 발표했다. 그리고 2019년 12월, '국방수권법'에 서명함으로써 우주군 창설이 확정되었다. 미국이 우주군을 창설한 목적은 중국·러시아와 벌이는 우주개발 경쟁에서 우위를 유지하는 한편 우주공간에서 발생할지 모를 안보 위협을 사전에 차단하려는 데 있다.

이처럼 미국이 우주군을 창설하자 러시아, 중국, 프랑스, 일본 등 여타 우주 강대국들도 우주군 창설계획을 속속 발표하고 있다. 이는 군사 분야에서도 우주의 중요성이 점점 커지는 현실을 반영한 것이라 하겠다. 특히 중국의 경우 유인우주선 '선저우(神舟)' 발사와 우주정거장 '톈궁(天宮)'의 성공적 운용을 바탕으로 우주군 창설에 박차를 가하고 있다. 중국의 모든 우주 프로그램은 군사용이며, 그렇기에 다른 나라와 교류도 소극적이다. 중국이 국제우주정거장 ISS에 참가하지 않고 독자적 우주정거장을 건설하려고 하는 것도 이 때문이다.

치열한 우주 패권 경쟁은 과거 냉전시대에는 미국과 구소련 사이에 벌어졌다. 그러나 구소련이 붕괴한 후 경제전쟁의 시대로 접어들면서부터는 미국과 제2의 경제대국으로 부상한 중국 간 패권 다툼이 치열해지고 있다. 중국은 '우주굴기'의 기치를 내걸고 우주탐사와 개발에 노력을 쏟고 있으며 실제로도 커다란 성과를 거두고 있다.

무엇보다 달 탐사에서 많은 성과를 내고 있다. 중국은 세계 최초로 달 뒷면에 탐사선을 성공적으로 착륙시키면서 미국도 하지 못한 과업을 이루었다. 이에 달 앞면에는 미국의 성조기가, 달 뒷면에는 중국의 오성홍기가 꽂히게 되었다. 달 뒷면 탐사는 달 앞면보다 훨씬 고난도의 기술이 필요한 것으로 알려져 있다.

우주정거장 건설 측면에서도 그렇다. 앞으로 미국이 국제우주정거장(ISS; International Space Station)에서 손을 떼게 되면 이제 우주정거장은 2022년 10월 완공된 중국의 '톈궁'만 남게 된다. 중국은 톈궁을 심우주 탐사 개발의 전초기지로 삼을 계획이다. 이와 함께 중국은 독자적인 위성항법시스템도 구축했다. 즉 2020년 6월, '베이더우(北斗)' 시스템 구축이 마무리되면서 중국은 미국과 러시아에 이어 세계에서 3번째로 독자적인 GPS 시스템을 갖춘 국가가 되었다. 이에 중국은 미국 GPS에 의존하지 않고 독자적으로 민간과 군사 영역의 위성항법시스템을 활용할 수 있게 되었다.

🏛 경제적 이득을 더 중시하는 미래 우주개발

우주 패권 다툼은 이제 정치적 영역에서만 일어나는 게 아니라 경제적 영역에서도 나타나고 있다. 우주개발의 목적이 지난 냉전시대에는 국가의 위상 제고와 군사적 목표에 맞추어져 있었다. 그런데 21세기 민간 주도의 뉴 스페이스 시대가 열리면서부터는 우주개발의 패러다임이 바뀌고 있다. 미래의 우주개발은 민간기업이 우주개발에 진입하는 등 우주의 상업화가 더 빠르게 진전될 테고, 우주탐사와 우주자원 확보 등 우주개발을 통한 경제적 이득을 확보하려는 움직임이 강해질 것이다. 즉 이제는 우주개발의 초점이 점차 경제적 관점으로 흘러가고 있다. 투자전문가들은 이제 인류의 마지막 투자처는 우주가 될 것으로 내다보고 있다.

우주 강국들의 경우 이미 민간기업들이 재활용기술을 개발해 우주로 로켓을 발사하며 우주인과 화물을 실어 나르고 있다. 또 각종 우주 관광 상품도 쏟아내고 있다. 과거에는 우주산업이라고 하면 우주발사체나 인공위성을 만드는 것만 떠올렸지만, 이제는 우주 관광부터 물류, 위성 영상분석, 우주 인터넷 등 무궁무진한 서비스가 가능해지고 있다. 시간이 좀더 지나면 우주 채굴 사업, 우주 공장과 우주 도시 건설도 실현될 것으로 보인다. 우주 강국들은 이러한 비즈니스 과정이 원활히 진행될 수 있도록 정부와 기업이 상호 역할을 체계적으로 분담하고 있으며, 기업들 상호 간에도 대기업과 스타트업들이 적극 협력하고 있다.

생명공학과 신소재 산업도 유망분야다. 이는 지구에서는 불가능했던 무중력 상태에서의 인체실험과 화학반응에 관한 여러 가지 연구실험이 우주에서는 가능하기 때문이다. 에너지와 광물산업의 미래도 밝은 편이다. 이에 우주 강국들은 우주에서 에너지를 공급받고

자 각종 광물 채굴권을 두고서 치열한 경쟁을 벌이고 있다. 지구의 에너지와 자원이 빠르게 고갈되고 있기 때문이다.

이와 함께 조만간 일반인도 우주여행이 가능할 것으로 알려지면서 다양한 우주 관광 상품들이 출시되고 있다. 또 위성 인터넷망 구축 프로젝트도 추진되고 있다. 우주 상공에 통신위성을 발사해 전세계에 초고속 인터넷을 보급하겠다는 계획이다. 나아가 언젠가는 우주에 도시를 건설해 인간이 정주하게 되는 날도 올 것으로 기대되고 있다. 지구가 온난화로 인한 기상이변과 자연재해, 환경오염, 자원고갈 등으로 인류가 더는 삶의 터전으로 삼기에 적당하지 못한 곳이 되고 있기 때문이다. 이를 위해 '제2의 지구' 발굴 과업이 수행되고 있다. 지금까지 과학기술로 밝혀진 최적의 우주 도시 입지를 지닌 천체는 화성이다.

우주 강국들은 인간의 달 착륙을 성공시킨 이후에는 화성 탐사에도 힘을 쏟고 있다. 첫 유인 우주탐사선 도킹을 성공시킨 스페이스X의 최고경영자 일론 머스크(Elon Musk)도 화성 여행과 화성 정착촌 건설 목표를 가지고 있다. 이를 위해 멀지 않은 시기에 차세대 우주선이자 발사체인 '스타십(Starship)'에 승객 100명을 태우고 화성 유인 탐사를 본격화하겠다는 구상을 발표한 바 있다. 그리고 2030년 경에는 인구 8만 명이 거주할 수 있는 화성 식민지를, 2050년 무렵에는 100만 명이 거주하는 도시를 조성하겠다는 원대한 포부도 밝혔다. 그러나 이 일정은 차세대 발사체 '스타십 발사 시스템(Starship Launch System)'이 기대만큼 빨리 개발되지 않는 등 전반적으로 지연

될 것으로 보인다.

한편 언젠가 화성 정착의 꿈이 실현되더라도 이게 우주개발의 최종 목적일 수는 없다. 우주개발 시대를 활짝 열려면 화성 너머로 날아가야 한다. 더구나 태양계는 우주의 전부가 아니다. 우주 전체로 놓고 보면 해변의 모래알 한 톨에나 미칠 정도의 티끌 같은 존재다. 이처럼 광활한 우주 곳곳을 맛보며 우주개발을 하려면 고도의 성능을 갖춘 우주선 개발이 절실하다. 화성을 다녀오는 정도의 우주선으로는 태양계 너머로의 우주개발은 불가능하다. 그래서 광속 우주선을 꿈꾼다. 그러면 우주 저 끝까지는 아니어도 태양계 바깥까지 우주개발은 실현될 수 있을 것이다.

이를 위해 인류는 인간의 육체적 역할을 대신하는 로봇, 인간의 지적 한계를 뛰어넘는 정보 수집과 처리 능력을 지닌 인공지능의 도움을 받으며 우주탐사를 계속 수행해나갈 것이다. 지금도 인류는 이런 원대한 꿈을 실현하려 한 걸음씩 나아가고 있다. 그리고 이 과정에서 우주 강국들의 치열한 패권 경쟁도 이뤄질 것이다.

NASA를 통한
미국의 우주 패권 구축

구소련과 우주경쟁에서 이기려고 발족시킨 미국 항공우주국(NASA)의 역할이 뉴 스페이스 시대에는 많이 위축되었다. 그러나 민간이 감당하기 어려운 중요한 전략기술과 대형 우주개발 프로젝트는 여전히 NASA가 직접 수행해나갈 예정이다. 차세대 우주발사체 'SLS' 개발, 화성과 심(深)우주탐사 등이 그 예다.

🏛 소련과 경쟁해서 이기려고 만든 NASA

미국 항공우주국(NASA)은 미국의 우주개발에 대한 모든 일을 수행하는 국가기관이다. 공식 이름은 National Aeronautics & Space Administration이며, 통상 NASA로 부른다. 우주선을 만들어 발사하고 우주선이 보내온 데이터를 분석하는 일을 하며, 우주비행사들을 키우고 우주를 관측하는 임무를 맡고 있다.

NASA 본부는 미국 수도인 워싱턴에 있다. 이외에 NASA는 미국 곳곳에 연구소, 비행장 등 17개 시설이 있고, 세계 각국에 40여 개 관측소도 갖고 있다. 이중 모든 유인 우주계획을 총괄하는 본부이자 우주인들의 훈련소로 텍사스주 휴스턴에 있는 '존슨 우주센터

(Lyndon B. Johnson Space Center)', 아폴로 계획을 포함해 우주왕복선 등 다양한 로켓을 쏘아 올린 플로리다주 케이프 커내버럴의 '케네디 우주센터(John F. Kennedy Space Center)' 등은 특히 잘 알려져 있다.

NASA의 탄생에는 소련의 우주개발이 큰 영향을 미쳤다. 1957년 러시아가 인류 최초로 인공위성 '스푸트니크(Sputnik) 1호'를 발사 하자 미국의 자존심은 크게 금이 갔다. 단지 자존심만의 문제가 아 니라 미국으로서는 재앙 어린 뉴스였다. 우주로 인공위성을 쏘아 올 릴 정도의 로켓이라면 핵폭탄을 싣고 미국 땅으로 날아올 수도 있 었기 때문이다. 이에 당시 대통령이던 드와이트 아이젠하워(Dwight Eisenhower)는 1958년에 서둘러 NASA를 설립했다.

이후 미국은 소련과 우주경쟁에서 이기려고 무제한의 예산과 인 력을 퍼부었다. 한때 NASA의 예산은 미국 연방 예산의 4% 이상 을 차지했다. 특히 아폴로 계획 같은 유인 달 탐사계획의 경우 소련 보다 먼저 달성해야 한다는 강박관념을 가진 존 F. 케네디(John F. Kennedy) 대통령이 있었기에 가능했다고 해도 지나친 말이 아니다. 그러나 우주개발 경쟁자이던 구소련이 붕괴한 이후에는 자금지원이 많이 줄면서 활약상과 기능도 다소 줄어들고 있다.

NASA의 우주개발 사업은 크게 두 가지 성격으로 나눌 수 있다. 첫째는 사람을 우주로 보내는 유인우주선(Manned Spacecraft) 사업 이다. 1966년 제미니 8호와 인공위성 간 도킹으로 최초로 우주 도킹 을 이룬 일, 1969년 아폴로 11호의 달 착륙, 1973년 미국 최초의 우 주정거장 스카이랩(Skylab)과 지금까지도 운영되고 있는 국제우주정거장(ISS) 등은 유인우주선 사업이다.

둘째는 탐사 로봇이나 인공위성만 보내는 무인우주선(Unmanned Spacecraft) 사업이다. 1962년 금성으로 날아간 매리너(Mariner) 2호는 미국 최초로 행성 탐사에 성공했으며, 1973년 매리너 10호는 최초의 수성 탐사선이 되었다. 1972년 발사된 파이오니아 10호(Pioneer 10)는 최초로 목성을 지나 태양계 밖으로 나간 우주선이 되었다. 또 1977년에 발사된 보이저(Voyager) 1호와 2호는 목성, 토성, 천왕성, 해왕성과 그 위성들을 관찰했고, 지금도 우주를 돌며 탐사하고 있다. 그리고 2020년에는 화성 탐사를 위해 이동형 탐사 로봇인 '퍼서비어런스(Perseverance)'가 발사되었다.

🏬 아폴로 계획 이후 주요 NASA 프로젝트

NASA 창설 후 최대 업적은 '아폴로 계획'에 의거한 인간의 달 착륙 성공이었다. 1969년 7월 20일, 아폴로 11호가 달 표면에 착륙했다. 그리고 닐 암스트롱(Neil Armstrong)과 버즈 올드린(Buzz Aldrin) 비행사가 지구 생명체 최초로 지구 이외의 천체에 발자국을 남겼다. 그러나 1972년 아폴로 17호를 끝으로 인류는 달에 더는 가지 않았다.

미국은 아폴로 계획이 끝난 뒤 우주개발 계획의 방향을 선회했다. 이는 구소련에 앞서 달에 우주인을 보내야 한다는 확고한 목표가 사라진 데다 막대한 투입 자금을 감당하기 어려웠기 때문이다. 이런 상황에서 NASA의 차세대 유인 우주비행 계획이 태어났다. 바로 우주왕복선 프로젝트다.

그러나 우주왕복선 프로젝트는 발사에 들어가는 비용이 처음 예상보다 훨씬 많이 들었고, 발사가 일상화하자 관심도 시들해졌다. 더욱이 1986년 챌린저(Challenger) 사고와 2003년 컬럼비아(Columbia) 사고로 우주비행에 따르는 위험성을 재인식하게 되었다. 마침내 2011년 7월 아틀란티스(Atlantis)의 마지막 임무를 끝으로 우주왕복선은 그 일생을 마쳤다. 이에 따라 NASA는 국제우주정거장 프로젝트 추진으로 방향을 전환하고 유럽, 러시아 등과 협력을 강화해왔다.

그러던 중 트럼프 행정부 들어서는 국제우주정거장 프로젝트를 종료하는 한편 또다시 달 탐사계획이 복구되었다. 즉 아폴로 17호 이후 50여 년 만에 다시 달에 인간을 보내는 '아르테미스 계획(Artemis program)'이 발표되었다. 이는 물론 달 탐사가 궁극적 목적이 아니라 달 탐사에서 축적한 자료와 경험을 바탕으로 화성과 더 큰 우주로 진출한다는 원대한 계획이다. 아울러 민간 우주 기업들의 적극적 동참을 바탕으로 추진해나갈 예정이다.

한편 NASA는 여러 사업에 대학과 일반 기업의 참여를 유도하고 있다. 미국은 2011년 우주왕복선이 퇴역한 이후 러시아의 '소유즈(Soyuz)' 우주선으로 국제우주정거장에 우주비행사들을 수송해왔다. 이는 자국의 우주비행사들을 수송하는 데 다른 나라 힘을 빌린다는 의미였다. 여기에다 의회의 예산 삭감으로 유인우주선 개발에 더는 힘을 쏟기 힘들어지고 있었다.

이에 NASA는 자신이 직접 유인우주선을 개발하는 기존의 방식에서 탈피해 민간기업들이 주도적으로 우주개발을 해나가도록 유도하는 방식을 도입하기에 이른다. 이에 따라 NASA는 우주개발 과정 중 가장 많은 돈이 투입되는 발사체 분야를 민간에 넘겨 로켓 개발 비용을 크게 줄이게 되었다. 그 덕분에 NASA는 본래의 설립 목적인 우주탐사와 연구에 집중할 수 있게 되었다. 아울러 민간기업의 참여로 우주산업 생태계를 넓힌다는 목적 또한 달성할 수 있을 것이다.

사업자로 선정된 민간기업은 NASA의 자금을 받아 로켓을 개발하고, 이 기술력을 바탕으로 우주여행 등 다른 사업 분야를 개척할 수 있게 되었다. 이러한 구상은 실제로 효과를 나타냈다. 우선 민간기업체들은 로켓을 회수해 재활용하는 방식으로 운송서비스 사업의 비용효과를 달성했으며, 우주산업과 시장을 형성해나갔다. 아울러 NASA는 러시아의 도움에서 벗어나게 되었고, 재정문제도 해소할 수 있게 되었다. 다시 말해 정부로부터 투자의뢰를 받은 민간기업이 상품과 서비스를 내놓고, 이를 다시 정부가 구매하는 생태계를 갖춘 '뉴 스페이스' 시대가 열리게 된 것이다.

민간기업이 참여하는 방법은 국제우주정거장으로 승무원과 화물을 실어 나르는 프로젝트로 구체화하고 있다. 이중 상업 승무원 수송 프로그램(CCP; Commercial Crew Program)은 궤도상 유인우주선을 제작할 능력과 의지가 있는 민간 우주기업 몇 곳을 선정해 개발비를 지원하는 프로그램이다. 2014년 보잉(Boeing)의 'CST-100 스타라이너(Starliner)'와 스페이스X의 '크루 드래건(Crew Dragon)' 두 곳이 채택되어 활동 중이다. 스페이스X는 2020년 5월 임무를 먼저 달성했다.

또 상업 궤도 수송 사업(COTS; Commercial Orbital Transportation Services)은 미국 측의 우주정거장 보급 시스템을 민영화한 일종의 택배사업이다. 이에는 스페이스X의 '드래건(Dragon)', 오비탈(Orbital)의 '시그너스(Cygnus)', 시에라네바다(Sierra Nevada)의 '드림체이서(Dream Chaser)' 등이 활동중이다.

현재 NASA에서 진행되는 주요 프로젝트에는 아르테미스와 루나 게이트웨이, 케플러 계획 등이 있다. 아울러 1977년 발사한 탐사선 보이저 미션도 아직 계속 진행중이다. '아르테미스 계획'은 아폴로 이후 중단되었던 달 유인탐사를 재가동하는 계획이다. 이에 따르면 2026~2027년경 달에 도착할 우주비행사들이 장기 체류하면서 달 개척과 더불어 각종 연구를 수행하게 된다. 이 계획에는 한국계 조니 김(Jonathan Yong Kim) 미국 해군 대위가 우주비행사로 참여해 달 표면을 거닐 예정이다.

아르테미스 계획과 연계되어 추진 중인 '루나 게이트웨이(Lunar Gateway)'는 국제우주정거장 ISS 다음으로 계획된 우주정거장으로, 지구가 아닌 달에 띄운다는 게 특징이다. 지구가 아닌 천체에 건설되는 최초의 우주정거장으로 달 탐사는 물론 유인 화성 우주선 건설 지원을 맡은 우주정거장이다. 또 '케플러 계획(Kepler program)'의 임무는 지구와 환경이 유사한 제2의 지구 행성을 찾는 것이다. 동시에 태양계가 속한 우리 은하의 다양한 별을 조사함으로써 행성의 구조와 다양성을 탐구한다는 목적도 있다. 다만 그동안 주 역할을 담당해오던 케플러(Kepler) 망원경이 2018년부터는 테스(TESS) 망원경으로 대체되었다.

🏛 뉴 스페이스 시대의 NASA 우주개발 전략

NASA는 앞으로 화성과 지구궤도 너머의 우주개발에 전력을 다할 예정이다. 물론 토성, 목성 등 태양계의 다른 행성이나 혜성과 소행성에 대한 탐험도 계획하고 있다. 이에 따라 지구권과 달 탐사의 경우 NASA보다는 민간 우주기업들에 무게가 실린다. 사실 NASA는 2000년대 이후부터는 화성 탐사에 힘을 기울여왔다. 그동안의 화성 탐사 결과에 따르면, 오래전에는 물이 있었고 지금도 극지방에는 얼음이 쌓여 있다는 사실이 밝혀졌다. NASA가 달에 기지를 세울 방법을 찾는 것 또한 그곳을 화성 개발의 근거지로 삼기 위해서다.

차세대 대형 우주발사체인 'SLS(Space Launch System)' 개발에도 박차를 가하고 있다. NASA는 지구권과 달 탐사 임무를 민간에 이양하면서 지구궤도 너머로 우주선을 보낼 SLS 개발에 진력할 수 있게 되었다. 그 결과 NASA는 2014년 개발에 착수해 230억 달러를 들여 높이 98m, 무게 2,600톤의 우주로켓을 완성했다. 인류 역사상 최강의 발사체로, 70톤의 화물을 실을 수 있고 추력은 4천 톤에 달한다.

아폴로 탐사선을 보낸 '새턴 5'보다 높이는 12m 낮지만 추력은 15% 더 강해졌다. 우선 2022년 아르테미스 1호의 우주선 '오리온(Orion)' 발사에 SLS 발사체가 활용되었다. 향후 이어질 아르테미스 2~3호의 발사와 아울러 인류를 화성으로 실어 나를 우주선을 발사하는 데도 활용할 것으로 전망된다.

NASA는 1980년대까지는 막대한 정부 예산지원을 받으며 우주 기술 개발과 우주탐사의 선도에 커다란 활약을 했다. 그러나 우주개발의 경쟁자이던 구소련이 붕괴한 이후부터는 그 위상과 역할이 많이 축소되고 있다. 우선 당장 자금지원이 많이 줄어들어 힘들어하고 있다. NASA가 자랑하던 세계적 연구 시설 상당수도 운영비가 없어서 다른 정부 기관이나 민간에 넘어가버렸다.

또 우수 인재들이 NASA를 기피하는 현실도 큰 문제이다. 이는 보수와 연구비가 민간 연구기관보다 상대적으로 적을뿐더러, 조직 운영도 경직적인 점 등에 기인한다. 하지만 여전히 민간이 감당하기 어려운 중요한 전략기술과 대형 우주개발 프로젝트는 NASA가 직접 수행해나갈 예정이다. 따라서 NASA는 앞으로도 민간 우주기업들과 협력과 경쟁을 하는 가운데 우주탐사와 개발 임무를 수행해나갈 것으로 보인다.

기타 우주 강국들의
우주 패권 구축

러시아, 인도 등 다수의 우주 강국 중에서도 특히 중국의 '우주굴기'는 커다란 성과를 나타내고 있다. 중국은 사상 최초로 달의 뒷면에 연착륙하는 데 성공했다. 연이어 달 뒷면 토양을 확보한 후 무사히 귀환했다. 또한 우주정거장 '텐궁'과 GPS 시스템 '베이더우'도 독자적으로 갖추게 되었다.

🏛 원조 우주 패권국 러시아

국제사회에서 우주개발 경쟁은 제2차 세계대전 이후 미국과 구소련, 즉 러시아에서 본격적으로 진행했다. 초기에는 러시아가 앞장서 나갔다. 1957년 10월 4일 스푸트니크라는 인류 최초의 인공위성을 지구궤도에 진입시켜 세상을 깜짝 놀라게 했다. 연이어 1957년 11월 3일 스푸트니크 2호에 개 '라이카'를 탑승시켜 동물의 첫 우주비행을 성공시켰다. 또 1961년 4월 12일에는 보스토크(Vostok) 우주선에 유리 가가린(Yurii Gagarin)이 탑승해서 세계 최초의 유인 우주비행도 성공했다.

그러나 경제 사정이 악화해 구소련이 붕괴하면서 우주개발 사업도 다소 느슨해지게 된다. 이는 예산 부족과 비효율적 예산 집행이라는 이유가 가장 컸지만, 내부 연구기관끼리 분쟁도 한몫했다. 구소련의 우주개발 프로젝트는 미국의 NASA와 같은 통일적 조직이 아니라 다수의 기관에 분산·운영되어왔다. 이 과정에서 정치적 바람을 타면서 자연히 업무성과가 떨어지게 되었다.

1992년 러시아 연방우주국 로스코스모스(Roscosmos)를 설립하면서부터야 비로소 우주개발 연구업무를 체계적으로 추진할 수 있게 되었다. 로스코스모스 본부는 모스크바에 있으나, 발사기지는 대부분 카자흐스탄 바이코누르 우주기지(Baikonur Cosmodrome)에 있다.

러시아는 이전에 비하면 많이 빛이 바랜 것은 사실이지만, 구소련 시대부터 꾸준하게 축적된 자체 기술력이 있어서 여전히 우주개발 최강국으로서 지위를 유지하고 있다. 가령 미국이 2020년 스페이스X가 '크루 드래건'을 발사해 도킹에 성공하기 이전에는 국제우주정거장으로 가려면 반드시 러시아의 '소유즈' 우주선을 빌려 타야만 했다. 이를 위해 지급하는 비용만도 무려 연간 4억 달러에 달했다.

또 러시아는 국제우주정거장의 건설과 운영에 주도적으로 참여하면서 핵심 우주 모듈인 자리야(Zarya)와 즈베즈다(Zvezda)를 제공했다. 그리고 비록 실패했지만, 2023년 8월에는 소유즈 로켓에 달 탐사선 '루나(Luna) 25호'를 실어 달 남극에 착륙을 시도한 바 있다. 러시아의 달 탐사는 1976년 이후 47년 만의 일이었다. 러시아는 조만간 '루나 26호'를 다시 달로 보낼 계획이다. 아울러 유럽과 공동으로 화성 개발 프로젝트도 추진중이다.

🏛 우주개발 국제협력을 강화중인 유럽

유럽우주국(ESA; European Space Agency)은 유럽 각국이 공동으로 설립한 우주개발기구다. 1975년 5월에 설립되었으며 프랑스를 비롯해 독일, 이탈리아 등 22개국이 참여하고 있다. ESA에서는 프랑스 국립 우주연구센터(CNES)가 중요한 역할을 하며, 우주선 발사장으로는 주로 프랑스령 기아나의 기아나 우주센터가 이용되고 있다. ESA는 아리안 5, 소유즈, 베가 등 세 종류 발사체를 가지고 있다.

여러 무인우주선 분야에서 냉전 이후 러시아를 앞설 정도로 발전을 보였으나, 유럽의 전반적인 경제력이 침체하면서 상승세가 둔화하고 있다. 그래도 우주개발 프로젝트 추진에는 국제사회와 긴밀한 협조관계를 유지해가는 편이다.

가령 미국 NASA와는 허블 우주망원경을 공동으로 개발했고, 국제우주정거장의 건설과 운영에도 적극 참여하는 등 긴밀한 협력관계를 유지해오고 있다. 또 화성과 수성 탐사 프로젝트는 각각 러시아 로스코스모스, 일본 JAXA와 공동으로 탐사선을 개발해서 추진하고 있다.

ESA의 향후 주요 역점 사업으로는 NASA와 공동으로 추진중인 오로라(Aurora) 계획을 들 수 있다. 이는 2025년까지 화성에 유인우주선을 착륙시키고, 2033년까지 태양계의 모든 위성에 유인우주선을 보낸다는 것을 주 내용으로 한다. 그리고 NASA의 '루나 게이트 웨이' 사업에도 적극 참여할 예정이고 러시아와 공동으로 2016년에 이어 2022년 화성 탐사선 '엑소마스(ExoMars)'를 발사할 예정이었지만, 우크라이나 사태로 취소되었다.

🏛 최초로 우주 쓰레기 청소 위성을 발사한 일본

일본은 1970년 인공위성 '오스미(Osumi)' 발사에 성공함으로써 세계 4번째 인공위성 발사국 반열에 오른다. 이후 상업위성 발사를 목표로 액체연료를 기반으로 한 대형 우주로켓 개발에 나섰다. 미국과 우주협정을 맺고 관련 기술을 도입해 N-1 로켓을 개발했는데, 이를 1975년부터 1982년까지 총 7회에 걸쳐 발사했다. 하지만 1990년대 후반부터 2000년대 초까지 연이어 발사체의 우주 궤도 진입 실패를 겪으면서 시련을 맞게 된다.

이후 2003년 관련 우주과학 연구단체들을 통합해 일본우주항공연구개발기구(JAXA; Japan Aerospace eXploration Agency)를 만들면서 많은 성과를 나타내고 있다. 2008년 국제우주정거장 단일 최대의 과학실험실 모듈인 '키보(Kibo)'를 개발했으며, 이를 우주정거장 물자수송용 우주선인 'HTV'에 실어 발사하는 데도 성공했다.

2010년에는 탐사선 '하야부사(Hayabusa)'가 세계 최초로 달 이외의 천체 물질을 채취해 지구로 귀환했다. 같은 해 '이카로스(IKAROS)'가 세계 최초로 우주 공간에서 태양 범선, 즉 우주 돛단배를 띄웠다. 이는 태양이 내뿜는 빛 입자들이 미는 힘으로 우주를 항해하는 우주선을 뜻한다. '이카로스'는 가로세로 14m 길이에 두께 0.0075mm의 돛을 펼친 우주선으로, 태양 복사압만으로 6개월 만에 금성 근처 궤도까지 이동했다. 또 2014년에는 세계 최초의 우주 쓰레기 청소 위성 'STARS-II' 위성을 발사했다.

2020년 6월, 일본은 향후 10년간 추진할 우주정책을 담은 새 '우주기본계획'을 의결했다. 2015년 이후 5년 만에 개정된 이 계획은 미국과 유럽, 중국에 뒤지는 우주개발의 기반을 강화하는 데 초점을 맞췄다. 우선, 약 1조 2천억 엔 수준의 일본 우주산업 규모를 2030년대 초까지 2배 이상으로 키운다는 목표를 세웠다.

이와 함께 미사일 탐지 능력을 갖춘 위성기술 개발 등 안보 분야의 우주개발을 강화하기로 했다. 또 그동안 정부가 주도해온 우주개발에 민간 참여를 늘려 우주산업 생태계를 조성해나간다는 방침도 제시했다. 달 탐사와 관련해서는 미국의 '아르테미스 계획'에 적극 참여하는 한편 달의 남극과 북극에 있을 것으로 추정되는 물을 찾아내려고 독자적인 탐사도 추진한다는 목표를 제시했다.

⛰ 세계 4대 우주 강국으로 부상한 인도

인도는 달 탐사 등 우주 관련 과학기술과 투자에서 명실공히 4대 강국에 들어가는 선진국이다. 1969년 '인도의 NASA'로 불리는 인도 항공우주국(ISRO; Indian Space Research Organization)을 설립했고,

1972년에는 세계 최초로 '우주부'를 정부기구로 발족시켰다. ISRO는 1975년 인공위성 '아리아바타'를 소련의 로켓에 실어 지구궤도에 올려보내는 데 성공했고, 1980년에는 자체 로켓으로 인공위성을 쏘아 올렸다.

21세기 들어서는 달 탐사에 노력을 기울이고 있으며 실제로 성과를 나타내고 있다. 2008년 10월, 달 궤도에 진입한 '찬드라얀(Chandrayaan) 1호'가 달에 탐사 장비를 내려보내 물과 얼음의 존재 사실을 밝혀냈다. 2019년 7월에는 무인탐사선 '찬드라얀 2호'를 발사해 미국, 러시아, 중국에 이어 세계 4번째로 달 착륙을 시도했다. 그러나 이에 실패한 이후 2023년 8월 '찬드라얀 3호'가 마침내 성공을 거둔다. 이는 특히 인류 최초로 탐사선을 달의 남극에 보내는 과업으로 기록되었다. 비슷한 시기에 러시아가 이 과업을 두고 경쟁했지만 실패로 끝나면서 인도가 그 영광을 차지한 것이다.

2014년에는 인도가 화성으로 쏘아 올린 화성 탐사선 '망갈리안(Mangalyaan)'이 화성 궤도 진입에 성공했다. 화성 탐사선의 궤도 진입은 미국 1964년, 러시아 1971년, 유럽연합 2003년에 이어 인도가 4번째이다. 일본과 중국은 각각 1998년과 2011년에 시도했으나 실패했다. 인도의 망갈리안 프로젝트는 계획의 실현 가능성을 타진하는 예비조사 단계부터 화성 궤도에 진입하기까지 4년밖에 걸리지 않았다. 더욱이 소요 비용은 미국의 10분의 1 정도에 불과했다. 망갈리안은 적재한 15kg 상당의 도구 5개로 화성 표면에 메탄가스가 존재하는지 등 여러 임무를 수행했다.

🏛 중국의 '우주굴기' 전략

20세기까지 무인탐사선을 달에 착륙시킨 나라는 미국과 러시아뿐
이었다. 그러나 21세기 들어서는 중국과 인도가 가세했다. 특히 중
국은 미국 다음의 경제대국으로 올라서면서 우주개발에도 두각을
나타내고 있다. 2045년 우주 최강국 목표의 '우주굴기' 기치를 내건
중국은 달 탐사 프로젝트 외에도 유인우주선을 달에 보내고, 지구
상공에 우주인이 상주하는 우주정거장을 건설하며, 화성과 목성에
탐사선을 보내는 등의 야심 찬 계획을 세워두고 있다.

중국은 1993년에 중국국가항천국(CNSA; China National Space
Administration)을 설립한 뒤 본격적인 우주개발을 추진해나가고 있
다. 2003년 최초의 유인우주선인 '선저우(神舟) 5호' 발사에 성공해
미국과 러시아에 이어 세계 3번째 유인우주선 보유국이 되었다.

2011년에는 우주정거장 톈궁 1호를 발사한 후, 2022년 10월 마
침내 '톈궁' 우주정거장을 완공했다. 이로써 중국은 사실상 지상과
지구 상공을 언제든지 오갈 수 있는 기술을 보유한 국가가 된 셈이
다. 2023년 10월 지구를 떠난 '선저우 17호' 승무원 3명이 이 톈궁
우주정거장에서 반년 동안 과학 연구 등 임무를 수행한 후 귀환했
다. 이들은 2024년 4월 발사된 '선저우 18호' 승무원 3명과 임무를
교대한 것이다.

이후에도 중국의 우주개발 도전은 이어졌다. 2020년 7월 중국 최
초의 화성 탐사선 '톈원(天問) 1호'를 발사해 2021년 5월 착륙에 성

공했다. 궤도선과 착륙선, 탐사 로봇으로 구성된 '톈원 1호'는 화성 표면을 탐사한 이후 채취한 화성 토양을 가지고 2030년 귀환이 예정되어 있다. 그리고 2025년에는 화성 탐사선 '톈원 2호'를 발사한다.

중국이 이룬 여러 우주개발 성과 중에서도 특히 달 탐사 측면에서 성과가 눈부시다. 2013년 중국의 달 탐사 위성인 '창어 3호(嫦娥 3号)'가 달에 착륙하는 쾌거를 이룬다. 2019년 1월에는 '창어 4호'가 역사상 최초로 달의 뒷면에 연착륙하는 데 성공했다. 2020년 12월에는 '창어 5호'도 발사해 달 표면에 착륙한 후 달 토양을 채취하는 데 성공했다. 또 2024년 6월에는 '창어 6호'가 인류 최초로 달 뒷면 토양을 확보하고 무사 귀환했다.

중국은 미국과 러시아에 이어 세계에서 3번째로 독자적 GPS 시스템을 갖춘 국가가 되었다. 중국은 미국 GPS에 의존하지 않고 독자적으로 민간과 군사 영역의 위성항법시스템인 '베이더우(北斗)' 시스템을 구축하려고 1994년부터 프로젝트를 진행해왔다. 하지만 기술적 어려움으로 3단계로 나눠서 진행했다. 우선 2012년에는 1차로 중국 내에서의 GPS 서비스를 제공하는 데 성공했다. 그리고 전 세계를 대상으로 하는 3단계 서비스는 2017년 시작해 마침내 2020년 6월 완성했다. 중국은 앞으로 이 '베이더우' 시스템으로 일대일로 참여국에 필요한 서비스를 제공할 예정이다.

인류 상주가 목표인 달 탐사 경쟁

아폴로 계획이 인류를 달에 보내는 데 초점을 맞췄다면, 아르테미스는 달에 기지를 세우고 자원을 채굴하는 등 인류가 상주하는 것을 목표로 한다. 나아가 달 기지를 베이스캠프로 2030년 화성 유인탐사에도 나선다. 중국도 2030년대 달에 '국제 달 연구 기지'를 건설하려고 한다.

🏔 인류 최초로 달 착륙에 성공한 아폴로 11호

"이 걸음은 한 인간에겐 작은 걸음이지만 인류 전체에겐 커다란 도약이다(That's one small step for a man, one giant leap for mankind)." 1969년 7월 20일 20시 17분 40초, 미국 우주항공국 NASA 소속 닐 암스트롱 선장과 에드윈 올드린은 유인우주선 아폴로 11호의 착륙선 '이글(Eagle)호'를 타고 달 표면의 '고요의 바다(Mare Tranquillitatis)'에 착륙했다. 인류가 달에 처음으로 착륙한 순간이다. 그리고 몇 시간 후 인류 최초로 달에 첫발을 디딘 암스트롱은 이와 같은 말을 남겼다.

미국은 드디어 1969년 달에 인류의 첫발자국을 남긴다. 이로써 냉전시대 구소련과 치열한 우주 패권 경쟁에서 결과적으로 미국이 승리를 거두게 되었다.

달에 인간을 보내는 '아폴로 계획'은 원래 냉전 경쟁국인 미국과 구소련의 자존심 대결에서 비롯했다. 그리고 이 계획을 수행하는 데 1961년부터 1973년까지 12년간 254억 달러를 투입했다. 현재가치로 환산하면 1,500억 달러가 넘는데, 한화로 약 200조 원에 해당한다. 또 NASA 내부 직원 3만 4천 명과 산업체·대학의 외부 직원 37만 5천 명이 투입되었다.

더욱이 아폴로 계획의 성공적 추진에는 많은 희생과 고난이 수반되었다. 1967년에는 지상 훈련중이던 아폴로 1호가 화재로 사령선이 전소되고 3명의 우주비행사가 사망하는 사고가 발생했다. NASA는 이런 어려움을 극복하면서 아폴로 4~6호는 무인비행으로, 7~10호는 유인비행으로 인간을 달에 보내는 기술을 발전시켜나갔다. 이후 1969년 마침내 아폴로 11호가 성공적으로 달에 착륙하게 되었다. 그러나 1970년에도 달로 가던 아폴로 13호가 장비 고장으로 달 궤도만 선회하고는 간신히 지구로 귀환했다.

NASA는 마지막 유인 비행인 1972년의 아폴로 17호까지 여섯 차례에 걸쳐 모두 12명을 달에 보내는 데 성공했다. 이들은 달의 돌을 채취하고 골프를 치는 퍼포먼스를 하는 등 다양한 일을 한 뒤 지구로 귀환했다. 과학적 성과 또한 컸다. 385kg의 흙과 돌멩이를 직접 채취해왔고, 달에 설치한 지진계로 달의 내부 구조가 지구와 유사하다는 점을 파악했다. 또 아폴로 11호, 14호, 15호는 달에 레이저 반사경을 3개 설치했다. 그 결과 달과 지구의 거리, 달의 궤도를 더 정확히 알아낼 수 있었으며, 자기장과 태양풍에 대한 원인분석도 수월해지게 되었다.

아울러 흙과 암석을 분석해 달에 매장되어 있는 자원이나 달의 생성연도 등을 추정할 수 있었다. 물이 존재하는 사실도 알아냈다. 2009년 11월 NASA는 달 뒷면에 상당한 양의 물이 있다고 발표했다. 물론 예상되는 물의 상당량은 크레이터(crater) 사이에 얼음 형태로 되어 있다. 생성 당시에 물이 있었을 가능성도 있지만 햇빛이 들지 않는 영구 그림자 지역에서 수억 년 동안 축적되었을 가능성이 크다고 한다. 물을 바로 꺼내 쓸 수 있을 정도지만 수은 함량이 높아서 처리 과정이 필요하다. 다만 과학자들은 흙에서 생명체 반응이 나오길 기대했지만, 박테리아조차 발견되지 않았다고 한다.

미국은 1972년 무인 비행인 아폴로 18호를 끝으로 달 탐사를 끝낸다. 달 착륙 선점을 두고 경쟁했던 미국과 구소련의 냉전이 종료되고, 또 막대한 비용을 투입한 데 비해 성과는 그다지 크지 않았기 때문이다. 여기에 달 착륙에 성공하면서 달에 대해 사람들이 지녔던 신비감도 줄어들었다.

그런데 50여 년이 지난 뒤 미국을 비롯해 주요국들은 다시 달과 우주개발에 관심이 불붙고 있다. 마치 '제2의 우주전쟁'이 시작된 것 같다. 그 불씨를 중국이 당겼다. 냉전시대에 기술력과 최초의 우주인 등으로 미국을 자극했던 구소련처럼 중국이 G2의 위상에 걸맞게 달 착륙 등 우주 패권에 도전하고 있다.

🏛 최초로 달 뒷면 착륙에 성공한 중국의 창어 4호

중국은 2007년 처음으로 달 탐사선 '창어(嫦娥) 1호'를 발사했다. 이후 2013년에는 달 탐사 위성인 '창어 3호'가 달에 착륙하는 쾌거를 이루어낸다. 더욱이 동행한 '옥토끼'라는 의미를 지닌 달 탐사 로봇 '위투(玉兔)'는 완전한 중국 기술로 제작한 것이었다. 이는 중국이 월면 탐사기기에 대한 원거리 조종 능력을 확보했다는 뜻이고, 중국의 우주과학 기술이 세계 최고 수준에 이르렀음을 보여주는 것이었다. 이와 더불어 미국이나 러시아와 함께 달 자원을 누릴 권리를 획득하게 되었다는 뜻이기도 했다.

2019년 1월, '창어 4호'는 역사상 최초로 달 뒷면에 연착륙하는 데 성공했다. 그리고 동행한 탐사 로봇 '위투-2호'는 지금까지도 작동해 가장 수명이 긴 달 탐사 로봇이 되었다. 그런데 달 뒷면 착륙은 그동안 미국과 러시아도 이루지 못한 기술적 쾌거로 달 탐사의 새로운 이정표를 세웠다. 달 뒷면은 지구에서 안 보이고 전파가 통하지 않는다. 이를 해결하려고 중국은 오작교라는 뜻의 '췌자오(鵲桥)' 통신 중계위성을 발사해 '창어 4호'와 지구 사이에서 중계역할을 수행함으로써 교신의 한계까지 뛰어넘었다. 이처럼 중국은 '창어 3호'가 달 앞면, '창어 4호'가 달 뒷면에 착륙함으로써 달 앞면과 뒷면에 모두 착륙한 최초의 국가가 되었다.

2020년 12월에는 '창어 5호'도 발사해 달 표면에 착륙한 후 달 토양을 채취하는 데 성공했다. 이에 중국은 미국과 러시아에 이어 세계에서 3번째로 달 암석 채취에 성공한 국가로 자리매김했다. 또 2024년 6월에는 앞서 말했듯이 '창어 6호'가 인류 최초로 달 뒷면 토양을 확보하고 무사 귀환했다. '창어 5호'가 달 앞면의 토양을 채취했다면 '창어 6호'는 달 뒷면의 토양을 채취한 것이다.

2020년대 후반에는 두 차례 더 달 탐사선을 보낼 예정이다. 2026년 달 남극 자원을 탐사할 '창어 7호', 2028년 달 기지를 건설할 기초 조사를 담당할 '창어 8호'를 각각 발사한다. 나아가 2030년까지는 유인우주선을 달에 보내고, 2030년대 달에 '국제 달 연구 기지(ILRS; International Lunar Research Station)' 건설 목표를 가지고 있다.

미국의 유인 달 탐사계획 '아르테미스'에 대응하는 프로젝트 성격의 ILRS는 달 표면과 달 궤도를 장기간 빈번하게 오가며 과학연구, 자원개발과 이용 등을 지원하는 업무를 맡을 예정이다. 중국이 주도하는 ILRS 참여국은 러시아를 비롯해 튀르키예, 베네수엘라, 파키스탄, 아제르바이잔, 벨라루스, 남아프리카공화국, 이집트, 태국, 니카라과, 세르비아 등으로 점차 늘어나고 있다.

🏛 달에 정착 기지를 건설하려는 아르테미스 계획

이에 자극받은 미국은 우주인을 다시 달에 착륙시키는 '아르테미스 계획(Artemis program)'을 2017년 발표했다. 계획의 이름은 아폴로 계획에 맞춰 그리스 신화에 등장하는 아폴로의 쌍둥이 누이이자 달의 여신인 아르테미스의 이름에서 따왔다.

　이 계획에 따르면 남녀 두 우주비행사가 참여하며, 달 체류 기간은 6일 반으로 예정되어 있다. 이는 약 3일간 달에 체류한 아폴로 계획의 2배 이상의 기간이다. 달 체류 기간에 두 우주비행사는 최대 4회에 걸쳐 탐사를 시행해 과학적 지표 분석을 하고 얼음 등의 샘플을 채취할 예정이다.

　다만 이 계획의 추진 일정은 다소 유동적이다. 처음 발표 시에는 2028년까지 임무를 달성하겠다고 했으나, 2019년에는 2024년으로 4년 단축하겠다고 발표했다. 그러나 2021년 11월 NASA는 이 일정이 코로나 사태와 예산 차질 등의 이유로 또다시 2025년 이후로 연기되었다고 밝혔다. 그런데 이 일정마저도 희망사항으로 실제로는 2026~2027년경으로 전망되고 있다.

　이의 첫 단계로 2022년 11월 사람이 탑승하지 않은 아르테미스 1호가 발사되어 임무를 수행하고 무사히 지구로 귀환했다. 아르테미스 1호는 우주발사체와 유인 캡슐이 달을 오가는 데 문제가 없는지를 점검했다. 이를 위해 아르테미스 1호 우주선 '오리온'에는 사람 대신 우주복을 입은 마네킹 세 개가 실렸다. 우주선 오리온은 달 궤도 진입·체류를 한 뒤 발사 25일 만에 지구로 귀환했다.

　아울러 우주비행사가 탑승해 달 궤도를 돌아 지구로 귀환하는 유인 비행 아르테미스 2호는 2024~2025년, 여성과 유색인종 우주비행사가 달 남극에 착륙하는 아르테미스 3호는 2025년 이후 2027년경으로 예정되어 있다. 달 착륙 이후에는 상주기지를 지어 먼 우주로 나아가기 위한 터미널과 핵융합 발전의 원료인 헬륨3(3He) 등을 캐낼 수 있는 자원 채굴장으로 활용할 복안을 가지고 있다.

그런데 이 아르테미스 계획은 1969년의 아폴로 계획과는 몇 가지 점에서 커다란 차이를 보인다. 무엇보다 이번 계획의 최종 목표는 달에 인류를 머무를 수 있게 한다는 것이다. 즉 달의 남극 지역에 인류가 정착할 수 있는 기지를 건설하려는 계획이 포함되어 있다. 둘째, 아폴로 계획과 달리 유럽, 일본, 캐나다, 호주 우주국 등이 공동으로 참여한다는 점이다. 우리나라도 2021년 5월, 협정에 서명함으로써 아르테미스 계획에 동참할 수 있는 10번째 국가가 되었다. 셋째, 첫 유인 달 탐사 우주인으로 여성을 보내기로 했다는 점이다. 아르테미스 3호는 4명의 우주비행사를 달까지 보내고, 그중 남자 한 명과 여자 한 명으로 구성된 두 우주비행사를 달 표면에 착륙시킬 예정이다.

넷째, 민간 우주기업의 참여로 진행된다는 점이다. 이의 일환으로 NASA는 달착륙선 개발업체로 블루 오리진(Blue Origin), 스페이스X, 다이네틱스(Dynetics) 3개사를 후보 업체로 선정했다가 2021년 4월 스페이스X를 최종 선정했다. NASA는 스페이스X의 발사체이자 우주선인 스타십(Starship)이 재활용이 가능한 점, 이미 수십 차례 테스트로 검증된 랩터 엔진을 이용하는 점, 넓은 승무원 구획을 제공하는 점 등을 주요 선정 이유로 들었다. 그러나 이에 반발한 블루 오리진의 제프 베조스 회장은 불복소송을 제기함과 동시에 블루 오리진과 계약시 NASA에 20억 달러를 제공하겠다며 달 탐사계획에 적극적인 의지를 보이기도 했다.

　이러한 우여곡절과 진통을 겪은 NASA는 2022년 3월, 달착륙선 개발기업을 스페이스X 이외에 추가로 더 선정하겠다며 방침을 수정해서 발표했다. 이후 미국 우주기업 인튜이티브머신스(Intuitive Machines)가 발사한 달착륙선 ‘오디세우스(Odysseus, Nova-C)’가 2024년 2월 달 남극에 무사히 착륙했다. 이로써 미국은 1972년 아폴로 17호 이후 52년 만에 달에 다시 발을 디디게 되었다. 민간기업에서 개발한 달착륙선이 달 표면에 안착한 건 이번이 처음이다. 그리고 달 남극 착륙에 성공한 것은 인도의 ‘찬드라얀 3호’에 이어 두 번째다.

　다섯째, 이번 계획은 달의 정복이 최종목적이 아니라는 점이다. 아폴로 계획이 인류를 달에 보내는 데 초점을 맞췄다면 아르테미스는 달에 기지를 세우고 자원을 채굴하는 등 인류가 상주하는 것을 목표로 한다.

　2026~2027년경 달에 도착한 우주비행사들은 장기 체류하면서 달 개척과 더불어 각종 연구를 수행하게 된다. 이처럼 미국이 달을 개발하려는 이유는 여기서 얻는 자원을 토대로 화성 등 지구에서 멀리 떨어진 심(深)우주 탐사(deep space missions)에 나서기 위해서다. 이의 일환으로 미국은 달 기지를 베이스캠프 삼아 2030년 화성 유인탐사에 나설 계획을 세워두고 있다.

🏔 달 탐사 경쟁에 뛰어든 여러 우주 강국

유럽도 2025년까지 유인우주선을 달에 보내겠다며 경쟁에 뛰어들었다. 유럽우주국 ESA는 사람이 머물며 연구와 탐사를 할 수 있도록 달에 기지를 건설한다는 목표를 세워두고 있다. 여기에 러시아와 인도, 일본 등 국가들도 경쟁 대열에 합류했다. 러시아는 1976년 중단한 달 탐사를 재개해 2022년 8월 소유즈 로켓에 무인탐사선 '루나(Luna) 25호'를 실어 발사했으나 실패했다. 이에 '루나 26호'를 보내 다시 한번 달 착륙 도전에 나서고 있다.

인도는 2023년 8월, '찬드라얀 3호'가 마침내 달 착륙에 성공했다. 이는 특히 인류 최초로 탐사선을 달 남극에 보내는 과업으로 기록되었다. 또한 조만간 '찬드라얀 4호'를 발사하려고 준비하고 있다. 오랫동안 유인 달 탐사국의 꿈을 꾸어오던 일본도 2024년 1월, 무인탐사선을 달 표면에 착륙시키는 데 성공했다. 이에 일본은 미국, 소련, 중국, 인도에 이어 세계 5번째 달 착륙국가가 되었다. 아울러 2020년대 후반까지는 일본인 달 착륙을 실현한다는 목표를 세우고 있다.

한편 우리나라도 2022년 8월, 스페이스X의 팰컨 9 로켓으로 발사된 무인 달 탐사선 '다누리(Danuri)호'가 2022년 12월 28일 달 궤도 진입에 성공하면서 세계 7번째 달 탐사국 반열에 올랐다. 한국형 달 궤도선인 '다누리'는 2023년 1월부터 3년간 달 궤도를 하루에 12바퀴 돌며 각종 과학 임무를 수행할 예정이다.

과학 임무 중에는 달 극지방에서 물의 존재를 찾고, 2032년 한국이 목표하는 달 착륙지 후보 탐색이 포함된다. 또 우주 인터넷 통신 시험, 달 뒷면의 입자 분석 등 세계 최초 임무도 수행한다. 이는 우리나라 최초의 지구 밖 탐사로, 우리나라 우주개발 영역이 정지궤도 위성이 있는 지구 상공 3만 6천km에서 달까지 38만km로 확장되는 의미가 있다. 나아가 2032년에는 달 착륙을 목표로 하고 있다.

우주 강국들의
우주산업 패권 경쟁

우주산업은 부가가치와 전후방 파급효과가 매우 크다. 우주 강국들은 헬륨3과 희토류 등 무궁무진한 우주자원의 채굴, 생명공학과 신소재 등 새로운 우주산업의 개발을 선점하고자 우주탐사 경쟁을 벌이고 있다. 이에 우주산업과 시장이 급속히 커져 2030년경에는 1조 달러에 이를 것으로 전망된다.

다양한 NASA 스핀오프 기술

우주개발에는 엄청난 비용이 든다. 과학기술 지식과 생산 현장 경험 등을 총동원해 기존에는 존재하지 않던 새로운 기술을 개발해야 하기 때문이다. 그동안 아폴로 계획을 비롯한 대형 우주개발 프로젝트들은 국력 과시와 체제 경쟁을 넘어 경제적 효과도 톡톡히 거두면서 인류의 삶에 크게 공헌했다. 우선 우주개발 과정에서 로켓 발사체와 항공산업 등의 하드웨어 산업뿐 아니라 컴퓨터와 인터넷 등 소프트웨어 산업도 크게 발전했다.

그리고 우주개발 과정에서 사용된 기술들이 대거 민간에 제공되면서 인류의 생활기술로도 활용되고 있다. 이를 우리는 흔히 'NASA

스핀오프(spin-off) 기술'로 부르고 있다. NASA에는 '테크놀로지 트랜스퍼 프로그램(Technology Transfer Program)'이 있다. 이는 개발팀이 우주선을 만들던 중 일상에 적용하면 괜찮을 것 같은 기술이 있다면, 이를 민간에 연결해주는 역할을 하는 것이다. 실제로 NASA가 항공과 우주 관련 연구개발을 활발히 하던 때에는 과학, 공학 모든 분야가 그 대상이었다고 해도 지나친 말이 아니다.

그러면 과연 그동안 이루어진 우주산업과 우주기술의 발전은 인류의 삶과 생활에 어떻게 이바지하고 있을까? 무엇보다 항공우주산업을 발전시켰다. 이는 항공기, 우주비행체, 관련 부속 기계류 또는 관련 소재를 제작·가공·수리하는 산업이다. 이 산업은 지식과 기술집약적인 고부가가치 산업, 생산·기술 파급효과가 큰 기간산업, 규모의 경제가 작동하는 산업, 수요의 소득탄력성이 큰 미래산업, 위험부담이 큰 모험산업 등의 특성을 가진다. 하나의 예로 우주발사체 '누리호' 제작에 들어가는 부품 개수는 약 37만 개로 일반 자동차약 2만 개, 항공기 20만 개를 크게 웃돈다. 그만큼 산업 연관 효과가크다는 뜻이다.

또 인공위성과 로켓 비즈니스도 발전시켰다. 지금 우주공간에는 수많은 인공위성이 쏘아 올려져 기후와 지형 조사, 위치정보 제공 등을 하고 있다. 특히 통신위성 사업은 인터넷 통신회선의 공급 등 유비쿼터스(Ubiquitous) 시대의 근간이 되었다. 또 인공위성을 쏘아 올리는 데 필요한 로켓을 개발·판매하는 비즈니스도 크게 활성화했다.

이와 함께 컴퓨터 발전에도 우주 관련 수요가 커다란 자극제 역할을 했다. 한 치의 오차도 허용하지 않는 우주선 발사 작업에는 고도의 연산작업이 필요하기에 용량이 크고 성능이 우수한 컴퓨터의 개발을 촉진했다. 그리고 민간에서 개발한 디지털 이미지 센서, 데이터 저장 CD 등 다양한 디지털 기술 또한 우주선에 적용되면서 비약적으로 발전했다. 컴퓨터를 쓸 때 항상 사용하는 마우스도 우주선 제어시스템 작동을 위해 개발한 장치를 응용해 만든 입력기기다.

개발된 우주개발 기술이 민간생활에 활용되는 사례도 적지 않다. 건강·의료 부문에서는 병원에서 흔히 사용하는 적외선 귀 체온계가 대표적이다. NASA는 별과 행성의 지표 온도를 측정하는 방식을 응용해 귀 체온계를 만들었다. 인공심장이나 심장마비 환자 발생 시 사용하는 장비인 심박동기(心搏動器)도 NASA에서 원천기술을 개발했다. 레이저 시력 교정에 사용하는 라식 기술과 흠이 나지 않는 렌즈도 마찬가지다.

우주선에서는 작은 흠도 큰 사고로 이어질 수 있기에 NASA는 안전 기술 개발에도 많은 투자를 했다. 민간에 넘어간 관련 기술로는 항공기 결빙방지 기술, 불에 타지 않는 내화 소재, 화학물질 탐지기, 화재 탐지기 등이 요긴하게 사용되고 있다. 소방을 위한 다양한 시스템도 NASA가 원천기술을 제공했다. 가정에서 사용하는 무선청소기에도 아폴로 달 착륙에 활용했던 기술이 적용되었다. NASA는 배터리로 작동하는 휴대용 드릴을 개발해서 달에서 샘플을 채취했고, 이후 민간기업이 이 기술을 적용한 무선청소기를 만들어냈다.

우주복은 극한 환경에서도 견딜 수 있도록 고기능 첨단소재를 사용했다. 다름 아닌 나일론계열로 내구성과 내열성이 뛰어난 노멕스(nomex)와 캡톤/폴리이미드 필름(Kapton/polyimide film), 스판덱스(spandex) 등이다. 이러한 첨단소재 덕분에 달 표면에 착륙한 우주인들은 낮에는 섭씨 120°, 야간에는 영하 170°를 오가는 달 표면에서 생존할 수 있었다. 신발 등의 충격 흡수재나 베개, 여성 의류 등의 형상기억 소재도 NASA에서 민간으로 이전되었다. 유인우주선을 발사할 때 탑승자는 로켓 추진력으로 물리적 충격을 받게 된다. 이에 NASA는 우주인을 보호하고자 스펀지와 같은 소재의 패딩을 만들었고, 이것이 메모리폼(Memory foam)으로 재탄생하게 된 것이다.

우주식량을 개발하면서 나온 다양한 기술도 민간으로 이전되었다. 냉동건조 식품 기술과 필터 정수기가 대표적이다. NASA는 아폴로 계획에 투입된 우주인들이 우주공간에서 식사를 간편하게 해결하도록 냉동건조 식품을 만들었고, 이것을 모티브로 새로운 시장이 형성되었다. 또 우주선에 사용되던 필터를 정수기에 사용함으로써 필터 정수기가 탄생하게 되었다.

🏭 뉴 스페이스 시대의 유망 우주산업

우주산업은 수학·물리학 등 기초학문부터 인공지능·전기전자·통신·기계·생명과학 등 첨단산업과도 전후방 파급효과가 매우 크다. 발사체·인공위성·지상국 등 하드웨어 인프라와 항법장비 등의 제품,

위성서비스와 소프트웨어가 어우러진 막대한 부가가치를 지닌 산업이기 때문이다. 또 우주산업은 국가안보에 미치는 영향도 지대하다. 이에 스페이스X, 블루 오리진 등 기존 우주기업 외에 정보통신 기술을 기반으로 한 스타트업 형태의 기업들이 대거 탄생하고 있다.

그러면 이제 뉴 스페이스 시대에 우주산업은 어떻게 발전해나갈 것인가? 우선, 앞으로 우주개발로 가장 유망한 사업으로 기대를 모으는 분야는 우주 관광과 운송택배업이라 하겠다. 신비에 싸여 있던 상상 속 우주공간을 실제로 체험하는 우주 관광 분야는 현재 스페이스X, 블루 오리진, 버진 갤럭틱 등 3대 업체가 선도하고 있다. 그러나 앞으로는 더 많은 사업체가 나타날 것으로 보인다. 실제로 2021년부터 민간인 우주여행이 성사되면서 우주 관광 사업은 한층 더 탄력을 받고 있다. 2021년 7월 11일, 버진 갤럭틱의 창업자 리처드 브랜슨(Richad Branson)에 이어 9일 뒤인 7월 20일에는 제프 베조스(Jeff Bezos) 블루 오리진·아마존 회장도 각기 자사의 우주비행선을 이용해 우주여행에 성공을 거두었다.

우주 운송택배업은 NASA가 중심이 되어 구축한 국제우주정거장의 물자수송 서비스를 비롯해 우주개발 과정에서 생기는 우주 쓰레기의 제거 서비스 등을 포괄한다. 우주로 쏘아 올리는 인공위성이 늘어나면서 인공위성 파편 등으로 인한 우주 쓰레기도 덩달아 대폭 증가하고 있다. 이로써 인공위성 활용이 어려워지고 우주로 진출하려는 우주선 운용에도 심각한 타격이 우려되고 있다. 이에 우주 쓰레기를 제거하려는 민간의 비즈니스 활동 또한 점차 증가하고 있다. 주요 우주 쓰레기 청소기업으로는 스위스 클리어스페이스(Clear Space), 일본 아스트로스케일(Astroscale) 등이 있다.

항법위성과 초고속 인터넷 사업도 유망분야다. 항법위성은 정확한 위치정보를 제공해 자율주행차 등 미래산업에 필수적일 뿐 아니라, 재난재해 관리와 작물 재배 등 다양한 분야에 걸쳐 활용될 것으로 예견된다. 우주 초고속 인터넷 사업은 스페이스X의 '스타링크(Starlink)'와 블루 오리진의 '카이퍼 프로젝트(Kuiper project)'가 이에 해당한다. 구글, 메타 등 IT업체들도 최근 우주개발에 관심을 쏟고 있다. 그 이유는 우주개발 사업 자체를 선점하려는 목적도 있지만, 그보다는 우주기술 개발과정에서 다양한 파생 효과가 발생하기 때문인 것으로 분석되고 있다.

생명공학과 신소재 산업도 유망분야다. 이는 지구에서는 불가능했던 무중력 상태에서의 인체실험과 화학반응에 관한 여러 가지 연구실험이 가능하기 때문이다. 무중력 상태에서는 지구와 달리 정밀한 화학반응이 일어나 불순물이나 균열이 잘 생기지 않고 성분이 일정한 화합물을 만드는 게 가능하다. 이에 따라 순도 100%의 결정체를 만들 수 있으며, 이러한 기술은 특수 신소재나 새로운 의약품 개발에 도움이 된다.

그리고 우주에서는 어떤 종류의 금속도 모두 혼합할 수 있기에 이론적으로만 가능했던 센서 소재, 고성능 반도체 등 특수 재료를 개발할 수도 있다. 아울러 우주로 나아갈 때 필수품인 탄소소재 산업도 유망한 분야다. 탄소소재 산업은 탄소원료로 우수한 물성을 지닌 탄소섬유, 인조흑연, 활성탄소, 카본블랙, 탄소나노튜브(CNT), 그래 핀 등의 소재를 생산하고, 수요산업에 적용해 제품성능을 제고하며 부가가치를 창출하는 산업을 뜻한다.

에너지와 광물 산업의 미래도 밝은 편이다. 지구의 에너지 자원은 빠르게 고갈되고 있다. 고갈 전에도 지구온난화와 공해 유발 문제 등으로 석탄과 석유 같은 화석자원 활용에는 많은 제약이 따르고 있 다. 이러한 에너지 문제를 해결하고자 고도 3만 6천km의 지구정지 궤도(geostationary orbit)에 거대한 태양광 발전 위성을 쏘아 올려 우 주 태양광 발전소를 건설하는 아이디어가 나오고 있다.

지구에서는 밤이 오면 발전이 제한되지만, 우주 태양광 발전소는 밤에도 전기를 꾸준히 생산할 수 있고, 날씨의 영향도 없으며 패널 에 먼지가 쌓여 이를 제거할 일도 없다. 또 지구에서처럼 발전소를 지으려고 산림을 훼손해 부지를 마련할 필요조차 없다. 우주 태양광 발전소에서 생산된 전기는 마이크로파로 지상으로 전송되어 송전탑 과 송전선도 필요하지 않다. 여기다 전문가들은 우주 태양광이 지상 발전보다 10~20배 정도 효율이 높을 것으로 보고 있다. 에너지 산 업이 지금도 전 세계 GDP의 약 30%를 차지하는 점을 감안할 때 우 주 태양광 발전은 사업성이 매우 클 것으로 보인다.

자원개발 산업도 기대를 모으고 있다. 태양 주위를 도는 소행성 중에는 귀중한 광물이 다량 존재하는 행성이 있는 것으로 알려져 있 다. 우주 산업계에 따르면, 지구 인근 소행성에서 채굴 가능한 철의 양은 37조 톤에 이를 것으로 추정된다. 니켈 250만 톤, 코발트 20만

톤, 백금 1,800톤이 각각 매장되어 있을 것으로 예측된다.

이를 캐내 우주에서 활용하거나 지구로 가져와 활용할 수 있다. 즉 고가의 금과 은, 백금(Platinum) 등은 지구로 가져오고, 알루미늄·니켈·코발트·티타늄 등은 우주에서 각종 부품 제작이나 우주 구조물 건설에 활용할 수 있다. 그리고 물과 산소는 우주인의 생존에, 수소와 암모니아 등은 로켓 추진제로 활용할 수 있을 것이다.

달에는 21세기 최고의 전략 자원으로 꼽히는 희토류 외에 우라늄과 헬륨3 등이 풍부하게 매장된 것으로 추정된다. 희토류는 말 그대로 땅에서 구할 수는 있으나 거의 없는 희귀한 광물질 성분을 말한다. 그런데 NASA는 21세기 안에 달 표면에서 희토류 채굴이 가능해질 것으로 보인다고 밝힌 바 있다. 달에는 우주에서 날아온 운석이 그대로 표면에 쌓이고 풍화작용도 일어나지 않는다. 이 때문에 일부 희토류는 달에 지구보다 10배 이상 많이 매장되어 있는 것으로 알려졌다.

특히 지구에는 거의 없지만 달에는 최소 100만 톤이 존재하는 것으로 추정되는 헬륨3(^{3}He)은 인류의 미래를 풍요롭게 해줄 강력한 대체 에너지원으로 꼽힌다. 헬륨3은 가볍고 안정적인 헬륨의 동위원소 중 하나로, 양성자 두 개와 중성자 한 개를 가지고 있다. 헬륨3은 입자 간 상호작용을 하지 않기에 쉽게 핵반응을 일으킨다. 따라서 헬륨3을 핵융합에 활용하면 유해 방사성폐기물 없이 원자력 발전의 5배 이상 효율로 전기 에너지를 만들 수 있다고 한다.

또 달에는 인류의 생명 자원인 산소가 충분히 매장되어 있다. 달 표면 토양의 약 45%가 산소로 구성되어 있을 정도라고 한다. 이론적으로 이를 100% 전환할 수 있다고 가정하면 달 표면토양 $1m^3$당 약 630kg의 산소를 얻을 수 있으며, 이는 성인 1명이 2.16년간 사용할 수 있는 양이다.

🏔 우주는 인류의 마지막 투자처

인류는 지금 제2의 지구를 찾아서 그리고 새로운 대륙이자 미지의 세계 우주를 향해 힘찬 발걸음을 내디디고 있다. 그리고 우주 강국들은 무궁무진한 우주자원의 채굴과 함께 새로운 우주산업의 개발을 선점하고자 치열한 우주탐사 경쟁을 벌임에 따라 우주산업과 시장이 급속히 커지고 있다. 2020년 전 세계 우주산업 규모는 전년 대비 4.4% 증가한 4,470억 달러로, 약 530조 원이었다. 이는 반도체 시장 규모에 버금가는 수준이다.

미국의 금융투자업체 모건스탠리(Morgan Stanley)와 뱅크 오브 아메리카(Bank Of America) 등은 우주산업이 빠르게 성장해 2030년경에는 1조 달러에 이를 것으로 전망했다. 특히 민간 우주업체 스페이스X의 유인우주선 발사 성공은 이러한 우주 경제 확장에 대한 기대를 한층 더 키우고 있다. 많은 투자 전문가는 이제 인류의 마지막 투자처는 우주가 될 것으로 내다보고 있다.

우주 강국의 꿈!
한국의 미래 우주개발 방향

지금은 우주 대항해의 시대다. 우리도 한시바삐 인재 양성과 연구 역량 강화 등 관련 인프라를 정비하고, 혁신적인 스타트업 발굴 등 우주산업 생태계를 육성해야 한다. 다행히 우주 강국 실현을 위한 IT라든지 통신과 반도체 등 우리의 기초자산은 꽤 튼튼한 편이다.

🏛 '누리호'와 '다누리호'의 발사 성공

우주 강국을 향한 꿈을 담은 한국형 발사체 '누리호(KSLV-Ⅱ)'가 2022년 6월 21일 오후 4시 전남 고흥군 나로우주센터에서 날아올랐다. 이어 오후 5시 12분쯤 누리호 2차 발사 성공을 공식화했다. '누리호'는 순수 국내 독자 기술로 개발한 탑재 중량 1.5톤, 총중량 200톤, 길이 47.2m의 3단형 로켓이다. 1단 액체엔진을 비롯한 모든 부품이 순수 국내기술로 개발되었다. 이에 우리 발사체로 우리 위성을 쏘아 올리고 우주탐사를 실현할 수 있는 진정한 우주 자립을 이루게 된 것이다.

'누리호' 발사 성공으로 우리나라는 첨단 과학기술 발전의 실상을 전 세계에 입증했다. 또 국제우주정거장이나 화성·소행성 탐사 등 국제 우주개발 협력에서도 한국의 위상을 더 높일 수 있게 되었다. 아울러 국방력 강화에도 커다란 도움이 될 수 있다. 다른 나라에 공개하기 힘든 군사위성을 언제든 우리 힘으로 발사할 길이 열렸기 때문이다.

연이어 약 2개월 후에는 달 탐사에도 도전했다. 2022년 8월, 우리나라가 개발한 달 궤도선 '다누리호'가 성공적으로 발사되었다. 이후 2023년 1월부터 3년 동안 달 궤도선을 운항하면서 여러 가지 실험을 수행하고 있다. 이런 우주개발 과정을 거치면서 우리나라는 명실공히 세계 7대 우주 강국 진입에 성큼 다가서게 되었다.

⛰ 우리나라 우주개발 능력의 현주소

그러면 우리나라의 우주개발 실력은 과연 어느 수준에 와 있을까? 우리나라의 위성개발·운용 능력은 수준급으로 평가받는다. 2018년 천리안 2A에 이어 2020년 2월 쏜 '천리안 위성 2B호'는 위성 본체를 국내 독자 기술로 만든 해양·환경 관측 정지궤도 위성이다. 세계 최초로 미세먼지 관측 기능을 탑재해 미세먼지를 유발하는 물질이 주로 어디에서 발생하고 어느 쪽으로 움직이며 어떻게 소멸되는지 상세히 분석할 수 있게 되었다. 해양관측 기능도 업그레이드되어 해빙과 해무는 물론이고, 기후변화로 발생하는 해양 환경변화를 더 상세히 관측할 수 있게 되었다.

그러나 발사체 기술은 위성에 비해 상대적으로 더딘 편이다. 독자 발사체를 가지고 있다는 것은 위성을 원하는 시점에 우주로 발사할 수 있다는 것을 의미하는 것으로, 우주 강국으로 도약하는 데 반드시 필요하다. 인공위성을 쏘아 올리려고 해도 독자 발사체가 없으면 외국에서 빌려 써야 하는데 그 비용이 만만찮다. 따라서 각국은 발사체 개발에 엄청난 노력을 기울이고 있다. 2022년 6월, 누리호가 발사에 성공함으로써 우리도 마침내 독자 기술로 우주발사체를 갖출 수 있게 되었다. 우리나라 우주개발 40년 역사상 기념비적 사건이었다.

그러나 이 역시 이제 막 첫발을 내디딘 것으로, 우주발사체 개발·운용 면에서 우주 선진국들과 비교하면 걸음마 수준에 불과하다. 누리호가 1.5톤 위성을 600~800km 저궤도에 투입할 수 있는 성능인데 비해 미국 스페이스X의 팰컨 헤비(Falcon Heavy)는 저궤도에 64톤, 정지궤도에 27톤을 투입할 수 있을 만큼 고성능이다. 또 우리나라 최초의 달 탐사선 '다누리호'도 '누리호'가 아닌 미국 스페이스X의 팰컨 9 로켓에 실려 날아갔다. 이런 사실들에서 우리의 우주기술 위상이 어느 수준인지가 잘 드러나고 있다.

우주개발의 체계도 아직은 어설프다. 뉴 스페이스 시대를 맞이하면서 우주개발의 패러다임이 바뀌고 있다. 우주 강국들의 경우 이미 민간기업들이 재활용기술을 개발해 우주로 로켓을 발사해 우주인과 화물을 실어 나르고 있다. 또 각종 우주 관광 상품도 쏟아내고 있다.

그런데 우리의 경우 여전히 정부 주도의 우주개발 프로젝트를 추진하고 있다. 더욱이 정부 자체의 우주개발 인프라 또한 매우 취약한 실정이다. 우리나라의 우주개발 사업 예산은 NASA의 2%에 불과하며, 일본의 20%, 인도의 60% 선에 지나지 않는다.

그나마 2024년 우주개발 업무를 총괄하는 우주항공청을 발족시킨 것은 의미가 있다. 그러나 실효성을 거두려면 조직 운영이 앞으로 원활히 되어나가야 할 것이다. 이는 우주개발은 과학기술뿐 아니라 통신, 기상, 환경, 안보 등 여러 부처 조정 능력이 필요한 분야이기에 고도의 전문성과 함께 천문학적 비용이 요구되기 때문이다. 그런 만큼 이런 업무수행 능력을 갖춘 조직력과 인재 충원이 뒷받침되어야 한다. 미국 NASA, 일본 JAXA, 유럽 ESA 등 주요국 우주개발 기구들이 정부 부처와 동일한 위상을 갖는 상설 독립법인이라는 점도 참고할 필요가 있다.

🏛 우주개발 강국이 되고자 할 때 과제

그러면 앞으로 우리가 우주개발 과업을 제대로 수행하는 데 필요한 과제는 무엇일까?

무엇보다도 우주개발 추진체계를 과감하게 민간 주도로 전환해야 한다. 그리고 대학의 인재육성·연구개발 역량도 획기적으로 키워나가야 한다. 우주기술은 매우 전문적인 분야로 우수한 인재가 필요하기 때문이다. 우주 전문가들은 앞으로 우리나라가 진정한 우주 강국으로 도약하려면 무엇보다 인재 양성과 연구 역량 강화가 중요한 과제라고 말한다. 그들은 좁은 인재풀과 연구 인프라 부족 등의 문제를 해결하지 못한다면 결국 우주산업 선도국과 기술격차를 좁히는 것이 불가능할 것으로 보고 있다.

아울러 우주기술의 상용화와 우주산업 생태계 조성이 크게 낙후되어 있는 점도 개선해나가야 한다. 이와 함께 혁신적인 스타트업을 적극 발굴하고 육성해야 한다. 그 이유는 스페이스X의 예에서 잘 알 수 있을 것이다. 스페이스X도 처음에는 스타트업으로 시작했고 한때는 파산 위기도 겪었다. 그러나 불굴의 투지와 과감한 혁신 능력으로 어려움을 딛고 일어나 지금은 대표적인 글로벌 우주기업으로 우뚝 서게 되었다.

지금 세계 열강들은 미지의 신세계인 우주를 향해 힘찬 발걸음을 내디디고 있다. 이를 두고 흔히들 우주 대항해 시대를 맞이했다고 말한다. 15세기 포르투갈과 스페인에서 시작된 대항해의 시대에 이들은 세계사를 주름잡았다. 이제 우주공간을 선점하려는 제2의 대항해 시대가 열렸다. 그런데 우주 대항해는 1차 대항해가 인류의 역사에 끼친 것과는 파급력 면에서 비교할 수 없을 만큼 충격적일 것으로 보인다.

우리도 결코 이 대열에서 뒤처질 수 없다. 한시바삐 관련 인프라를 정비하고 우주산업의 생태계도 육성해나가야 한다. 다행히 우주 강국 실현을 위한 우리의 기초자산은 꽤 튼튼한 편이다. IT라든지 통신과 반도체 등의 분야에서 기술적 우위가 있기 때문이다. 이를 우주개발에 접목한다면 우리의 우주산업 또한 세계적 경쟁력을 갖추게 될 것이다. 조만간 우리 대한민국이 우주 강국으로 우뚝 설 수 있기를 기대한다.

미래를 알면 돈의 향방이 보인다

곽수종 박사의 경제대예측 2025-2029
곽수종 지음 | 값 19,800원

소중한 재산을 지키고 싶거나 경제활동을 하거나 기업을 경영하고 있다면 5년 정도의 중장기적인 경제 예측 정도는 가지고 있어야 한다. 이 책은 주요 국가들의 경제 환경 분석을 통해 세계경제의 중장기 미래를 예측하고, 나아가 위기에 처한 한국경제의 지속가능한 성장 전략을 제시한다. 모든 수준의 독자들이 쉽게 이해할 수 있게 쓰여진 이 경제전망서를 통해 향후 5년간의 세계경제를 예측하고 대응하는 통찰력을 기를 수 있을 것이다.

인공지능이 경제를 이끄는 시대의 투자법

AI 시대의 부의 지도
오순영 지음 | 값 19,800원

생성형 AI 같은 기술의 놀라운 성장에 따라 분석, 예측 및 개인화 기술이 놀랍도록 성장했다. 금융 IT 분야의 전문가인 저자는 생성형 AI 기술을 자산관리에 사용하는 데 도움이 될 내용을 담았다. 이 책은 AI 시대를 채우고 있는 기술, 기업, 비즈니스를 어떻게 받아들여야 하는지, AI 시대에 무엇을 보고 어떻게 해석해야 할지를 알려주고 있다. 지금은 AI 시대를 해석하는 능력이 곧 부의 추월차선을 결정하는 시대이기 때문이다.

경제의 신은 죽었다

다가올 5년, 미래경제를 말한다
유신익 지음 | 값 21,000원

이 책은 미국의 정책이 글로벌 금융시장을 지배하는 방식 및 기존의 경제이론으로는 해석되지 않는 글로벌 경제-금융의 순환고리에 대해 MMT(현대화폐이론)을 기반으로 명쾌하게 분석하고 있다. 미국 경제와 금융시장의 흐름, 그리고 앞으로 펼쳐질 미국의 금융통화정책과 통상정책을 이해하는 데 현 시점에서 최고의 지침서로, 특히 글로벌 경제에 대한 현실적인 분석뿐 아니라 향후의 대책과 대응의 방편까지 제시한 점이 돋보인다.

거스를 수 없는 주식투자의 빅트렌드, 로봇

최고의 성장주 로봇 산업에 투자하라
양승윤 지음 | 값 18,000원

로봇 산업이 현대 사회의 핵심 산업으로 떠올랐다. 인공지능과 로봇공학의 발전으로 이 산업은 전례 없는 성장세를 보이며 새로운 혁신을 이끌어내고 있는 만큼 향후 수년간 투자 여건이 형성될 것으로 보인다. 로봇 산업의 태동과 성장으로 투자기회는 보이지만, 아직은 이 분야가 생소한 이들에게 이 책은 로봇 산업 전반에 대한 흐름을 짚어줌으로써 투자에 대한 큰 그림을 그릴 수 있게 돕는다.

미래를 읽고 부의 기회를 잡아라

곽수종 박사의 경제대예측 2024-2028 곽수종 지음 | 값 19,000원

국내 최고 경제학자 곽수종 박사가 세계경제, 특히 미국과 중국 경제의 위기와 기회를 살펴봄으로써 한국경제의 미래를 예측하는 책을 냈다. 미국과 중국경제에 대한 중단기 전망을 토대로 한국경제의 2024~2028년 전망을 시나리오 분석을 통해 설명하고 있는 이 책을 정독해보자. 세계경제가 당면한 현실과 큰 흐름을 살펴봄으로써 경제를 보는 시각이 열리고, 한국경제가 살아남을 해법을 찾을 수 있을 것이다.

다가올 현실, 대비해야 할 미래

지옥 같은 경제위기에서 살아남기 김화백·캔들피그 지음 | 값 19,800원

이 책은 다가올 현실에 대비해 격변기를 버텨낼 채비를 해야 된다고 말하며 우리에게 불편한 진실을 알려준다. 22만 명의 탄탄한 구독자를 보유한 경제 전문 유튜브 '캔들스토리TV'가 우리 모두에게 필요한 진짜 경제 이야기를 전한다. 지금 우리는 경제위기를 맞닥뜨려 지켜야 할 것을 정하고 포기해야 할 것을 구분해서 피해를 최소화해야 될 때다. 이 책은 현재 직면한 위기를 바라보는 기준점이자 미래를 대비하기 위한 하나의 발판이 되어줄 것이다.

돈의 흐름을 아는 사람이 승자다

다가올 미래, 부의 흐름 곽수종 지음 | 값 18,000원

국가, 기업, 개인은 늘 불확실성의 문제에 직면한다. 지금 우리가 직면한 코로나19 팬데믹과 러시아-우크라이나 전쟁 등은 분명한 '변화'의 방향을 보여주고 있다. 국제경제에 저명한 곽수종 박사는 이 책에서 현재 경제 상황을 날카롭게 진단한다. 이 책에서는 인플레이션 압력과 경기침체 사이의 끝을 가늠하기 어려운 경제위기 상황 속에서 이번 위기를 넘길 수 있는 현실적인 방안을 모색한다.

기술이 경제를 이끄는 시대의 투자법

테크노믹스 시대의 부의 지도 박상현·고태봉 지음 | 값 17,000원

테크노믹스란 기술이 경제를 이끄는 새로운 경제 패러다임이다. 이 책은 사람들의 일상과 경제의 흐름을 완전히 바꿔놓은 코로나 팬데믹 현상을 계기로, 테크노믹스 시대를 전망하고 이를 투자적 관점으로 바라보는 내용을 담고 있다. 현 시대의 흐름을 하나의 경제적 변곡점으로 바라보며 최종적으로 미래의 부가 움직일 길목에 대해 진지하게 고민한 흔적이 담긴 이 책을 통해 투자에 대한 통찰력을 얻을 수 있을 것이다.

'염블리' 염승환과 함께라면 주식이 쉽고 재미있다

주린이가 가장 알고 싶은 최다질문 TOP 77

염승환 지음 | 값 18,000원

유튜브 방송 〈삼프로 TV〉에 출연해 주식시황과 투자정보를 친절하고 성실하게 전달하며 많은 주린이들에게 사랑을 받은 저자의 첫 단독 저서다. 20여 년간 주식시장에 있으면서 경험한 것을 바탕으로 주식투자자가 꼭 알아야 할 지식들만 알차게 담았다. 독자들에게 실질적으로 도움이 되고자 성실하고 정직하게 쓴 이 책을 통해 모든 주린이들은 수익률의 역사를 새로 쓰게 될 것이다.

'염블리' 염승환과 함께라면 주식이 쉽고 재미있다

주린이가 가장 알고 싶은 최다질문 TOP 77 ②

염승환 지음 | 값 19,000원

『주린이가 가장 알고 싶은 최다질문 TOP77』의 후속편이다. 주식 초보자가 꼭 알아야 할 내용이지만 1편에 다 담지 못했던 내용, 개인 투자자들의 질문이 가장 많았던 주제들을 위주로 담았다. 저자는 이 책에 주식 초보자가 꼭 알아야 할 이론과 사례들을 담았지만 주식투자는 결코 이론만으로 되는 것이 아니므로 투자자 개개인이 직접 해보면서 경험을 쌓는 것이 중요함을 특별히 강조하고 있다.

김학주 교수가 들려주는 필승 투자 전략

주식투자는 설렘이다

김학주 지음 | 값 18,000원

여의도에서 손꼽히는 최고의 애널리스트로서 펀드매니저부터 최고투자책임자에 이르기까지 각 분야에서 최고를 달린 김학주 교수가 개인투자자들을 위한 투자전략서를 냈다. '위험한' 투자자산인 주식으로 가슴 설레는 투자를 하고 수익을 얻기 위해서는 스스로 공부하는 수밖에 없다. 최고의 애널리스트는 주식시장의 흐름을 과연 어떻게 읽는지, 그리고 어떤 철학과 방법으로 실전투자에 임하는지 이 책을 통해 배운다면 당신도 이미 투자에 성공한 것이나 다름이 없을 것이다.

사주명리학으로 보는 나만의 맞춤 주식투자 전략

나의 운을 알면 오르는 주식이 보인다

양대천 지음 | 값 21,500원

주식시장에서 살아남기 위해서 우리는 무엇을 해야 할까? 이 책은 그 해답을 사주명리학에 입각한 과학적 접근을 통해 풀어내고 있다. 예측 불허의 변수들로 점철된 주식시장에서 사주명리학의 도움을 받아 자신의 운을 먼저 살펴보고 그 후에 어느 시기에 어떤 주식을 사고팔지를 결정하는 방법을 소개하고 있다. 한마디로 자신의 운의 큰 흐름을 알고 그 운을 주식에서 백분 활용하는 방법을 알게 될 것이다.

한국의 경제리더 곽수종 박사의 경제강의노트

혼돈의 시대, 경제의 미래

곽수종 지음 | 값 16,000원

코로나19 팬데믹으로 인해 어떤 개인과 기업들은 부자가 될 기회를 맞이한 반면, 누군가는 위기를 맞았다. 마찬가지로 국가도 무한경쟁 시대를 맞이하게 되었다. 이 책은 시대의 역동성을 이해하는 법과 대한민국이 앞으로 나아갈 길을 경제·인문학적으로 분석한 책이다. 글로벌 질서 전환의 시대에 대한민국의 현재 좌표는 물론 기업과 개개인이 나아가야 할 방향을 이해하며 경쟁력을 갖추는 데 이 책이 도움이 될 것이다.

경제를 알면 투자 시계가 보인다

부의 흐름은 반복된다

최진호 지음 | 값 17,500원

이 책은 증권사와 은행의 이코노미스트로 일해온 저자가 금융시장의 숫자들이 알려주는 의미에 대해 끊임없이 고민한 경험을 바탕으로 최대한 쉽게 경기흐름 읽는 법을 알려주는 책이다. 시장경제체제를 살아가는 현대인들은 필수적으로 경기흐름을 읽을 줄 알아야 한다. 이 책을 통해 핵심적인 이론으로부터 투자 접근 방식까지, 나만의 '투자 시계'를 발견할 수 있는 기회가 될 것이다.

쉽게 읽히는 내 생애 첫 경제교과서

경제지식이 돈이다

토리텔러 지음 | 값 18,500원

경제지식이 곧 돈인 시대, 투자로 돈을 벌려면 경제공부는 필수인 시대가 되었다. 저자인 토리텔러는 초보 투자자들을 포함한 경제 초보자들이 평소 가장 궁금해할 만한 경제 개념과 용어를 그들의 눈높이에 맞춰 쉽게 설명한다. 주식투자, 부동산, 세금, 미래를 이끌어 갈 기술과 산업, 다양한 투자상품과 재테크를 위한 기초 테크닉 등 경제상식의 A부터 Z까지를 알차게 담았다. 알짜배기만을 담은 이 책 한 권이면 경제 문외한이라도 경제 흐름을 파악하고, 투자를 통한 달콤한 수익도 맛볼 수 있을 것이다.

성공 주식투자를 위한 네이버 증권 100% 활용법

네이버 증권으로 주식투자하는 법

백영 지음 | 값 25,000원

이 책은 성공적인 주식투자를 위한 네이버 증권 100% 활용법을 알려준다. 주식투자, 어렵게 생각할 것이 없다! 네이버를 통해 뉴스를 접한 후 네이버 증권으로 종목을 찾아 투자하고, 네이버 증권에서 제공하는 차트로 타이밍에 맞춰 매매하면, 그것만으로도 충분하다. 이 책을 통해 현재의 주식시장을 이해하고, 스스로 돈 되는 종목을 찾아 싸게 사서 비싸게 하는 방법을 배운다면 성공 투자로 나아갈 수 있을 것이다.

■ **독자 여러분의 소중한 원고를 기다립니다** ─────────────────

메이트북스는 독자 여러분의 소중한 원고를 기다리고 있습니다. 집필을 끝냈거나 집필중인 원고가 있으신 분은 khg0109@hanmail.net으로 원고의 간단한 기획의도와 개요, 연락처 등과 함께 보내주시면 최대한 빨리 검토한 후에 연락드리겠습니다. 머뭇거리지 마시고 언제라도 메이트북스의 문을 두드리시면 반갑게 맞이하겠습니다.

■ **메이트북스 SNS는 보물창고입니다** ─────────────────

메이트북스 홈페이지 matebooks.co.kr

홈페이지에 회원가입을 하시면 신속한 도서정보 및 출간도서에는 없는 미공개 원고를 보실 수 있습니다.

메이트북스 유튜브 bit.ly/2qXrcUb

활발하게 업로드되는 저자의 인터뷰, 책 소개 동영상을 통해 책에서는 접할 수 없었던 입체적인 정보들을 경험하실 수 있습니다.

메이트북스 블로그 blog.naver.com/1n1media

1분 전문가 칼럼, 화제의 책, 화제의 동영상 등 독자 여러분을 위해 다양한 콘텐츠를 매일 올리고 있습니다.

메이트북스 네이버 포스트 post.naver.com/1n1media

도서 내용을 재구성해 만든 블로그형, 카드뉴스형 포스트를 통해 유익하고 통찰력 있는 정보들을 경험하실 수 있습니다.

STEP 1. 네이버 검색창 옆의 카메라 모양 아이콘을 누르세요.   STEP 2. 스마트렌즈를 통해 각 QR코드를 스캔하시면 됩니다.
STEP 3. 팝업창을 누르시면 메이트북스의 SNS가 나옵니다.